文物保护法实务问答

法律出版社法律应用中心/编

法律出版社
LAW PRESS · CHINA

前　言

在历史的长河中，除了史籍外，最能映射历史镜像的，便是文物了。文物，是社会不断进步的见证，是先人智慧的结晶。保护文物是我们每一个人的责任和义务。或许，有人会说："我的生活中没有文物，文物对我来说遥不可及，我没有保护文物的必要，也没有机会。"此言差矣！其实，文物离我们的生活很近。我们在参观博物馆时，观瞻的一件件展品都是珍贵的文物；我们在游览名胜古迹时，触手可及的东西很可能也是文物；我们在施工盖房时，挖到的盆盆罐罐也有可能是文物……

文物蕴含着民族文化，保护文物就是保护我们的历史和传承。早在 1982 年，我国就专门出台了《文物保护法》。该法历经多次修正，不断与社会发展相适应，为我国的文物保护事业作出了卓越贡献。而对于任何组织和个人来说，学习一些文物保护法律知识，不仅能提高文物保护意识，增强民族自豪感，更能避免越过法律的红线，遭受法律惩罚。

在此，为了帮助广大组织和个人认识与学习文物保护法律知识，法律出版社法律应用中心特别编写了《文物保护法实务问答》。本书具有以下特色：

第一，读者范围广，适合很多组织和个人阅读与学习。本书不仅可以作为个人学习文物保护法律知识的工具书，对于涉及文物保护的单位来讲，也可以加以借鉴和参考。

第二，涵盖法律全面、准确。本书所涉及的法律，除了《文物保护法》及其实施条例外，还包括《博物馆条例》、《长城保护条例》、《历史文化名城名镇名村保护条例》、《考古涉外工作管理办法》、《水下文物保护管理条例》、《文物认定管理暂行办法》、《文物进出境审核管理办法》及《刑法》、《治安管理处罚法》等。

第三，以案释法，通俗易懂。本书在内容上先从实例入手，再依据法律条文徐徐展开，语言生动，能让读者在故事中了解法律知识，具有很强的可读性。

文物保护工作需要广大组织和人民群众的共同参与。我们谨以此书，呈以微薄之力！欢迎大家批评指正！

目　录

第一章　文物保护基本知识

第二章　不可移动文物

第三章　考古发掘

第四章 馆藏文物

第五章　民间收藏文物

第六章　长城保护

第七章　历史文化名城、名镇、名村保护

第八章　文物进出境管理

附　　录

第一章　文物保护基本知识

1

在我国境内，哪些文物受法律保护？

答：在我国境内，具有重要历史价值、重要纪念意义的文物受法律保护。

情景再现

小冯听妈妈说，爸爸最近准备从一位朋友那里购买一幅古代的山水画，据说非常有收藏价值。小冯听到之后，告诉妈妈有些文物是受国家保护的，可能会禁止交易。小冯的妈妈听了之后非常担心，害怕小冯的爸爸因此触犯法律。为了避免爸爸触犯法律，小冯准备向有关人士咨询一下，到底哪些文物受法律保护呢？

专家解读

在我国，具有重要历史意义、重要纪念意义的文物是受法律保护的，这些文物禁止交易。关于受法律保护的文物范围，我国《文物保护法》第二条作出了明确规定：(1)具有历史、艺术、科学价值的古文化遗址、古墓葬、古建筑、石窟寺和石刻、壁画；(2)与重大历史事件、革命运动或者著名人物有关的以及具有重要纪念意义、教育意义或者史料价值的近代现代重要史迹、实物、代表性建筑；(3)历史上各时代珍贵的艺术品、工艺美术品；(4)历史上各时代重要的文献资料以及具有历史、艺术、科学价值的手稿和图书资料等；(5)反映历史上各时代、各民族社会制度、社会生产、社会生活的代表性实物。据此可知，前述五种文物是受法律保护的。此外，具有科学价值的古脊椎动物化石和古人类化石，与文物一样受法律保护，非法走私、运输、买卖，都可能会构成刑事犯罪。在上例中，只要小冯的父亲所购买的不是上述文物，就不会触犯法律。

法条链接

《中华人民共和国文物保护法》第二条

2

具有怎样特点的文物，才会被列为“重点文物保护单位”？

答：对于那些具有历史、艺术、科学价值的不可移动的文物，国家会根据其价值将之列为重点文物保护单位。

情景再现

一天，小文和同学们一起到某地旅游。在参观一处旅游景点时，导游告诉大家该景点具有非常重要的历史价值，被确定为全国重点文物保护单位。后来，小文和同学们在导游的带领下又到了另一处景点。此时，小文发现这处景点是省级文物保护单位。那么，什么样的文物才会被列为“重点文物保护单位”呢？

专家解读

我国拥有非常多有价值的文物，为了对一些重要的文物进行保护，国家根据每个文物价值的不同，确定了不同级别的文物保护单位。对此，我国《文物保护法》第三条第一款规定，古文化遗址、古墓葬、古建筑、石窟寺、石刻、壁画、近代现代重要史迹和代表性建筑等不可移动文物,根据它们的历史、艺术、科学价值,可以分别确定为全国重点文物保护单位,省级文物保护单位,市、县级文物保护单位。此外,该法第十三条规定,国务院文物行政部门在省级、市、县级文物保护单位中,选择具有重大历史、艺术、科学价值的确定为全国重点文物保护单位,或者直接确定为全国重点文物保护单位,报国务院核定公布。由此可知,文物保护单位一般都是那些不可移动的文物,根据其历史、艺术、科学价值,可以分为全国重点文物保护单位,省级文物保护单位,市、县级文物保护单位,其中,全国重点文物保护单位级别是最高的。

法条链接

《中华人民共和国文物保护法》第三条第一款、第十三条

3

哪些文物会被列为珍贵文物，哪些文物属于一般文物?

答:具有重要历史、艺术、科学价值的文物藏品会被列为珍贵文物;具有一定历史、艺术、科学价值的文物藏品会被列为一般文物。

情景再现

小凌从小就对文物非常感兴趣,经常看一些关于文物鉴定的节目。一次,小凌在观看某电视台的鉴宝节目时,听到节目中的主持人说某朝代的一件花瓶和一幅字画分别被列为一般文物、珍贵文物,并

且称这两件文物都具有非常重要的历史价值。小凌听到后感到非常疑惑,不明白为什么同一朝代的文物都具有非常重要的历史价值,而文物级别却有所不同。对此,小凌便自己在网上搜索相关资料。经过仔细查找,小凌对文物的分级有了一定的了解。

专家解读

文物是我国宝贵的历史遗产,但是,不同历史价值的文物级别是不一样的。根据《文物保护法》第三条第二款和《文物藏品定级标准》的规定,历史上各时代重要实物、艺术品、文献、手稿、图书资料、代表性实物等可移动文物,分为珍贵文物和一般文物;珍贵文物分为一级文物、二级文物、三级文物。其中,具有特别重要历史、艺术、科学价值的代表性文物为一级文物;具有重要历史、艺术、科学价值的为二级文物;具有比较重要历史、艺术、科学价值的为三级文物。具有一定历史、艺术、科学价值的为一般文物。在上例中,某电视台节目主持人的说法是错误的,如果文物都具有非常重要的历史价值,按照定级标准,应当都被列为一级文物。但是,两件文物的定级不同,说明或者其历史价值有所区别,或者在定级上出现了错误。

法条链接

《中华人民共和国文物保护法》第三条第二款

《文物藏品定级标准》

4

开展文物工作应遵循怎样的方针?

答:开展文物工作应当遵循保护为主、抢救第一、合理利用、加强管理的方针。

情景再现

小涵是某大学考古专业的大学生，暑假期间，为了勤工俭学，同时又增长见识，其到某地文物保护单位找了一份兼职工作。在平时工作中，因小涵对文物非常感兴趣，便经常向工作人员请教一些有关文物的知识。一次，小涵询问该单位的一位工作人员，其平时所从事的文物工作应该贯彻什么样的方针，工作人员直接向其介绍了《文物保护法》确定的基本方针。

专家解读

文物工作，是指对国家的文物进行保护、抢救、利用、管理等行为。在文物工作中，根据《文物保护法》第四条的规定，应当遵循下列方针：(1)保护为主。由于文物都是具有历史价值的，并且时间比较久远，故在文物保护工作中，主要应对文物进行保护，避免其因时间久而毁损、灭失。(2)抢救第一。所谓抢救第一，是指有的文物可能因时间推移而受到毁损，在此种情况下，应尽快对受损或将要受损的文物进行修复。(3)合理利用。在文物工作中，应当对文物进行合理利用，例如，有的文物可能不适合长时间展示，此时，就需要对文物的展示时间进行限制，不能为了追求经济效益而过度利用文物。(4)加强管理。在文物工作中，应当加强对文物的监管，避免发生对文物进行破坏的行为。

法条链接

《中华人民共和国文物保护法》第四条

5

中国领海内发现的古代外国沉船，船上的文物应归谁所有？

答：在中国领海内发现的古代外国沉船，船上的文物应归中国所有。

情景再现

一次，小明在电视上看到一则新闻，报道称我国的工作人员在我国某海域海底发现了十余艘沉船。这些沉船都是某外国的军舰，但是，在这个沉船上装着很多文物。经过鉴定，沉船上的文物是中国清朝时期的。于是，我国政府有关部门便组织人员进行打捞。但是，某外国知道后，认为既然沉船是他们国家的，那么船上的文物也应该属于他们，而不属于中国。那么，船上的文物到底应该归谁？

专家解读

在中国领海内发现的沉船即使是外国的，船上的文物也应归中国所有。我国《文物保护法》第五条第一款明确规定，中华人民共和国境内地下、内水和领海中遗存的一切文物，属于国家所有。由此可知，即便是外国的沉船，但是，因其是在我国境内地下、内水、领海等遗存的文物，故都属于我国所有。在上例中，虽然在我国某海域内发现的沉船是某外国的，但是，该海域在我国的领土范围内，所以，根据法律规定，沉船上的文物应该归我国所有。某外国的说法是错误的。

法条链接

《中华人民共和国文物保护法》第五条第一款

6

哪些不可移动文物归国家所有？

答：除有特别规定外，不可移动文物均归国家所有。

情景再现

韩某是某国有企业的员工，退休之后经常和妻子一起外出旅游。一次，韩某和妻子到洛阳游玩，在参观洛阳龙门石窟时，韩某听导游解说，称洛阳龙门石窟属于国家所有。韩某觉得既然石窟寺位于洛阳，直接归属于洛阳市不是更便于保护和管理吗？但是，导游却说，石窟寺属于国家重点保护文物，属于国家所有。导游的说法对吗？

专家解读

导游的说法是正确的。关于不可移动文物的所有权归属，我国《文物保护法》第五条明确规定，下列不可移动文物归国家所有：(1)古文化遗址、古墓葬、石窟寺；(2)国家指定保护的纪念建筑物、古建筑、石刻、壁画、近代现代代表性建筑。此外，国有不可移动文物的所有权不因其所依附的土地所有权或者使用权的改变而改变。据此可知，文物的归属并非以其所依附的行政区划界定，除有特殊规定外，上述不可移动文物均归国家所有。在上例中，洛阳龙门石窟属于石窟寺，为不可移动文物，其所有权属于国家。因此，在本例中，韩某的想法是错误的。

法条链接

《中华人民共和国文物保护法》第五条第二款、第三款

7

哪些可移动文物归国家所有？

答：在中国境内出土的，有关单位收藏、保管的，国家购买的以及相关个人或组织捐赠的可移动文物归国家所有。

情景再现

小辉平时对文物研究非常感兴趣，经常收集有关我国历史文物的一些信息。一次，小辉在微博上看到，某地出土了一件唐代的花瓶，据说该花瓶具有非常重要的历史价值。小辉正在观看相关节目时，他的舍友王某询问小辉，像花瓶、字画这些可移动文物，是否全部都归国家所有呢？

专家解读

在日常生活中，我们经常可以看到瓷器、字画等可移动文物。有些是收藏爱好者自己收藏的，有些是普通人家代代相传的，还有一些是在古玩市场交易的，对于这些文物，它们究竟归谁所有，单位或个人有权留存或者买卖吗？根据《文物保护法》第五条的规定，以下可移动文物应归国家所有：(1)中国境内出土的文物，国家另有规定的除外；(2)国有文物收藏单位以及其他国家机关、部队和国有企业、事业组织等收藏、保管的文物；(3)国家征集、购买的文物；(4)公民、法人和其他组织捐赠给国家的文物；(5)法律规定属于国家所有的其他文物。此外，属于国家所有的可移动文物的所有权不因其保管、收藏

单位的终止或者变更而改变。因此,并非所有的可移动文物都属于国家所有,单位或个人对其合法取得的某些文物享有所有权,但是法律详细列举的上述几项可移动文物,国家对其拥有所有权。

法条链接

《中华人民共和国文物保护法》第五条第四款、第五款

8

祖传的归个人所有的文物,受法律保护吗?

答:祖传的归个人所有的文物,是受法律保护的。

情景再现

沈某家里有一块祖传的玉佩,沈某听他的父亲说,这是从他们祖上一直传下来的。沈某的爷爷传给了他的父亲,他的父亲又传给了沈某。沈某结婚之后,便和自己的妻子说了自己家祖传玉佩的事情。而沈某的妻子称,如果他们家祖传的玉佩属于重要文物,应该是归国家所有的,他们的所有权不受法律保护。对此,沈某称玉佩是他们家里合法取得的,已经传了很多代,不可能不受法律保护。沈某的想法对吗?

专家解读

沈某的想法是对的。沈某对其祖传文物享有的所有权是受法律保护的。关于私人所有的祖传文物,我国《文物保护法》第六条明确规定,属于集体所有和私人所有的纪念建筑物、古建筑和祖传文物以及依法取得的其他文物,法律保护其所有权。文物的所有者必须遵

守国家有关文物保护的法律、法规的规定。据此可知,如果文物是个人家庭家传的,其归属于私人所有,其所有权是受到法律保护的,任何组织和个人都不得侵犯。在上例中,沈某属于其祖传文物的所有者,法律保护其所有权。因此,沈某妻子的说法是错误的,沈某的祖传文物不会因为其具有文物价值而归为国有。

法条链接

《中华人民共和国文物保护法》第六条

9

"保护文物,人人有责",有法律依据吗?

答:"保护文物,人人有责",是有法律依据的。

情景再现

大学毕业前夕,小吴和几位同学一同到西安旅游。小吴等人到某景点参观历史古迹时,看到城墙上有人正在用笔写自己的名字。于是,小吴便准备上前阻止。此时,小吴的同学都劝他不要多管闲事,免得给自己惹来麻烦,称这又与他们无关,会有工作人员阻止他们的。小吴说保护文物是每个人的法定义务,而且旁边还竖着"保护文物,人人有责"的标识牌。然而,小吴的一位同学却说,这个标语并没有法律上的依据,只不过是道德上的义务。小吴同学的说法对吗?

专家解读

保护文物是每个人的法定义务。在日常生活中,看到他人有破坏文物的行为时,每个人都有义务予以制止。对此,我国《文物保护法》

第七条明确规定，一切机关、组织和个人都有依法保护文物的义务。由此可知，保护文物是每个机关、组织和个人的法定义务，即“保护文物，人人有责”是有法律依据的。在上例中，小吴的做法是正确的，在历史文物古迹上刻画自己名字的行为属于破坏文物的行为，每个人都有义务阻止这种行为的发生。小吴同学的说法是错误的，保护文物需要我们每个人都依法履行自己的义务，而不能只靠工作人员。

法条链接

《中华人民共和国文物保护法》第七条

10

侵占文物保护费用的，要承担怎样的法律后果？

答：侵占文物保护费用的，将会受到相应的行政处罚，构成犯罪的，还要承担相应的刑事责任。

情景再现

付某是某市博物馆的馆长，由于其所任职的博物馆中存放的文物都具有非常高的历史价值，属于国家重点文物保护单位，因此，当地的部分企事业单位通过捐赠的方式为这些文物设立了保护基金，专门用于这些文物的保护和修复。一次，某企业捐赠大笔资金之后，付某因炒股失利，利用自己的职务之便，侵占了一部分文物保护费用。付某为此要承担什么责任？

专家解读

我国《文物保护法》第十条明确规定，国有博物馆、纪念馆、文物保护单位等的事业性收入，专门用于文物保护，任何单位或者个人不得侵占、挪用。国家鼓励通过捐赠等方式设立文物保护社会基金，专门用于文物保护，任何单位或者个人不得侵占、挪用。据此可知，文物保护费用属于专项资金，必须专款专用，任何单位或者个人都不能侵占用于文物保护的专门费用。对于侵占文物保护费用的行为，《文物保护法》第七十六条第五项规定，文物行政部门、文物收藏单位、文物商店、经营文物拍卖的拍卖企业的工作人员贪污、挪用文物保护经费的，依法给予行政处分，情节严重的，依法开除公职或者吊销其从业资格；构成犯罪的，依法追究刑事责任。

在上例中，付某作为博物馆的馆长，利用自己的职务侵占用于文物保护的费用，其行为已经触犯法律，将会受到相应的行政处罚，如果构成犯罪，其可能还需要承担刑事责任。

法条链接

《中华人民共和国文物保护法》第十条第三款、第四款，第七十六条

11

国有博物馆等单位的事业性收入，应该用于哪些方面？

答：国有博物馆等单位的事业性收入，将用于文物的保护以及相

关文物保护单位的修缮等方面。

情景再现

国庆节期间，大学生小东到当地的某纪念馆做假期兼职，主要负责检查游客的门票。由于是国庆黄金周，前来纪念馆参观的游客非常多，小东觉得此段时间纪念馆肯定有非常可观的收入。但是，小东一直不知道这些收入的用途。于是，其便向纪念馆的工作人员咨询。工作人员告诉他，这些收入都会用于文物的保护。

专家解读

关于国有博物馆、纪念馆等单位的事业性收入，我国《文物保护法实施条例》第三条明确规定，国有博物馆、纪念馆、文物保护单位等的事业性收入，应当用于下列用途：(1)文物的保管、陈列、修复、征集；(2)国有博物馆、纪念馆、文物保护单位的修缮和建设；(3)文物的安全防范；(4)考古调查、勘探、发掘；(5)文物保护的科学研究、宣传教育。据此可知，国有博物馆、纪念馆等单位的事业性收入主要用于文物保护、修缮、安全、研发、教育等，都是与文物有密切联系的事项。在上例中，纪念馆工作人员的说法是错误的，纪念馆的收入不仅用于文物的保护，还会用于其他方面的相关工作。

此外，国有博物馆、纪念馆、文物保护单位等的事业性收入的用途不能改变，否则，负有责任的主管人员和其他直接责任人员将会受到相应行政处罚；构成犯罪的，将被依法追究刑事责任。

法条链接

《中华人民共和国文物保护法实施条例》第三条、第六十三条

12 帮助公安机关追回重要失窃文物的，应该受到嘉奖吗？

答：帮助公安机关追回重要失窃文物的单位和个人，应该受到嘉奖。

情景再现

陈先生是一位古玩收藏爱好者，与朋友一起经营着一家拍卖行，每天都会经手大量的古董和文物。在一次筹备拍卖展的过程中，他发现一位海外归侨刘先生带来的展品很像前不久某博物馆的失窃文物，于是，陈先生立即报警并联系了当地文化执法部门。公安机关和文化执法部门工作人员嘱咐陈先生不要声张，暗中留意收集关于此件文物的线索。陈先生通过业内各种资源，积极帮助警方查找文物线索，最终，帮助警方破获了这起文物盗窃大案，追回了一批重要失窃文物。陈先生应该受到嘉奖吗？

专家解读

文物是人类在发展过程中遗留下来的具有历史、文化、科学价值的物品，它是人类宝贵的历史文化遗产，对研究人类社会发展、文化发展具有重大价值。国有文物受到法律保护，任何人不得侵犯，一切机关、组织和个人都有保护文物的义务。帮助公安机关追回重要失窃文物的单位或者个人，是一种积极保护文物的行为，应该受到嘉奖。对此，《文物保护法》和《文物保护法实施条例》中都明确规定，为保护文物与违法犯罪行为作坚决斗争的,应当由国家给予精神鼓励或者物质奖励。在本例中,陈先生为了帮助追回失窃文物,通过业内各种资源积极帮助查找文物线索,坚决与违法犯罪行为作斗争,应当受到嘉奖。

法条链接

《中华人民共和国文物保护法》第十二条

《中华人民共和国文物保护法实施条例》第六条

13

向国家“献宝”的,应该受到嘉奖吗?

答:将个人收藏的重要文物捐献给国家或者为文物保护事业作出捐赠的,应当受到嘉奖。

情景再现

张先生的姑姑去年因病去世,老太太一辈子无儿无女,在世时,一直都是张先生照顾她。于是便将自己的全部遗产留给了唯一的侄子张先生。张先生在整理姑姑遗物的时候,发现有一些老物件,看起来很有年代感,其中有几件已经出现破损。张先生并不喜好收藏,对古董的保存与修复也不甚了解,于是,他与家人商议后,决定将这些老物件捐献给当地文物保护单位。后经专家鉴定,张先生捐献的部分物件属于清朝文物,对研究历史文化有巨大的价值。鉴于张先生的捐赠行为,当地政府决定给予他一定的物质奖励。

专家解读

每一件文物都有其独特性和不可代替性，其本身储存着大量的信息，具有较高的收藏价值、研究价值。有时候，个人或非专业单位可能缺乏保护以及修复文物的经济基础和专业条件，在这种情况下，将文物交给国家保存是最佳的处理方式。国家可以充分发掘文物自身价值，也可以通过展出等形式，让更多的人了解它以及背后的文化，从而促进文化的传播和发展。

同时，国家会根据现实情况给予捐赠人一定的精神鼓励或者物质奖励。根据《文物保护法》和《文物保护法实施条例》的相关规定，将个人收藏的重要文物捐献给国家或者为文物保护事业作出捐赠的人，国家将给予其精神鼓励或者物质奖励。在本例中，张先生因缺乏文物保护的基本条件，将继承的文物上交给国家，国家应对其进行嘉奖。

法条链接

《中华人民共和国文物保护法》第十二条

《中华人民共和国文物保护法实施条例》第六条

14

自家盖房挖地基发现文物及时上报的，应该受到嘉奖吗？

答：盖房挖地基时，在自家宅基地发现文物及时上报的，应该受到嘉奖。

情景再现

去年，老田的儿子经媒人介绍与邻村的一位姑娘相识，两人感情发展顺利，准备第二年结婚。于是，老田拿出一辈子的积蓄，想在自家宅基地上重建一座更宽敞的二层小楼。在施工挖地基过程中，老田在自家宅基地地下发现一口大水缸，里面盛着几件生锈的器皿。同村人说，这可能是老祖宗留下的传家宝。老田觉得此事非同小可，自己也不懂文物、古董方面的知识，于是，他将挖出来的几件器皿上交给了政府文物保护部门。经专业人士鉴定，这几件器皿是汉代的文物，具有重大科考价值。鉴于老田上交文物的行为，当地政府给予了老田荣誉和物质奖励。

专家解读

对于在自家宅基地地下发现的文物，如果自行处理或者私自转卖，可能会造成珍贵物质文化遗产的损坏甚至流失。因此，主动及时上报、上交发现的文物，可以使文物得到有效保护，对我国文化、历史、艺术方面的发展都有所助益。同时，国家对于单位或者个人的这一行为，也是予以肯定和鼓励的。根据我国《文物保护法》和《文物保护法实施条例》的相关规定，发现文物及时上报或者上交从而使文物得到保护的，应当由国家给予精神鼓励或者物质奖励。在本例中，老田在自家宅基地地下发现文物并及时上交给当地文物保护部门，促进了文物的保护与历史文化的发展，当地政府部门给予其精神鼓励和物质奖励的做法是正确的。

法条链接

《中华人民共和国文物保护法》第十二条

《中华人民共和国文物保护法实施条例》第六条

15

洪水中抢救文物的，应该受到嘉奖吗？

答：在洪水中抢救文物的，应当受到嘉奖。

情景再现

前不久，我国南方连续多日降特大暴雨，继而引发了严重的洪水灾害。D县是本次洪水受灾严重的地区之一，当地一个古代文化生活博物馆恰巧坐落于此，博物馆中珍藏着不少珍贵文物。老杜是博物馆的一名工作人员，对馆内珍藏的老物件有着深厚的感情，在洪灾暴发之际，他不顾自身安危，紧急召集家人全力抢救博物馆珍贵文物。最终，在老杜及其家人的努力下，该博物馆的文物基本完好。老杜一家人为保护当地文物作出了巨大贡献，受到政府的嘉奖。

专家解读

文物是人类在生产、生活的漫长历史中留下来的珍贵物件，是一种文化和精神的传承。文物是一种不可再生资源，一旦被损坏，就永远不可能复原，甚至会面临着不可估量的损失。因此，在文物遭遇破坏时，抢救文物意义重大。根据我国《文物保护法》和《文物保护法实施条例》的相关规定，在文物面临破坏危险时，抢救文物有功的单位或个人，应当由国家给予其精神鼓励或者物质奖励。本例中，在洪水灾害暴发之际，老杜不顾自身安危，紧急召集家人对当地博物馆的文物进行抢救，为国家留存了大量珍贵的文物，此种行为应当受到嘉奖。

法条链接

《中华人民共和国文物保护法》第十二条

《中华人民共和国文物保护法实施条例》第六条

第二章　不可移动文物

16

不可移动文物保护范围仅限于文物范围本身吗?

答:不可移动文物保护范围不仅限于文物范围本身。

情景再现

某市是一座历史文化名城,市内有很多古代建筑。一次,该市的某历史建筑物因为自然灾害而受损,该市文物保护单位决定对该建筑物进行修复。修复完成之后,为了避免该建筑物再次被损坏,文物保护单位准备重新划定该建筑物的保护范围。但是,该单位的工作人员小文认为,只要保护该历史建筑物本身就足够了,没有必要对周围特定的区域进行保护,这样会浪费资源。小文的说法正确吗?

专家解读

不可移动文物具有一定的历史价值,但是,一般情况下,都会因历史悠久而受到一定的损坏,因此,需要对不可移动文物进行保护。但是,不可移动文物的保护并不只是局限于文物范围本身。根据《文物保护法实施条例》第九条的规定,所谓文物保护单位的保护范围,是指对文物保护单位本体及周围一定范围实施重点保护的区域。文物保护单位的保护范围,应当根据文物保护单位的类别、规模、内容以及周围环境的历史和现实情况合理划定,并在文物保护单位本体之外保持一定的安全距离,确保文物保护单位的真实性和完整性。据此可知,在上例中,小文的说法是错误的。为了保护某建筑物的完整性，某文物保护单位根据实际情况对该建筑物的保护范围进行重新划定的做法是正确的。

法条链接

《中华人民共和国文物保护法实施条例》第九条

17

如果必须要在文物保护范围内进行钻探等作业的，应履行怎样的手续？

答：如果必须要在文物保护范围内进行钻探等施工作业的，必须征得相应行政部门的批准和同意。

情景再现

某古文化遗址在某年被该省某村村民打井时发现，在发现后被列为全国重点保护单位。村民需要在此地继续打井，以方便他们用水。但是，该省文物单位称他们不能继续在此处打井，否则会损坏文物的历史价值。为此，文物保护单位告诉村民，如果他们要继续在此处进行挖掘作业，必须要向相关部门申请，否则，很可能会损坏历史文物的价值，而且私自挖掘的行为是违法的。

专家解读

古文化遗址等不可移动文物具有比较重要的历史价值，有时一旦进行工程建设或者爆破、钻探、挖掘等作业，可能会导致这些不可移动文物受到损坏。但是，如果出于考古等需要，在保证文物单位安全的前提下，可以向有关部门申请进行上述工程作业。根据《文物保护法》第十七条的规定，在文物保护范围内施工，必须要遵循下列程序才可能获得行政许可：(1)因特殊情况需要在文物保护单位的保护范围内进行其他建设工程或者爆破、钻探、挖掘等作业；(2)必须保证文物保护单位的安全；(3)必须经核定公布该文物保护单位的人民政府批准，在批准前应当征得上一级人民政府文物行政部门同意。此外，在全国重点文物保护单位的保护范围内进行其他建设工程或者爆破、钻探、挖掘等作业的，必须经省、自治区、直辖市人民政府批准，在批准前应当征得国务院文物行政部门同意。

因此，在本例中，村民们如果继续在该处进行挖掘作业，需要经省政府批准，省政府批准前必须经过国务院文物部门的同意。如果擅自在文物保护单位的保护范围内进行建设工程或者爆破、钻探、挖掘等作业，尚不构成犯罪的，由县级以上人民政府文物主管部门责令改正，造成严重后果的，处五万元以上五十万元以下的罚款；情节严重的，由原发证机关吊销资质证书。如果构成犯罪的，还要被追究刑事责任。

法条链接

《中华人民共和国文物保护法》第十七条、第六十六条

18

损坏文物保护标志要承担怎样的法律责任？

答：损坏文物保护标志要被处以警告或者行政罚款。

情景再现

“五一”劳动节时，赵某带着妻子和女儿到西安旅游。参观某朝代的壁画时，赵某的女儿看到该壁画旁边有一个标志说明，觉得壁画标志说明上保护单位的级别是错误的，于是，便想自己改过来。赵某看到后，马上制止了女儿的行为，称如果被工作人员发现，是要罚款的。赵某的女儿却不以为然，觉得自己只是在上面改个字，不会有这么严重的后果。那么，赵某女儿可以这么做吗？

专家解读

赵某女儿是不可以这么做的。《文物保护法实施条例》第十条规定，文物保护单位的标志说明，应当包括文物保护单位的级别、名称、公布机关、公布日期、立标机关、立标日期等内容。民族自治地区的文物保护单位的标志说明，应当同时用规范汉字和当地通用的少数民族文字书写。同时，我国《文物保护法》第十五条第一款规定：“各级文物保护单位，分别由省、自治区、直辖市人民政府和市、县级人民政府划定必要的保护范围，作出标志说明，建立记录档案，并区别情况分别设置专门机构或者专人负责管理。全国重点文物保护单位的保护范围和记录档案，由省、自治区、直辖市人民政府文物行政部门报国务院文物行政部门备案。”由此可见，这些文物保护单位的说明标志是受到保护的。毁损这些标志，根据《文物保护法》第十五条和《文物保护法实施条例》第五十七条的规定，由公安机关或者文物所在单位给予警告，可以并处二百元以下罚款。

在上例中，赵某女儿的做法是错误的，虽然只是更改文物保护标志上的部分文字，也属于随意毁坏文物保护标志的行为，将会受到相应的行政处罚。对此，其可以向相关文物保护部门打电话提出建议。

法条链接

《中华人民共和国文物保护法》第十五条第一款、第六十六条第

二款

《中华人民共和国文物保护法实施条例》第十条、第五十七条

19

群众性文物保护组织是什么单位？具有怎样的职能？

答:群众性文物保护组织是热心于文物保护的各界人士或单位组成的社会团体,主要负责文物保护的工作。

情景再现

某省是我国古文化的发源地之一,考古学家在考古的过程中,在该省某村发现了一处彩陶文化遗址,因该遗址具有一定的历史价值,故被核定公布为文物保护单位。之后,该市政府便准备指定专门机构进行管理。该单位成立之后,有工作人员认为,应当在此单位设立一个群众性文物保护组织。但是,负责管理的人员称,该文物保护单位没有使用单位,也就无须设立群众性文物保护组织。那么,到底该不该设立呢?

专家解读

我国《文物保护法实施条例》第十二条第二款明确规定,文物保护单位有使用单位的,使用单位应当设立群众性文物保护组织;没有使用单位的,文物保护单位所在地的村民委员会或者居民委员会可以设立群众性文物保护组织。文物行政主管部门应当对群众性文物保护组织的活动给予指导和支持。据此可知,文物保护单位必须要设立群众性文物保护组织。在上例中,某文物保护单位如果没有使

用单位,其所在地的村民委员会可以设立群众性文物保护组织。

所谓群众性文物保护组织,是热心于文物保护的各界人士或单位所组成的社会团体,其主要功能有:(1)宣传党和国家文物保护工作的方针、政策、法令,普及文物知识;(2)开展文物保护相关的社会调查和研究工作,并向政府及各级部门提供咨询和服务;(3)联系有关社会组织和各界群众,开展社会性、群众性的文物保护工作;(4)向社会有关方面提供文物保护、建筑维修等方面的服务;(5)为保护文物开展相关课题研究,向相关部门提供理论和实践的咨询;(6)为提高文物保护工作人员的素质,开展社会性的文物保护专业人员培训工作。由此可知,群众性文物保护组织在保护文物工作方面发挥着巨大的作用,文物保护单位应当设立群众性文物保护组织,共同保护相关文物。

法条链接

《中华人民共和国文物保护法实施条例》第十二条

20

文物保护单位的安保人员,可以配备电棍吗?

答:文物保护单位的安保人员可以配备电棍。

情景再现

肖某在国庆节时与朋友一起到某地旅游,由于是节假日期间,游客非常多。当天晚上,肖某和朋友到某景点参观时看到该文物保护单位的安保人员都配备了小型电棍。肖某认为文物保护单位的安保人员是不能配备防卫器械的，这种行为违反了法律规定。那么，文物保护单位的安保人员可以配备电棍吗？

专家解读

文物保护单位的安保人员可以配备电棍。我国《文物保护法实施条例》第十二条第三款规定："负责管理文物保护单位的机构，应当建立健全规章制度，采取安全防范措施；其安全保卫人员，可以依法配备防卫器械。"在上例中，肖某的想法是错误的，文物保护单位的安保人员可以配备防卫器械，某旅游景点的安保人员配备小型电棍的行为是合法的。法律之所以作出这一规定，是因为文物保护单位具有一定的历史价值，为了更好地保护文物的安全，避免造成文物的毁损或者丢失，在必要时，安保人员在巡逻、执行安保任务时需要配备防卫器械。

法条链接

《中华人民共和国文物保护法实施条例》第十二条第三款

21

文物保护单位的记录档案包括哪些内容？

答：文物保护单位的记录档案包括文物保护单位本体记录等科学技术资料和有关文献记载、行政管理等内容。

情景再现

顾某是某文物保护单位的工作人员，平时主要负责对单位的文物记录档案进行整理和归档。一次，顾某在整理档案时，无意间发现一份关于某历史建筑的档案，在这份档案中，只有关于该建筑物的相关文献记载以及科学技术资料，却没有任何行政管理内容。于是，顾某向另一位工作人员杜某提出了这个问题，杜某称行政管理内容并不是文物保护单位记录档案的必备内容。杜某的说法正确吗？

专家解读

杜某的说法是错误的。根据《文物保护法实施条例》第十一条第一款的规定，文物保护单位的记录档案，应当包括文物保护单位本体记录等科学技术资料和有关文献记载、行政管理三方面的内容。据此可知，在文物保护单位的记录档案中，上述三部分资料缺一不可。此外，根据该条第二款的规定，为有效表现其所载内容，文物保护单位的记录档案，应当充分利用文字、音像制品、图画、拓片、摹本、电子文本等多种形式。在上例中，某建筑物作为受保护的文物，其记录档案中应当包含行政管理的内容。因此，顾某的说法是正确的，杜某认为行政管理不是记录档案必备内容的说法是错误的。

法条链接

《中华人民共和国文物保护法实施条例》第十一条

22

什么是文物保护单位的建设控制地带？建设该地带应该由谁来批准？

答：文物保护单位的建设控制地带是为保护文物保护单位的安全

而限制的区域，不同级别的文物保护单位建设该地带由相应的部门进行审批。

情景再现

陕西省某市有很多历史古迹，该市的某处古文化遗址是全国重点文物保护单位，甚至在全世界都非常出名。近年来，该古文化遗址受损比较严重，为了进一步保护该遗址，文物保护单位准备在该古文化遗址附近规划建设控制地带。小新是该单位新入职的员工，在收到单位规划建设控制单位地带的通知后，他非常疑惑，什么是建设控制地带呢？建设控制地带要经过哪些部门审批呢？

专家解读

《文物保护法实施条例》第十三条规定，文物保护单位的建设控制地带，是指在文物保护单位的保护范围外，为保护文物保护单位的安全、环境、历史风貌对建设项目加以限制的区域。在规划文物保护单位的建设控制地带时，应当根据文物保护单位的类别、规模、内容以及周围环境的历史和现实情况合理划定。此外，关于文物保护单位建设地带的审批，《文物保护法实施条例》第十四条规定，全国重点文物保护单位的建设控制地带，经省、自治区、直辖市人民政府批准，由省、自治区、直辖市人民政府的文物行政主管部门会同城乡规划行政主管部门划定并公布。省级、设区的市、自治州级和县级文物保护单位的建设控制地带，经省、自治区、直辖市人民政府批准，由核定公布该文物保护单位的人民政府的文物行政主管部门会同城乡规划行政主管部门划定并公布。

在上例中，由于某古文化遗址属于全国重点保护单位，因此，其文物保护单位的建设控制地带应当经该省省政府批准，并由省人民政府的文物行政主管部门会同城乡规划行政主管部门划定并公布，才能进行建设。

法条链接

《中华人民共和国文物保护法实施条例》第十三条、第十四条

23

文物保护单位的建设控制地带内，禁止或限制从事哪些活动？

答:在文物保护单位的建设控制地带内从事活动不得破坏文物保护单位的历史风貌,不得对文物保护单位造成污染等。

情景再现

某市的石窟寺因具有非常重要的历史文化价值,被列为全国重点文物保护单位。为了避免石窟寺受到毁坏,经过有关部门批准,该文物保护单位准备在石窟寺周围划出一定的建设控制地带。但是,在建设控制地带规划完成之后,该文物保护单位为了吸引游客,又准备在建设控制地带内建设一些娱乐休闲场所,而这些设施一旦建造,将会导致该石窟寺受到损坏。某文物保护单位的做法违法了吗?

专家解读

某文物保护单位的做法是违法的。我国《文物保护法》第十八条、第十九条规定,根据保护文物的实际需要,经省、自治区、直辖市人民政府批准,可以在文物保护单位的周围划出一定的建设控制地带,并予以公布。但是,一旦划定文物保护单位的建设控制地带,在该地带内的其他活动将受到严格的限制:(1)在文物保护单位的建设控制地带内建设工程,不得破坏文物保护单位的历史风貌;工程设计

方案应当根据文物保护单位的级别，经相应的文物行政部门同意后，报城乡建设规划部门批准。(2)在文物保护单位的保护范围和建设控制地带内，不得建设污染文物保护单位及其环境的设施，不得进行可能影响文物保护单位安全及其环境的活动。对已有的污染文物保护单位及其环境的设施，应当限期治理。如果违反上述规定，根据《文物保护法》第六十七条的规定，在文物保护单位的保护范围内或者建设控制地带内建设污染文物保护单位及其环境的设施的，或者对已有的污染文物保护单位及其环境的设施未在规定的期限内完成治理的，由环境保护行政部门依照有关法律、法规的规定给予处罚。

在上例中，某文物保护单位在建设控制地带内建设休闲娱乐场所，会对文物保护单位造成一定的污染和破坏，其行为是被法律禁止的。因此，该单位应当马上停止此行为，否则将会受到相应的行政处罚。

法条链接

《中华人民共和国文物保护法》第十八条、第十九条、第六十七条

24

在建设控制地带内建设工程，其方案未报批，对文物造成损坏的，要承担怎样的责任？

答：在建设控制地带内建设工程没有报批，对文物造成损坏，不构成犯罪的，需要承担相应的行政责任；情节严重构成犯罪的，要追究其刑事责任。

情景再现

某市有很多历史非常悠久的石刻，其中有一处大型石刻公园被列为省重点文物保护单位。为了对这些石刻进行保护，避免石刻受到破坏，某文物保护单位在石刻公园周围规划了建设控制地带。后来，该文物保护单位未经相关部门的审批准备在建设控制地带内建设一家商务宾馆。该文物保护单位的工作人员曾某提出，如果进行建设，应当经过相应的文物行政部门同意。但是，该单位的负责人认为，在建设控制地带内建设工程是合法的，工程并没有超出建设控制地带，无须报批。确实如此吗？

专家解读

在建设控制地带内进行建设工程是需要报批的。我国《文物保护法》第十八条明确规定，在文物保护单位的建设控制地带内建设工程，不得破坏文物保护单位的历史风貌；工程设计方案应当根据文物保护单位的级别，经相应的文物行政部门同意后，报城乡建设规划部门批准。如果未经批准而进行工程建设，并对历史风貌造成破坏，尚不构成犯罪的，由县级以上人民政府文物主管部门责令改正；造成严重后果的，处五万元以上五十万元以下的罚款；情节严重的，由原发证机关吊销资质证书。

在上例中，某文物保护单位如果要在控制地带内进行工程建设，其应该将工程设计方案报相应的文物行政部门审核，在经过同意之后，还要报城乡建设规划部门批准。因此，该文物保护单位的做法是错误的。

法条链接

《中华人民共和国文物保护法》第十八条、第六十六条

25

建设工程选址，不能避开不可移动文物而实施原址保护的，需要履行什么手续？

答：建设工程选址，不能避开不可移动文物而实施原址保护的，应根据文物保护单位的级别报相应的文物行政部门批准。

情景再现

某市是旅游城市，有很多处历史文化古迹。由于该市在夏季时非常容易发生洪灾，为了居民的安全，该市决定修建堤坝。但是，该堤坝的建设图纸规划中显示堤坝工程需经过一处寺庙，且无法避开，而该寺庙属于省级文物保护单位。于是，该市政府准备向上级部门报批，以确定堤坝工程能否顺利实施。

专家解读

一般情况下，在建设工程选址时，应当尽量避开不可移动文物。但是，在某些特殊情况下，无论如何规划，可能都无法避开，根据《文物保护法》第二十条第一款、第二款的规定，应当尽可能对文物保护单位实施原址保护。实施原址保护的，建设单位应当事先确定保护措施，并根据文物保护单位的级别报相应的文物行政部门批准；未经批准的，不得开工建设。在上例中，某市修建堤坝无法避开不可移动文物——某处寺庙，由于该寺庙属于省级文物保护单位，因此，该市政府应当报省级文物行政部门进行审批，在没有经过批准之前，不能开工建设。

法条链接

《中华人民共和国文物保护法》第二十条第一款、第二款

26 因建设工程需要迁移文物的，由谁来决定？

答：因建设工程需要迁移文物的，应当根据文物的级别由相应的行政部门决定。

情景再现

某市要修建一处水库，在进行选址时，发现水库附近有一处石刻，而该石刻已经被列为省级重点文物保护单位。为了对该石刻进行保护，水库设计图纸方案几经修改，却都无法避开该石刻。该市政府经过权衡，认为修建水库是为保护全市市民的利益，因此，在与其他省市取得联系，并征得对方同意后，直接决定将该石刻迁移到其他省市。这种做法正确吗？

专家解读

该市的做法是错误的。我国《文物保护法》第二十条第三款规定："无法实施原址保护，必须迁移异地保护或者拆除的，应当报省、自治区、直辖市人民政府批准；迁移或者拆除省级文物保护单位的，批准前须征得国务院文物行政部门同意。全国重点文物保护单位不得拆除；需要迁移的，须由省、自治区、直辖市人民政府报国务院批准。"据此可知，在迁移文物时，不能擅自决定，必须要经过相应的行政部门同意。

在上例中，某市政府如果准备将石刻迁往异地，必须上报相关部门审批。由于该石刻属于省级文物保护单位，因此，该市政府应该报省级人民政府批准，同时，省级人民政府在批准之前须征得国务院文物行政部门的同意。市政府未经批准而擅自将石刻迁移的行为是违法的，根据《文物保护法》第六十六条第一款的规定，擅自迁移、拆除不可移动文物，尚不构成犯罪的，由县级以上人民政府文物主管部门责令改正，造成严重后果的，处五万元以上五十万元以下的罚款；情节严重的，由原发证机关吊销资质证书。如果构成犯罪，还要被追究刑事责任。

法条链接

《中华人民共和国文物保护法》第二十条第三款、第六十六条第一款

27

因建设工程不可避开国家重点文物保护单位，不得已将其拆除的行为违法吗？

答：国家重点文物保护单位不得拆除，因工程建设不可避开擅自拆除的，属于违法行为。

情景再现

某省政府决定在该省某市修建一座桥梁，但是，在进行桥梁选址时，该桥梁要经过某座古代建筑物，该古代建筑物属于全国重点文物保护单位，然而桥梁选址又无法避开该古代建筑物。在选址完成后，

为了能够保证顺利完工，某省政府准备将该古代建筑物拆除，认为其拆除该古代建筑物是不得已而为之，应该不属于违法行为。该省政府的说法正确吗？

专家解读

国家重点文物保护单位，即使是因建设工程无法避开，也不能拆除。对此，《文物保护法》第二十条第三款明确规定，全国重点文物保护单位不得拆除；需要迁移的，须由省、自治区、直辖市人民政府报国务院批准。据此可知，对于全国重点文物保护单位，无论在何种情况下，都不能拆除。如果在建设工程选址时无法避开，可以将文物保护单位进行迁移，但是，必须由省、自治区、直辖市人民政府报国务院批准。在上例中，某省政府不能将属于全国重点文物保护单位的古代建筑物拆除，这种行为是违法的。

法条链接

《中华人民共和国文物保护法》第二十条第三款

28

因建设工程依法拆除文物的，其中具有收藏价值的物品如何处理？

答：因建设工程依法拆除文物的，其中具有收藏价值的壁画、雕塑、建筑构件等，由文物行政部门指定的文物收藏单位收藏。

情景再现

2020年4月，某市准备修建一座机场，在选址的过程中，该机场图纸设计方案几经修改，都无法避开一座古建筑，而该古建筑属于市级文物保护单位。由于无法避开该古建筑，在经过有关部门同意后，该市政府决定将该古建筑拆除。但是，在该古建筑中有一些具有收藏价值的雕塑，市政府的某部门领导冉某认为这些雕塑应该归本市所有，因此，便准备将这些雕塑收归市政府所有。冉某说得对吗？

专家解读

冉某的说法是错误的。关于被拆除之后的不可移动文物中具有收藏价值的相关物品，根据我国《文物保护法》第二十条第四款的规定，被拆除的国有不可移动文物中具有收藏价值的壁画、雕塑、建筑构件等，由文物行政部门指定的文物收藏单位收藏。由此可见，对于已经拆除的不可移动文物中的壁画、雕塑、建筑构件等，因其具有收藏价值，应当由文物行政部门指定收藏单位收藏，避免其受到损坏。在上例中，某市拆除古建筑物之后，市政府不能将里面的雕塑归为己有，应该由文物行政部门指定相关单位收藏。

法条链接

《中华人民共和国文物保护法》第二十条第四款

29

因建设工程需要对文物进行保护、迁移、拆除的费用，是由国家来承担吗？

答：因建设工程需要对文物进行保护、迁移、拆除的费用，由建设单位列入预算。

情景再现

某市准备修建一座港口，在选址过程中，工程师提出，该港口要占用某县级文物保护单位，而该单位为该县的一个代表性建筑。由于无法进行原址保护，该市准备将此建筑拆除。在拆除过程中，该团队的工作人员认为，拆除该建筑物的费用应该由国家承担，而不应该列入此次港口建设的费用。那么，到底应不应该列入呢？

专家解读

对文物进行保护、迁移、拆除的费用，不是由国家承担，而应当由建设单位负担。对此，我国《文物保护法》第二十条第五款明确规定，原址保护、迁移、拆除所需费用，由建设单位列入建设工程预算。由此可知，在进行建设工程选址时，因需要而对文物进行保护、迁移、拆除的费用，应该由建设单位列入工程预算。在上例中，因建设港口需要而拆除某建筑物的费用，应该由港口建设单位列入工程预算。

法条链接

《中华人民共和国文物保护法》第二十条第五款

30

私人所有的不可移动文物，由谁来负责修缮和保养？费用由谁承担？

答：私人所有的不可移动文物一般由所有人负责修缮和保养，在不具备修缮能力时，当地政府应给予帮助。

情景再现

徐某是某地非常有名的富商，家里有一栋祖传的院子，该院子后来被列为市级重点文物保护单位。徐某为了保护该建筑物，每年都花钱进行修复。后来，徐某去世，而修缮该建筑物需要高额的费用，徐某的后代便不再花钱维护。为了避免院子遭到破坏，徐某生前的好友建议徐某的后代向当地政府申请给予帮助，但是，徐某的后代认为，这是他们私有的不可移动文物，政府是不会帮助修缮的。是这样吗？

专家解读

我国《文物保护法》第二十一条第一款规定，国有不可移动文物由使用人负责修缮、保养；非国有不可移动文物由所有人负责修缮、保养。非国有不可移动文物有损毁危险，所有人不具备修缮能力的，当地人民政府应当给予帮助；所有人具备修缮能力而拒不依法履行修缮义务的，县级以上人民政府可以给予抢救修缮，所需费用由所有人负担。据此可知，一般情况下，私有的不可移动文物属于私人所有，理所应当由所有人自己负责修缮和保养。但是，在不可移动文物具有损毁危险，而所有人又不具备修缮能力时，当地人民政府有义务给予帮助。在上例中，如果徐某家私有的不可移动文物存在毁损的风险，且所有人又不具备修缮能力时，政府是会给予帮助的。

法条链接

《中华人民共和国文物保护法》第二十一条第一款

31

文物保护单位工作人员擅自修缮佛像，改变其容貌的，要承担怎样的责任？

答：文物保护单位工作人员擅自修缮佛像,改变其容貌的,需要承担相应的行政责任。

情景再现

某市有一座寺庙被列为省级文物保护单位,寺庙中有很多古代的佛像。一次,由于寺庙中部分佛像受损,需要进行修缮。该文物保护单位的工作人员未经批准就对其中的部分佛像进行了修缮,导致部分佛像的容貌被改变,严重影响了佛像的历史文化价值。文物行政管理部门得知后,决定对该名工作人员进行处罚。可是,该工作人员却认为自己是在履行职责,没有任何错误。谁的说法正确呢?

专家解读

根据《文物保护法》第二十一条第二款的规定,对文物保护单位进行修缮,应当根据文物保护单位的级别报相应的文物行政部门批准;对未核定为文物保护单位的不可移动文物进行修缮,应当报登记的县级人民政府文物行政部门批准。据此可知,无论文物是否核定为文物保护单位,在进行修缮时,文物保护单位都应当报相关部门批准,不可擅自对文物进行修缮,以免对文物造成不可扭转的损毁。在上例中,某寺庙属于省级重点文物保护单位,需对佛像进行修缮时,应当报省级文物行政部门批准。某文物保护单位的工作人员擅自修缮佛像,并改变了其原来的容貌,该行为是违法的。根据《文物保护法》第六十六条第四项的规定，擅自修缮不可移动文物，明显改变文物原状，尚不构成犯罪的，由县级以上人民政府文物主管部门责令改正，造成严重后果的，处五万元以上五十万元以下的罚款；情节严重的，由原发证机关吊销资质证书。因此，相关部门对该工作人员进行处罚是正确的。

法条链接

《中华人民共和国文物保护法》第二十一条第二款、第六十六条第四项

32

任何人都可以对文物保护单位进行修缮吗？

答：必须是有资质的单位才能对文物保护单位进行修缮。

情景再现

某朝代一位名人的住所展现了当时的时代风貌，具有重要的历史研究价值，被列为全国重点文物保护单位。一次，由于该住所的一部分建筑受到毁损，需要进行修缮。该文物保护单位在经过相关部门的许可之后，找到一家工程单位负责修缮。但是，该工程单位并没有文物保护工程资质证书。对此，文物保护单位的一位工作人员提出了质疑，认为必须要有资质的单位才能进行修缮。可是，另一位工作人员却称，并不一定需要工程资质证书，只要能完成修缮任务就可以。是这样吗？

专家解读

并不是任何个人或单位都可以对文物保护单位进行修缮。《文

物保护法》第二十一条第三款规定,文物保护单位的修缮、迁移、重建,由取得文物保护工程资质证书的单位承担。同时,《文物保护法实施条例》第十五条也明确规定,承担文物保护单位的修缮、迁移、重建工程的单位,应当同时取得文物行政主管部门发给的相应等级的文物保护工程资质证书和建设行政主管部门发给的相应等级的资质证书。其中,不涉及建筑活动的文物保护单位的修缮、迁移、重建,应当由取得文物行政主管部门发给的相应等级的文物保护工程资质证书的单位承担。否则,按照《文物保护法》第六十六条和《文物保护法实施条例》第五十五条的规定,该施工单位将会受到相应的处罚。

在上例中,某施工单位未取得文物保护工程资质证书,是不可以从事文物修缮工作的。如果该单位擅自从事文物修缮工作,由文物行政主管部门责令限期改正;逾期不改正,或者造成严重后果的,处五万元以上五十万元以下的罚款;构成犯罪的,依法追究刑事责任。

法条链接

《中华人民共和国文物保护法》第二十一条第三款、第六十六条
《中华人民共和国文物保护法实施条例》第十五条、第五十五条

33

如何申领文物保护工程资质证书? 需要具备哪些条件?

答:申请文物保护工程资质证书必须拥有取得文博专业技术职务的人员和文保工程所需的技术设备。

情景再现

某建筑工程公司看到某市一家文物保护单位正在进行招标，寻找一家有资质的单位对某建筑物进行迁移。某建筑工程公司看到后，准备参与竞标。由于对文物进行修缮必须要有相应的文物保护工程资质证书，于是，某建筑工程公司准备向有关部门申请文物保护工程资质证书。那么，申请文物保护工程资质证书应当具备哪些条件？

专家解读

《文物保护法实施条例》第十六条规定，申领文物保护工程资质证书，应当具备下列条件：(1)有取得文物博物专业技术职务的人员；(2)有从事文物保护工程所需的技术设备；(3)法律、行政法规规定的其他条件。某建筑工程公司在具备上述条件之后，根据《文物保护法实施条例》第十七条的规定，应当向省、自治区、直辖市人民政府文物行政主管部门或者国务院文物行政主管部门提出申请。省、自治区、直辖市人民政府文物行政主管部门或者国务院文物行政主管部门应当自收到申请之日起30个工作日内作出批准或者不批准的决定。决定批准的，发给相应等级的文物保护工程资质证书；决定不批准的，书面通知当事人并说明理由。

法条链接

《中华人民共和国文物保护法实施条例》第十六条、第十七条

34

对不可移动文物进行修缮、保养、迁移，应遵循怎样的原则？

答：对不可移动文物进行修缮、保养、迁移，应遵循不改变文物原状的原则。

情景再现

某市要修建水库，水库的选址必须要经过一座佛像所在地，而该佛像早就被列为省级文物保护单位。有关部门经过商议之后，决定对该座佛像进行迁移，以避免该佛像受到毁损。于是，相关部门找到一家施工单位，准备对该佛像进行迁移。但是，施工单位称在迁移的过程中可能会改变佛像的原状。而文物保护单位认为，既然是迁移，就必须遵守不改变文物原状的原则。某文物保护单位的说法正确吗？

专家解读

某文物保护单位的说法是正确的。根据《文物保护法》第二十一条第四款的规定，对不可移动文物进行修缮、保养、迁移，必须遵守不改变文物原状的原则。不可移动文物都具有一定的历史文化价值，对不可移动文物进行修缮、保养、迁移，是为了保存其文化价值，如果改变文物的原状，则会使文物的历史价值受到影响，违背对文物进行修缮、保养或者迁移的初衷。因此，在上例中，对佛像进行迁移时，必须要遵守不改变文物原状的原则。

法条链接

《中华人民共和国文物保护法实施条例》第二十一条第四款

35

不可移动文物已经全部毁坏的，能在原址重建一个吗？

答：不可移动文物已经全部毁坏的，除特殊情况外，不得在原址重建。

情景再现

某市有一条古街，被列为省级重点文物保护单位。在一次地震中，该古街被全部毁坏。于是，该文物保护单位的负责人准备对该古街进行原址重建。对此，该文物保护单位的工作人员称，不可移动文物既然已经全部毁坏，便不能再重建。可是，该文物保护单位的负责人称必须要对该古街进行重建，这是为了重现其历史价值。那么，应该重建吗？

专家解读

《文物保护法》第二十二条规定："不可移动文物已经全部毁坏的，应当实施遗址保护，不得在原址重建。但是，因特殊情况需要在原址重建的，由省、自治区、直辖市人民政府文物行政部门报省、自治区、直辖市人民政府批准；全国重点文物保护单位需要在原址重建的，由省、自治区、直辖市人民政府报国务院批准。"由此可知，不可移动文物全部毁坏后，应采取措施对其遗址实施保护，为了保存其价值，不能在原址进行重建。因为一旦重建，可能会进一步损坏其原有的历史价值。

在上例中，某文物保护单位负责人决定对古街进行重建的做法是违法的，如果确因特殊情况需要重建，应当由省级文物行政部门报省人民政府批准，不能擅自决定重建。如果该文物保护单位擅自在原址重建已全部毁坏的不可移动文物，造成遗址毁坏的，按照《文物保护法》第六十六条的规定，尚不构成犯罪的，由县级以上人民政府文物主管部门责令改正，造成严重后果的，处五万元以上五十万元以下的罚款；情节严重的，由原发证机关吊销资质证书。

法条链接

《中华人民共和国文物保护法》第二十二条、第六十六条

36

擅自将文物保护单位另作其他用途的，要承担怎样的法律责任？

答：擅自将文物保护单位另作其他用途的，要受到相应的行政处罚。

情景再现

某朝代的宫殿被列为全国重点文物保护单位，一直作为参观游览场所。后来，为了增加文物保护单位的收入，该单位的负责人孙某准备将该宫殿对外出租，以供各个剧组拍摄使用。但是，该文物保护单位的工作人员王某称，不能擅自改变文物保护单位的用途，否则，将

要承担相应的法律责任。王某的说法正确吗?

专家解读

王某的说法是正确的。我国《文物保护法》第二十三条规定,核定为文物保护单位的属于国家所有的纪念建筑物或者古建筑,除可以建立博物馆、保管所或者辟为参观游览场所外,作其他用途的,必须要经过相应级别的部门同意:(1)市、县级文物保护单位应当经核定公布该文物保护单位的人民政府文物行政部门征得上一级文物行政部门同意后,报核定公布该文物保护单位的人民政府批准;(2)省级文物保护单位应当经核定公布该文物保护单位的省级人民政府的文物行政部门审核同意后,报该省人民政府批准;(3)全国重点文物保护单位作其他用途的,应当由省、自治区、直辖市人民政府报国务院批准。此外,国有未核定为文物保护单位的不可移动文物作其他用途的,应当报告县级人民政府文物行政部门。

本例中的某宫殿是全国重点文物保护单位,如果要改变其用途,就必须由其所在的省、自治区、直辖市人民政府报国务院批准。否则,根据《文物保护法》第六十八条的规定,擅自改变国有文物保护单位的用途的,由县级以上人民政府文物主管部门责令改正,没收违法所得,违法所得一万元以上的,并处违法所得二倍以上五倍以下的罚款;违法所得不足一万元的,并处五千元以上二万元以下的罚款。

法条链接

《中华人民共和国文物保护法》第二十三条、第六十八条、第七十五条

37

国有文物保护单位可以文物出资参与其他投资建设吗?

答:国有文物保护单位不能以文物出资参与其他投资建设。

情景再现

某古寺是省级文物保护单位,古寺中藏有很多有价值的文物。一次,该文物保护单位的管理人得知某公司正在寻找投资人,该文物保护单位的管理人认为,如果将该古寺作为资产进行投资,可以获得一笔巨额利润,进而可以增加文物保护的各项费用支出。在征求其他人意见时,该单位的工作人员周某提出,古寺属于国有文物保护单位,不能以其出资。那么,谁说的对呢?

专家解读

国有文物保护单位不能出资参与企业经营活动。我国《文物保护法》第二十四条规定,国有不可移动文物不得转让、抵押。建立博物馆、保管所或者辟为参观游览场所的国有文物保护单位,不得作为企业资产经营。由此可知,不能以国有文物单位作为资产对企业进行投资。否则,根据《文物保护法》第六十八条的规定,转让或者抵押国有不可移动文物,或者将国有不可移动文物作为企业资产经营的,由县级以上人民政府文物主管部门责令改正,没收违法所得,违法所得一万元以上的,并处违法所得二倍以上五倍以下的罚款;违法所得不足一万元的,并处五千元以上二万元以下的罚款。

在上例中，某文物保护单位不能将古寺作为资产投资某公司，这种行为是违法的，将会受到相应的行政处罚。

法条链接

《中华人民共和国文物保护法》第二十四条、第六十八条

38

可以将祖上传下来的属于文物的老洋房抵押给外国人吗？

答：不能将属于文物的老洋房抵押给外国人。

情景再现

谢某家里有一栋三层的老洋房，该房是近代民国时期所建，是谢某祖上传下来的，具有一定的历史价值。后来，谢某的老洋房被认定为市级文物保护单位。但是，谢某一直在外做生意，很少回老洋房居住。一次，为了投资，谢某准备将自家的老洋房抵押给一个英国人。在办理抵押登记手续时，登记部门的工作人员告诉谢某，其不能将老洋房抵押给外国人，这是违反法律规定的。然而，谢某认为自己拥有老洋房的所有权，同时也具有自由处分权。那么，确如其说吗？

专家解读

我国《文物保护法》第二十五条第一款规定，非国有不可移动文物不得转让、抵押给外国人。据此可知，即便是非国有文物，也是不能转让或者抵押给外国人的。法律之所以这样规定，是因为即便是

私人或者集体所有的文物，也具有一定的历史价值，都是中华民族的宝贵遗产，必须留在中国境内。一旦抵押或转让给外国人，文物就有可能流入国外。

在上例中，谢某虽然是老洋房的所有权人，但是，因老洋房属于市级文物保护单位，所以是不能抵押给外国人的。否则，根据《文物保护法》第六十八条的规定，谢某将会由县级以上人民政府文物主管部门责令改正，没收违法所得，违法所得一万元以上的，并处违法所得二倍以上五倍以下的罚款；违法所得不足一万元的，并处五千元以上二万元以下的罚款。

法条链接

《中华人民共和国文物保护法》第二十五条第一款、第六十八条

39

转让属于文物的先祖故居的，需要报备吗？

答：转让属于文物的先祖故居，需要向相应的文物行政部门备案。

情景再现

王某的祖上一直都是社会名流，王某的太爷爷是当时非常著名的富商，曾出资修建了一栋别墅，王某祖祖辈辈就一直在别墅里生活。后来，这栋别墅被认定为县级文物保护单位。王某的爷爷去世后，该别墅由王某继承。而王某自己创办了一家公司，最近由于公司扩大规模需要资金，王某准备将别墅转让给他人，那么，需要报备吗？

专家解读

王某如果将别墅转让给他人,需要向有关部门备案。对此,我国《文物保护法》第二十五条第二款规定:“非国有不可移动文物转让、抵押或者改变用途的,应当根据其级别报相应的文物行政部门备案。”同时,《文物保护法》第七十五条第二项规定,转让、抵押非国有不可移动文物或者改变其用途,未依照本法规定备案的,由县级以上人民政府文物主管部门责令改正。

在上例中,因王某先祖的故居属于县级文物保护单位,如果王某继承后有意转让,就必须报县级文物行政部门备案,在备案之后才能转让。否则,其将会受到行政处罚。

法条链接

《中华人民共和国文物保护法》第二十五条第二款、第七十五条

40

使用不可移动文物,应该遵循怎样的原则?

答:使用不可移动文物,必须遵循不改变文物原状的原则。

情景再现

某古代诗人的居所被列为全国重点文物保护单位,一直是供游客游览观光的景点。后来,该文物保护单位准备在附近再修建一座房屋,以销售旅游纪念品。但是,一旦修建建筑物,将会影响该文物保护单位的历史风貌。为了经济利益,该文物保护单位仍然擅自修建了房屋,导致该居所的历史风貌大打折扣。在使用不可移动文物时,

应该遵循怎样的原则？

专家解读

我国《文物保护法》第二十六条规定："使用不可移动文物，必须遵守不改变文物原状的原则，负责保护建筑物及其附属文物的安全，不得损毁、改建、添建或者拆除不可移动文物。对危害文物保护单位安全、破坏文物保护单位历史风貌的建筑物、构筑物，当地人民政府应当及时调查处理，必要时，对该建筑物、构筑物予以拆迁。"同时，《文物保护法实施条例》第十九条也明确规定，危害文物保护单位安全或者破坏其历史风貌的建筑物、构筑物，由相应级别的人民政府负责调查处理。由此可见，使用不可移动文物，必须遵守不改变文物原状的原则，违法危害文物保护单位历史风貌的，可以对新建建筑物、构筑物予以拆迁。

在上例中，某名人故居属于全国重点文物保护单位，在利用时，该单位应当遵循不改变文物现状的原则。而此单位为了经济利益修建房屋，导致该不可移动文物的历史风貌受到影响，此行为是违法的，应当由当地的省级人民政府及时进行调查处理，必要时，可以将新建房屋拆迁。

法条链接

《中华人民共和国文物保护法》第二十六条

《中华人民共和国文物保护法实施条例》第十九条

第三章　考古发掘

41

考古工作的主要术语有哪些?

答:考古工作的术语包括考古调查、考古勘探、考古发掘、考古记录和自然标本等。

情景再现

小张是一位狂热的考古文化爱好者,平时喜欢一切与考古有关的东西,如考古电影、小说、漫画等,身边的朋友都叫他“考古小百科”。在一次聚会上,一位朋友来请教小张考古工作的术语都有哪些,热情的小张详细认真地给他讲解了这个问题,获得了大家的称赞。那么,考古工作的术语在法律中都包括哪些呢?

专家解读

考古工作的法律术语有很多,包括考古调查、考古勘探、考古发掘、考古记录和自然标本。它们各自有其独特而具体的含义,是在考古过程中知识升华和经验总结的成果,是考古研究人员智慧的结晶。我国《考古涉外工作管理办法》第五条具体规定了法律上用到的考古术语,并解释了其具体含义,该规定统一了考古工作的丰富内涵,熟知这些术语的具体内容便于进一步开展考古研究工作。

法条链接

《中华人民共和国考古涉外工作管理办法》第五条

42

个人能够去考古发掘吗?

答:任何个人都不能私自去考古发掘。

情景再现

周某是一位农民,家住河南省的一个偏远山村。一天,周某为了方便浇地,就准备在自家门前打一口井,但是在挖掘的时候,周某发现挖出的都是红色的黏土。随着挖掘的深入,周某发现下面竟是一座古墓。他心里清楚,文物就相当于沉甸甸的钞票,于是他就选择把这个消息隐瞒下来,还托人辗转找到了一个在江湖上小有名气的“考古专家”梁某,据说梁某经常私自考古发掘,在这方面很有经验。最终,周某伙同梁某挖出了几十件铜钱和瓦罐。那么,周某伙同梁某私自进行考古挖掘的行为合法吗?

专家解读

文物的价值是不可估量的,无法用金钱衡量。单位或者个人发现古墓葬等文物后,应当立即向政府部门报告,由专业的单位和人员进行考古发掘。考古发掘是一项严谨而专业的工作,也是一项需要依法开展的工作,必须由具备国家考古发掘资格的单位来进行,由专业的考古技术人员来开展,任何个人和团队都是不能私自发掘的。只有这样,才能最大限度地保证文物的完整价值。根据我国《文物保护法》第二十七条的规定,一切考古发掘工作,必须履行报批手续;从事考古发掘的单位,应当经国务院文物行政部门批准。地下埋藏的文物,任何单位或者个人都不得私自发掘。由此可见,在上例中,周某在发现古墓时应当选择上报政府和国家,由经过审批、获得国家考古发掘资格的专业单位进行文物的发掘,而不能选择自己私自发掘。

法条链接

《中华人民共和国文物保护法》第二十七条

43

考古发掘单位应该具备哪些条件?

答:考古发掘单位应当具备《文物保护法实施条例》所列出的六项条件。

情景再现

近日,国家文物局办公室发布了一则开展考古发掘资质评议的通知,鼓励符合规定的单位按程序申请考古发掘资质。某市考古研究所拟向国家文物局提出考古发掘资质申请。经过文物局的审查,该市考古研究所的考古项目负责人不足四人,且管理不力,很难正常开展田野考古实习工作,于是驳回了该研究所的申请。那么,单位应当具备哪些条件才能取得考古发掘资质证书呢?

专家解读

任何从事考古发掘的单位和个人都要取得考古发掘资质,否则,就不得进行考古发掘相关工作。考古发掘资质是国家在考古领域颁发的最高规格资质。根据《文物保护法实施条例》第二十条的规定,申请从事考古发掘的单位,取得考古发掘资质证书,应当具备下列条件:(1)有四名以上接受过考古专业训练且主持过考古发掘项目的人员;(2)有取得文物博物专业技术职务的人员;(3)有从事文物安全保护的专业人员;(4)有从事考古发掘所需的技术设备;(5)有保障文物安全的设施和场所;(6)法律、行政法规规定的其他条件。

由此可见,考古发掘资质的申报条件是非常严格的,必须要有四名以上的接受过考古专业训练且主持过考古发掘项目的人员,有考古和文物保护专业技术人员,有先进的设备设施,有突出的业绩和较高的知名度等。在上例中,该考古研究所由于还不具备这些条件,所以不能取得考古发掘资质证书。

法条链接

《中华人民共和国文物保护法实施条例》第二十条

44

考古发掘资质证书,是由谁来批准的?

答:考古发掘资质证书由国务院文物行政主管部门批准。

情景再现

某市文物考古研究所向国务院文物行政主管部门提出了考古发掘资质证书的申请。该研究所成立于1998年,负责该市辖区内基本建设中的文物勘探调查、考古资料整理、研究等工作。近年来,该市文物考古研究所积极配合该市基本建设项目,发掘、清理墓葬百余座,出土文物近千件,承担了该市大部分的考古调查与钻探任务。那么,该考古发掘资质证书应当由哪个部门来批准呢?

专家解读

考古发掘必须具有资质,考古发掘资质证书是各省、自治区、直辖市文物保护机构、考古研究机构、高等院校等进行考古发掘的法定证书。根据我国《文物保护法实施条例》第二十一条的规定,申领考古发掘资质证书,应当向国务院文物行政主管部门提出申请。国务院文物行政主管部门应当自收到申请之日起30个工作日内作出批准或者不批准的决定。也就是说,考古发掘资质证书是由国务院文物行政主管部门来批准的,本例中的某市文物考古研究所申请递交的单位是正确的。

法条链接

《中华人民共和国文物保护法实施条例》第二十一条

45 为了科研而考古发掘的,应该履行怎样的手续?

答:从事考古发掘的单位为了科学研究进行考古发掘,应当提出发掘计划,报国务院文物行政部门批准。对全国重点文物保护单位的考古发掘计划,应当经国务院文物行政部门审核后报国务院批准。

情景再现

近日,某市一个村庄发现了隋朝的一位皇后墓,为了充分研究、揭示文物信息,最大限度地保护文物,确保取得更丰富、真实,更科学、完整的信息,为开展科学研究做准备,已经取得考古发掘资质证书的某大学组织了有关历史、考古及文物保护等方面的专家，计划对这座隋朝皇后墓进行发掘。那么，该大学为了科研而考古发掘应该履行怎样的手续？

专家解读

考古发掘有助于复原和重建中国古代历史，向世人展示一个较为完整的时代框架，与文献相结合还能够证明史籍之真伪，解决很多长期悬而未决的历史问题。由此可见，考古发掘工作具有非常重要的科研价值，但是需要注意，为了科研而去考古发掘需要履行一定的手续，根据我国《文物保护法》的相关规定，从事考古发掘的单位，为了科学研究进行考古发掘，应当提出发掘计划，报国务院文物行政部门批准；对全国重点文物保护单位的考古发掘计划，应当经国务院文物行政部门审核后报国务院批准。因此，即使是为了科研进行考古发掘，也要遵循严格的法定程序，如果未经批准擅自进行考古发掘，或者不如实报告考古发掘结果，就会被文物主管部门责令改正。

法条链接

《中华人民共和国文物保护法》第二十八条、第七十五条

46

进行大型基本建设工程之前，建设单位就文物保护方面有什么法定义务？

答：进行大型基本建设工程之前，建设单位应当事先报请省、自治区、直辖市人民政府文物行政部门组织从事考古发掘的单位在工程

范围内有可能埋藏文物的地方进行考古调查、勘探。

情景再现

某市一家游乐场开发商为了拓展市场，计划下半年开始在该市开发区动工修建一座大型游乐场。但是据开发区部分居民反映，在该开发商的选址范围内曾经出土过几件古朝文物，而且老一辈们都说这里是一位隋朝将军的墓葬所在地。那么，该开发商在进行游乐场的建设之前，在文物保护方面应履行什么法定义务呢？

专家解读

根据我国《文物保护法》第二十九条第一款的规定，进行大型基本建设工程，建设单位应当事先报请省、自治区、直辖市人民政府文物行政部门组织从事考古发掘的单位在工程范围内有可能埋藏文物的地方进行考古调查、勘探。由此可见，在进行大型基本建设工程之前，如果在工程范围内有可能埋藏文物的，建设单位具有报请政府文物行政部门的法定义务，由相关部门进行考古调查、勘探，以确定工程范围内是否埋藏有文物，是否能继续建设施工。法律之所以对建设单位施加这一法定义务，也是为了尽最大努力保护文物的完整性，避免对文物造成损毁。在本例中，根据居民的反映以及曾经出土过文物的事实，基本能够判断该游乐场选址范围内可能埋藏有文物，因此该开发商应当及时履行自己的报请义务。

法条链接

《中华人民共和国文物保护法》第二十九条

47

配合建设工作所进行的考古发掘，应履行怎样的手续？

答：配合建设工程进行的考古发掘工作，应当由省、自治区、直辖市文物行政部门在勘探工作的基础上提出发掘计划，报国务院文物行政部门批准。国务院文物行政部门在批准前，应当征求社会科学研究机构及其他科研机构和有关专家的意见。

情景再现

某房地产开发公司预计在A省B市的郊区建房，但是该地可能埋有文物。为了配合该公司的房地产开发建设工程顺利开展，A省文物局决定组织从事考古发掘的单位在该地进行考古调查、勘探。那么，A省文物局应履行怎样的手续呢？

专家解读

在文物考古发掘中，无论建设单位、考古发掘单位还是文物行政部门都要履行相应的手续。根据我国《文物保护法》第三十条的规定，需要配合建设工程进行的考古发掘工作，应当由省、自治区、直辖市文物行政部门在勘探工作的基础上提出发掘计划，报国务院文物行政部门批准。国务院文物行政部门在批准前，应当征求社会科学研究机构及其他科研机构和有关专家的意见。由此可见，在上例中，A省文物局作为省级文物行政部门应当履行自己的法定义务，需要提出发掘计划，并报国务院文物行政部门批准。同时国务院文物行政部门的批准工作也要履行一定的手续,需要征求社会科学研究机构及其他科研机构和有关专家的意见。只有各部门、各单位都及时、全面地履行相应的手续,考古发掘工作才能顺利进行。

法条链接

《中华人民共和国文物保护法》第三十条、第七十五条

《中华人民共和国文物保护法实施条例》第二十三条、第二十四条

48

因工程建设所进行的考古工作费用,由谁来承担?

答:因工程建设所进行的考古工作费用,由建设单位列入建设工程预算。

情景再现

近日,根据某省人民政府的统一安排部署,该省文化厅、财政厅、发改委联合下发了一则通知,强调因工程建设所进行的考古,包括考古调查、勘探、发掘等所需要的费用由建设单位列入建设工程预算。那么,这则通知的内容是合法的吗?因工程建设所进行的考古工作费用,应当由谁来承担?

专家解读

根据我国《文物保护法》第三十一条的规定,凡因进行基本建设

和生产建设需要的考古调查、勘探、发掘，所需费用由建设单位列入建设工程预算。由此可见，因工程建设所进行的考古工作费用，确实应该由建设单位承担。这是因为考古工作是为确保建设工程顺利开展而进行的，考古的调查、勘探、发掘等工作是附属于建设工程开展的。所以，应当由建设单位来承担费用，上述某省人民政府下发的通知是完全合法的。

法条链接

《中华人民共和国文物保护法》第三十一条

49

偶然在土地里发现文物的，应该如何处理？

答：偶然在土地里发现文物的，应当保护现场，立即报告当地文物行政部门。

情景再现

某日，陕西省某村庄的一个村民李某某在自家田里耕地时，一锄头下去，感觉手上猛地一震，还伴有清脆的响声。李某某随即在土里挖出了一个硬邦邦的东西，拿到河里清洗后发现是一个鸟状的铜器，里面是中空的，虽然表面锈蚀较严重，但整体还算完整。李某某意识到这可能是一件古董，于是赶紧将这件铜器妥善地放在地上，并联系了镇上的派出所，最终在镇派出所的协助下，李某某将挖出文物的消息上报给了当地文物保护部门。那么，李某某的处理方式正确吗？偶然在土地里发现文物时，应该如何处理呢？

专家解读

根据我国《文物保护法》第三十二条第一款的规定，在进行建设工程或者在农业生产中，任何单位或者个人发现文物，应当保护现场，立即报告当地文物行政部门。在上例中，李某某虽然自己动手挖出了一件铜器，但是他在意识到挖出的铜器可能属于文物的第一时间内，立即将文物妥善放置，保护现场，并及时联系了当地的文物保护部门，处理方式正确。

法条链接

《中华人民共和国文物保护法》第三十二条第一款

50

发现文物后哄抢或私分、藏匿的，要承担怎样的法律责任？

答：盗窃、哄抢、私分或者非法侵占国有文物，构成犯罪的，依法追究刑事责任。

情景再现

2018年11月14日，某市常山县文旅广体局接到了一则群众举报，称路全街道附近疑似有人私分文物。接到举报后，执法人员火速赶往举报地点，经过详细的现场勘查、检验和询问，得知私分的文物来自一座偶然发现的地下无主古墓，参与私分者现已离开现场，附近居民无人认识他们。由于案情较为复杂，且考虑到私分的文物随时有可能被抛售，文旅广体局将案情报告给了常山县公安局，在公安机关执法人员的多处走访以及群众的积极配合下，终于确定私分文物的参与者分别为梁某、盛某和魏某，公安机关随即将他们抓获并及时追回了被私分的文物。梁某、盛某和魏某三人需承担怎样的法律责任呢？

专家解读

对于不属于私人或者集体所有的文物，任何单位和个人发现之后都有及时上报的义务，因为国有文物不属于任何个人，而是全国人民的共同财富和瑰宝，我们每个人都要树立正确的文物保护意识，不能让金钱迷失了双眼。根据我国《文物保护法》的相关规定，文物属于国家所有，任何单位或者个人不得哄抢、私分、藏匿。盗窃、哄抢、私分或者非法侵占国有文物，构成犯罪的，应当依法追究刑事责任。在上例中，梁某、盛某和魏某私分文物的行为很可能已经构成犯罪，要承担刑事责任。

法条链接

《中华人民共和国文物保护法》第三十二条第二款、第六十四条

51

发现形迹可疑的外国人偷偷在我国境内考古的，该怎么办？

答：非经国务院文物行政部门报国务院特别许可，任何外国人或者外国团体不得在中华人民共和国境内进行考古调查、勘探、发掘。

情景再现

俗话说,"盛世收藏,乱世盗墓"。在我国晚晴和民国初期,外国人来中国盗取的古墓不在少数,我国因此流失的文物也是难以计数。从那时起,俄罗斯的科兹洛夫就长期借探险之名在我国新疆、西藏等地进行频繁的活动,随即带走了大量珍贵的文献;英国的斯坦因借探险之名进入我国西北内陆,偷偷带走了大量文物;法国人谢格兰以考古名义在我国四川一带盗掘了"鲍三娘墓",并带走了大量珍贵的文物。来我国盗墓的外国人当然远远不止以上这三位,他们未经允许在中国境内盗掘古墓,偷拿文物,是非常无耻的行为,造成了我国珍贵文物、文献史籍的大量流失。

专家解读

我国因为战争掠夺、私下交易、外国人盗掘等造成的文物流失不计其数,至今无法追回,回忆起来,令人痛心。这是由于当时淡薄的文物保护意识和不完善的文物保护法律制度造成的,根据我国《文物保护法》第三十三条的规定,非经国务院文物行政部门报国务院特别许可,任何外国人或者外国团体不得在中华人民共和国境内进行考古调查、勘探、发掘。这一法律规定从根本上否决了外国人未经批准来华考古调查、勘探、发掘的正当性,能够有效地防止我国珍贵的文物再度流失。

法条链接

《中华人民共和国文物保护法》第三十三条

52

考古工作完成后，考古单位未及时履行报告程序的，要承担怎样的法律责任？

答：考古工作完成后，考古单位应当及时履行报告手续，否则，由省、自治区、直辖市人民政府文物行政主管部门或者国务院文物行政主管部门责令限期改正；逾期不改正的，对负有责任的主管人员和其他直接责任人员依法给予行政处分。

情景再现

2019年3月，某省文物考古研究所联合文管会共同对某处遗址进行考古发掘。该遗址从首次发现到现在已有百年时间，其间共计有计划地挖掘了4次。这次是第5次挖掘，旨在全面了解该遗址的分布范围、遗迹现象、文化堆积状况、遗存的性质等一系列问题，这也将为下一次的遗址发掘工作提供一份翔实可靠的资料。该次挖掘历时三个多月，获得了丰富的实物资料，为研究该遗址文化奠定了基础。但是，发掘工作结束后，省文物考古研究所和文管会并没有及时将考古调查的结果上报给国务院文物行政部门及省文物行政部门。那么，考古单位是否需要承担法律责任呢？

专家解读

考古是一项严肃的工作，考古发掘单位要严格地履行自己的法定义务，包括考古工作开展前的报批义务和考古工作结束后的报告义务。根据我国《文物保护法》和《文物保护法实施条例》的相关规定，从事考古发掘的单位应当在考古发掘完成之日起30个工作日内，向省、自治区、直辖市人民政府文物行政主管部门和国务院文物行政主管部门提交报告，否则就要受到相应的惩罚，包括责令限期改正和行政处分。在本例中，省文物考古研究所和文管会作为考古发掘单位，在考古工作结束后，未及时履行自己的报告义务，应当由省、自治区、直辖市人民政府文物行政主管部门或者国务院文物行政主管部门责令限期改正，若逾期不改正，将对负有责任的主管人员和其他直接责任人员依法给予行政处分。

法条链接

《中华人民共和国文物保护法》第二十六条、第三十四条第一款、第五十九条

53

考古单位应该在多长时间内移交相关文物？

答：考古单位应该在提交发掘报告之日起6个月内移交相关文物。

情景再现

某文物考古研究所为了科研需要经常开展考古工作。2017年5月中旬，在陕西省某市某房地产公司建设项目中发现两座砖室墓，引发众多文物考古研究所的关注，某文物考古研究所经过批准，成为该项目的考古发掘单位。考古工作结束后，由于出土的文物对研究所的课题均具有重要研究价值，研究所便保留了全部出土文物作为科研标本，一直没有移交出土的文物。那么，在这种情况下，考古单位

是否应该移交相关文物？又应当在多长时间之内移交呢？

专家解读

文物作为人类活动的遗存，承载着重要的历史信息。出于科研的需要，从事考古发掘的单位提交考古发掘报告后，可以保留少量出土文物作为科研标本，前提是经省、自治区、直辖市人民政府文物行政主管部门的行政许可，并且应当在提交发掘报告之日起6个月内将其他出土文物移交给由省、自治区、直辖市人民政府文物行政主管部门指定的国有的博物馆、图书馆或者其他国有文物收藏单位收藏。

在本例中，该研究所在没有经过行政许可的情况下私自保留全部出土文物作为科研标本是违法行为，且其未在规定期限内移交文物，应当由省、自治区、直辖市人民政府文物行政主管部门或者国务院文物行政主管部门责令限期改正；逾期不改正，或者造成严重后果的，对负有责任的主管人员和其他直接责任人员依法给予行政处分。

法条链接

《中华人民共和国文物保护法》第三十四条第二款

《中华人民共和国文物保护法实施条例》第二十七条、第六十条

54

调用出土文物应该经谁批准？

答：调用出土文物，省、自治区、直辖市人民政府文物行政部门要经本级人民政府批准，国务院文物行政部门要经国务院批准。

情景再现

近日，为了充分发挥文物价值，让人民群众进一步接受文化熏陶，南京市博物馆与河北省博物院联合举办了一场“文化节”，南京市博物馆出于陈列展品的需要，拟从河北省博物院调用“长信宫灯”和“金缕玉衣”两件展品。调用这两件文物需要经哪个部门批准呢？

专家解读

文物的合理利用，更能够发挥它独特的文化价值。但是，在利用文物，尤其是需要调用文物时，应当履行一定的审批程序。我国《文物保护法》第三十五条规定，根据保证文物安全、进行科学研究和充分发挥文物作用的需要，省、自治区、直辖市人民政府文物行政部门经本级人民政府批准，可以调用本行政区域内的出土文物；国务院文物行政部门经国务院批准，可以调用全国的重要出土文物。在本例中，调用出土文物是出于宣传文物价值、弘扬文物保护精神的需要，因此是正当的，可以进行调用。由于是调用河北省博物院的文物，所以应当由河北省人民政府文物行政部门经河北省人民政府批准。

法条链接

《中华人民共和国文物保护法》第三十五条

55

外国组织来中国考古，应采取怎样的形式？

答：任何外国组织、国际组织在中国境内进行考古调查、勘探、发掘的，都应当采取与中国合作的形式。

情景再现

悠久的人类文明史，给世界人民留下了丰富的文化瑰宝和财富。面对人类共同的文化遗产，中外合作考古在发扬精神、传播文化方面发挥了独特的作用。根据相关报道和数据统计，近几年，中外合作考古愈加频繁，国内近几十家机构开展中外合作考古项目多达百余项，覆盖亚洲、非洲、欧洲、南美洲的几十个国家和地区，与四十多家国外科研机构、博物馆、大学、基金会等建立了稳定的合作关系。今天的中国考古学更加自信，不仅要大胆地“走出去”，还要尝试“请进来”。随着这种开放包容的政策导向，越来越多的外国个人和组织来到中国考古，那么根据我国法律规定，外国组织来中国考古，应采取怎样的形式呢？

专家解读

我们欢迎并接纳外国组织、国际组织与我们一起探索考古的奥秘，揭示更多的历史真相。但是我们同时需要注意，外国组织、国际组织在中国境内考古，必须采取与中国合作的形式，还要遵守我国的合作考古基本原则。对此，我国《考古涉外工作管理办法》有着明确的规定。也就是说，任何外国组织、国际组织都不能单独在中国境内进行考古调查、勘探和发掘。这也是出于对国内文物保护和负责的态度，防止文物外流，在保证安全的前提下最大限度地激发中外合作的积极性，相互交流经验，彼此借鉴长短，以取得更多珍贵的考古资料。

法条链接

《中华人民共和国考古涉外工作管理办法》第三条、第六条

56

擅自接收外国留学生参加考古工作的，要承担怎样的法律责任？

答：擅自接收外国留学人员、研究学者参加考古调查、勘探、发掘活动或者延长其工作期限的，国家文物局可以给予警告或者暂停该接收单位的团体考古发掘资格。

情景再现

某大学的考古团队近日申请报批了一个考古研究项目，项目内容是对湖南省某县的一处古文化遗址进行勘探调查。该团队的一个领队黄某，为了让自己的留学生 Allen 在本次考古研究中增长实践技能，在进行考古工作时将其带在身边从事一些协助工作。据悉，Allen 在中国的学习时间为 6 个月，6 个月后就要返回自己的国家。那么，黄某将留学生带在身边参与考古工作的行为合法吗？如果不合法，黄某要承担什么法律责任呢？

专家解读

根据我国《考古涉外工作管理办法》的相关规定，外国留学人员以及外国研究学者在中国学习、研究考古学的批准期限在 1 年以上者，可以随同学习所在单位参加中方单独或者中外合作进行的考古调查、勘探、发掘活动。但须由其学习、研究所在单位征得考古调查、勘探、发掘单位的同意后，报国家文物局批准。

由此可见，要想接收外国留学生在中国参加考古工作，需要满足以下条件：第一，该留学生在中国学习、研究考古学的批准期限在1年以上；第二，其学习、研究所在单位征得了考古调查、勘探、发掘单位的同意；第三，报国家文物局批准。在上例中，Allen的情况无法满足第一点和第三点要求，因此是不能参加中国的考古研究工作的。黄某的行为属于擅自接收外国留学生参加考古工作，按照《考古涉外工作管理办法》第十六条的规定，国家文物局可以给予其警告或者暂停该接收单位的团体考古发掘资格。

法条链接

《中华人民共和国考古涉外工作管理办法》第十二条、第十六条

57

外国人经批准参观未公开接待参观者的文物点或者考古发掘现场的，可以对文物进行拍照吗？

答：外国人经批准参观未公开接待参观者的文物点或者考古发掘现场的，不得对文物进行拍照。

情景再现

E市某房地产开发公司在建设工程施工过程中发现一座古墓葬，E市文物行政管理部门立即指派某文物研究所进行考古发掘。恰逢E市某县的文物管理局邀请英国一所大学的考古研究团队来华交流参观，于是经省文物管理局批准并征得主持发掘单位同意后，该英国考古研究团队有幸到现场参观发掘过程。本次发掘过程中，出土了

大量精美别致的文物，英国考古研究团队中一位女士拿起手机要对这些文物进行拍摄，当即被E市某研究所的工作人员制止。那么，外国人参观考古发掘现场的，可以对文物进行拍照吗？

专家解读

根据我国《考古涉外工作管理办法》的相关规定，外国公民、外国组织和国际组织在参观过程中不得收集任何文物、自然标本和进行考古记录。擅自参观文物点或者擅自收集文物、自然标本、进行考古记录的，文物行政管理部门可以停止其参观，没收其收集的文物、自然标本和考古记录。因此，在本例中，即使该外国考古研究团队经过了参观现场发掘单位的批准程序，也应当遵守相关的要求和规定，不能对现场出土的文物进行随意拍照，否则，文物行政管理部门可以停止其参观，没收其收集的文物、自然标本和考古记录。

法条链接

《中华人民共和国考古涉外工作管理办法》第十三条、第十七条

第四章　馆藏文物

58

借用馆藏文物后，文物灭失、损坏的风险由出借方还是借用方承担？

答：借用的馆藏文物灭失、损坏的风险，除当事人另有约定外，由借用该馆藏文物的文物收藏单位承担。

情景再现

小丁在某市博物馆工作。在某次博物馆举行的展览中，某件文物不慎被损坏，小丁找人修复时，顺便查询了一下这件文物的来历，发现这件文物是借用的，而不是本馆的馆藏。小丁由此认为，文物损坏后，不应当由博物馆来承担修复责任，而应当由出借方承担。那么，小丁的想法正确吗？

专家解读

小丁的想法是错误的。因馆藏文物都具有一定的文化价值，故文物收藏单位在相互借用馆藏文物时，都需要采取必要的保护措施，保护文物的安全。如果一旦发生意外，根据《文物保护法实施条例》第三十条第二款的规定，“借用的馆藏文物的灭失、损坏风险，除当事人另有约定外，由借用该馆藏文物的文物收藏单位承担”。也就是说，如果当事人没有另外约定，当借用的馆藏文物毁损、灭失时，应当由借用文物的一方承担责任。在本例中，借用的馆藏文物被损坏，应当由借用的博物馆承担责任。

法条链接

《中华人民共和国文物保护法实施条例》第三十条

59

未设立馆藏文物档案的博物馆，可以交换、借用馆藏文物吗？

答:未设立馆藏文物档案的博物馆,是不能交换、借用馆藏文物的。

情景再现

某市拟设立一座新的国有博物馆,用于对近年来市民捐献的文物进行整理、收藏,江先生被任命为该博物馆的馆长。博物馆设立没多久,江先生和同事还在整理文物,尚未建立健全馆藏文物档案,而市里另外一家博物馆要举办一次展览,想向该博物馆借几件馆藏文物。那么,在没有健全馆藏文物档案的情况下,江先生能将馆藏文物借出吗?

专家解读

如果江先生任职的国有博物馆还没有建立文物档案,是不能借用馆藏文物的。根据我国《文物保护法》第三十六条第一款的规定:“博物馆、图书馆和其他文物收藏单位对收藏的文物,必须区分文物等级,设置藏品档案,建立严格的管理制度,并报主管的文物行政部门备案。”同时,《文物保护法实施条例》第三十一条规定:“国有文物收藏单位未依照文物保护法第三十六条的规定建立馆藏文物档案并将馆藏文物档案报主管的文物行政主管部门备案的，不得交换、借用馆藏文物。”此外，《文物保护法》第四十二条、《博物馆条例》第二十二条也有类似规定。总言之，为了防止文物流失，如果国有文物收藏单位还没有建立馆藏文物档案时，是不能交换、出借馆藏文物的。《文物保护法》第七十五条还规定，如果博物馆违反规定，未将文物备案的，县级以上人民政府文物主管部门将责令改正。在本例中，江先生应当和同事们一起尽快整理馆藏物品，建立文物档案和严格的管理制度，不得出借藏馆文物。

法条链接

《中华人民共和国文物保护法》第三十六条第一款、第四十二条、第七十五条

《中华人民共和国文物保护法实施条例》第三十一条

《博物馆条例》第二十二条

60

文物收藏单位可以通过哪些方式取得文物?

答:文物收藏单位可以通过购买、接受捐赠、依法交换等法律、行政法规规定的方式取得藏品。

情景再现

近年来，随着人们生活水平的提高，对精神生活的追求也在不断提升，对文物艺术品保护和传承的意识也在逐渐加深。据报道，为让

文物得到最好的保护和传承，在最近一年中，数十名民间收藏家毅然选择将手中珍藏的文物艺术珍品捐赠给某市博物馆，共计捐赠了上百件历史文物，这些具有收藏价值的文物，填补了该博物馆的收藏空缺。那么，除了捐赠，文物收藏单位还可以通过哪些方式取得文物？

专家解读

对文物的取得方式，我国《文物保护法》第三十七条明确规定，文物收藏单位可以通过购买、接受捐赠、依法交换或者法律规定的其他方式取得文物。如果是国有文物收藏单位，还可以通过文物行政部门指定保管或者调拨的方式取得文物。但是，文物收藏单位取得文物时，应当注意审查文物的来源，不能取得来源不明或者不合法的藏品。如果博物馆有以上违规行为，根据《博物馆条例》第三十九条的规定，将会受到来自省、自治区、直辖市人民政府文物主管部门或者有关登记管理机关责令改正的行政处罚，有违法所得的，还会被没收违法所得，并处违法所得两倍以上五倍以下罚款；没有违法所得的，也会被处以五千元以上二万元以下罚款；情节严重的，甚至还可能由登记管理机关撤销登记。

法条链接

《中华人民共和国文物保护法》第三十七条

《博物馆条例》第二十一条、第三十九条

61

博物馆馆长可以随意调取馆藏文物吗？

答：未经批准，即使是博物馆馆长也不能随意调取馆藏文物。

情景再现

小张是某知名大学历史专业的一名学生,对明清时代的陶瓷尤为感兴趣。小张的舅舅是某历史博物馆的馆长。在一次闲聊中,小张偶然得知有民间收藏人士向舅舅所在的博物馆新捐赠了一批文物,其中正好就有几件明代陶瓷。于是,小张想让舅舅把这几件陶瓷调取出来,好让自己近距离观察一番。小张以为,这不是件难事,没想到,舅舅马上拒绝了,说没有批准,即使是博物馆馆长也不能随意调取文物。那么,小张舅舅的说法正确吗?

专家解读

小张舅舅的说法和做法是正确的,即使是博物馆馆长也不能随意调取馆藏文物。文物作为我国悠久历史文化的见证者,展现了炎黄子孙的精神风采和创造力。加强对历史文物的保护和传承,不仅能够满足人们日益增长的精神文化需求,还能增强中华民族的凝聚力和向心力。为了更好地开展文物保护工作,我国《文物保护法》第三十八条第一款明确规定,文物收藏单位应当建立科学的管理制度,报主管的文物行政部门备案。未经批准,任何单位或者个人不得调取馆藏文物。同时,《文物保护法》第七十五条还明确规定,如果未经批准擅自调取馆藏文物的,由县级以上人民政府文物主管部门责令其改正。在本例中,小张可以随时和舅舅沟通,了解这几件文物的展览情况,而不能让舅舅随意调取馆藏文物,因为这是不符合法律规定的。

法条链接

《中华人民共和国文物保护法》第三十八条第一款、第七十五条

62

馆藏文物的安全由谁来负责？

答：博物馆的法定代表人对馆藏文物的安全负责。

情景再现

2019年8月，年满60周岁的梁先生从某市博物馆退休，孙女士接任梁先生，成为博物馆新的法定代表人。在办理交接手续的时候，梁先生向孙女士移交了馆藏文物档案和相应的馆藏文物，同时反复叮嘱孙女士，一定要注意馆藏文物的安全问题，称博物馆作为文物收藏单位，其法定代表人是要对博物馆内馆藏文物的安全负责的。孙女士铭记于心，上任之后，仔细梳理了博物馆的文物安全管理制度，在广泛征集工作人员建议的基础上，完善了相关安保制度。

专家解读

文物是传承历史的重要符号，也是一种无法再生的文化资源，因此，文物的安全尤为重要。我国《文物保护法》第三十八条第二款、《博物馆条例》第二十三条明确规定，文物收藏单位的法定代表人对馆藏文物的安全负责。同时规定，法定代表人离任时，应当按照馆藏文物档案办理馆藏文物移交手续。本例中，梁先生退休前向新任博物馆法定代表人孙女士办理了交接手续，并叮嘱其注意馆内安全的做法是正确的。而孙女士在认识到自己作为法定代表人的责任后，积极弥补文物安全管理制度中的疏漏，事前做好文物安全防范工作，也是值得肯定的。

法条链接

《中华人民共和国文物保护法》第三十八条第二款、第七十条

《博物馆条例》第二十三条、第二十四条

63

谁有调拨馆藏文物的权限?

答:国务院文物行政部门可以调拨全国的国有馆藏文物。省、自治区、直辖市人民政府文物行政部门可以调拨本行政区域内其主管的国有文物收藏单位馆藏文物。

情景再现

H博物馆是某省级文物收藏单位。2019年,H博物馆拟从该省5家市级博物馆中调拨一批书画文物,研究历史长河中书画风格的演进过程,进而在H博物馆开辟一个专区,展览各时代顶级书画。于是,H博物馆向该省文物行政部门提交申请。后经研究,该省文物行政主管部门同意调拨5个市级博物馆中的16件馆藏文物给H博物馆,用于其陈列展览。同时,省级文物行政主管部门在批复中强调,文物的包装、运输和展览过程要采取严密措施,确保文物安全。

专家解读

文物是文化遗产的重要组成部分,蕴含着中华民族特有的精神价值、思维方式、想象力,体现着中华民族的生命力和创造力。但是,只有将文物放在特定的博物馆,才能最大限度地发挥其历史价值和文化价值。然而,由于各个博物馆馆藏文物的不同,就需要根据实际进行文物调拨。根据《文物保护法》第三十七条第二款的规定,调拨是国有收藏单位取得文物的一种重要的途径。那么,究竟怎样才能实

现文物调拨呢?《文物保护法》第三十九条第一款明确规定:“国务院文物行政部门可以调拨全国的国有馆藏文物。省、自治区、直辖市人民政府文物行政部门可以调拨本行政区域内其主管的国有文物收藏单位馆藏文物;调拨国有馆藏一级文物,应当报国务院文物行政部门备案。”也就是说,文物调拨只有相关文物行政主管部门才能审批,其中,国务院文物行政部门可以调拨全国的国有馆藏文物,省、自治区、直辖市人民政府文物行政部门可以调拨本行政区域内其主管的国有文物收藏单位馆藏文物。本例中,H 博物馆作为一家省级博物馆,需要进行文物调拨时,应当向该省文物行政主管部门报批。

法条链接

《中华人民共和国文物保护法》第三十七条第二款、第三十九条第一款

64

因展览借用文物的期限不能超过多长时间?

答:文物收藏单位之间借用文物的最长期限不得超过 3 年。

情景再现

小丁在某市博物馆工作。临近国庆,博物馆计划举办一场以“科技中国”为主题的展览活动,主要展示我国从古代、近代到现代的科技发明与发现。小丁之前在临市博物馆交流学习时,得知该市博物馆有一件馆藏文物,特别符合这个主题,就向馆长提出了借用馆藏文物的想法。馆长认为这件藏品确实很有价值,展览结束后,博物馆还可以留下藏品继续研究其历史价值。那么,文物收藏单位之间借用

文物的最长期限是多久呢?

专家解读

文物收藏单位之间借用文物的最长期限是3年。文物收藏单位因为举办展览、科学研究的需要,可能会向其他单位借用馆藏文物。而根据《文物保护法》第四十条之规定,文物收藏单位的性质不同,借用馆藏文物履行的审批手续也有所不同:国有文物收藏单位之间因举办展览、科学研究等需要借用馆藏文物的,应当报主管的文物行政部门备案;借用馆藏一级文物的,应当同时报国务院文物行政部门备案。非国有文物收藏单位和其他单位举办展览需借用国有馆藏文物的,应当报主管的文物行政部门批准;借用国有馆藏一级文物,应当经国务院文物行政部门批准。同时,文物收藏单位之间借用的最长期限不得超过3年。在本例中,小丁所在的博物馆因展览需要,可以向其他博物馆借用馆藏文物。如果小丁所在的博物馆超过3年还未归还其借用的馆藏文物,根据《文物保护法》第七十条第四项的规定,博物馆可能会受到县级以上人民政府文物主管部门作出的责令改正,并处二万元以下罚款的行政处罚。因此,博物馆在借用馆藏文物后,应当注意其归还时间。

法条链接

《中华人民共和国文物保护法》第四十条、第七十条

65

国有文物收藏单位依法出借文物的费用,应该用于何处?

答:国有文物收藏单位依法出借文物所得的补偿费用,应当用于

改善文物的收藏条件和收藏新的文物。

情景再现

小杨是一个文物爱好者。一天,小杨在浏览新闻时,看到陕西历史博物馆为了举办《泥火幻彩——唐两京三彩精华展》,向洛阳博物馆出借文物51件。小杨这才知道,原来博物馆之间,还可以依法调拨、交换、借用馆藏文物。同时,小杨还注意到,取得文物的文物收藏单位可以给予提供文物的文物收藏单位合理补偿,但是这笔补偿费用应当用作何用,小杨并不知情,出于好奇,小杨又百度了解了相关知识。

专家解读

一个博物馆的文物是有限的,但为了让参观的游客在一个博物馆中尽可能多地看到各种文物,各大博物馆之间就会进行文物借展活动,而出借文物的一方可以因此获得一定的合理补偿。但是,对于这笔补偿费用,根据《文物保护法》第四十三条第二款的规定,"国有文物收藏单位调拨、交换、出借文物所得的补偿费用,必须用于改善文物的收藏条件和收集新的文物,不得挪作他用;任何单位或者个人不得侵占"。也就是说,出借文物所得的补偿费用,也应当用在文物身上。同时,《文物保护法》第七十条规定,如果出借的文物收藏单位挪用或者侵占出借文物所得补偿费用的,将由县级以上人民政府文物主管部门责令改正,并可处二万元以下的罚款,有违法所得的,还将没收其违法所得。因此,博物馆应当审慎对待文物出借补偿费用,完善内部管理规定,严格规范补偿费用的使用流程和使用范围。

法条链接

《中华人民共和国文物保护法》第四十三条、第七十条

66

国有博物馆可以将文物暂时租给其他公司使用吗?

答:国有博物馆不能将文物租给其他公司使用。

情景再现

某房地产公司的董事长李先生在参观某国有博物馆时,看到一件展品,觉得这件展品寓意十分好,正巧自己公司有个楼盘马上要开盘了,李先生觉得在开盘庆典上时如果能将这件展品展出,那这个楼盘肯定会卖得很好。李先生让自己的下属张女士联系该博物馆,商讨出借展品的事宜。张女士联系该博物馆馆长后,才知道国有博物馆是不能随意将馆藏文物出租给其他单位或者个人使用的,李先生的美好愿景就此落空。

专家解读

为了更好地保护文物,减少文物流失的可能性,我国《文物保护法》第四十四条、《博物馆条例》第二十五条第二款规定,禁止国有文物收藏单位将馆藏文物赠与、出租或者出售给其他单位、个人。也就是说,个人和公司是无法出租、出借到国有文物收藏单位的馆藏文物的。此外,《文物保护法》第七十条还规定,如果国有博物馆私自出借文物给其他公司或者个人的,将由县级以上人民政府文物主管部门责令改正,可以并处二万元以下的罚款,有违法所得的,还将没收违法所得。在本例中,李先生的公司没有出借到想要的展品,也是情理之中的事情。

法条链接

《中华人民共和国文物保护法》第四十四条、第七十条

《博物馆条例》第二十五条第二款

67

修复、复制、拓印馆藏文物的，需要报批吗？

答：修复、复制、拓印馆藏文物的，需要根据馆藏文物的等级，报省、自治区、直辖市人民政府或者国务院文物行政主管部门批准。

情景再现

2020年3月，孙先生调到某市博物馆担任馆长。上任后第一次对外举办展览时，由于工作人员的疏忽，造成某件二级馆藏文物被损坏。孙先生得知此事后，急忙联系了文物修复单位，准备将该馆藏文物送过去修复。但是文物修复单位告知孙先生，博物馆修复二级馆藏文物的，需要得到省级文物行政主管部门的批准，他们不能擅自修复。那么，修复、复制、拓印馆藏文物的，需要报批吗？

专家解读

文物修复，就是将残缺不全的已经受到毁损的文物最大限度地恢复其本来面目。如果贸然进行文物修复工作，不但达不到修复的目的，甚至可能扩大其损毁程度。因此，《文物保护法实施条例》第三十二条明确规定："修复、复制、拓印馆藏二级文物和馆藏三级文物的，应当报省、自治区、直辖市人民政府文物行政主管部门批准；修复、复

制、拓印馆藏一级文物的,应当报国务院文物行政主管部门批准。”换言之,只有得到相应的文物行政主管机关的审批后,才能进行文物的修复、复制和拓印工作。此外,如果博物馆未经批准就擅自修复馆藏珍贵文物的,根据《文物保护法实施条例》第五十八条第一款的规定,博物馆可能受到警告的行政处罚,如果后果严重的,还可能被处以二千元以上二万元以下的罚款。在本例中,文物修复单位告知孙先生应该先履行审批手续,再进行文物的修复工作,其做法十分正确。

法条链接

《中华人民共和国文物保护法》第四十六条

《中华人民共和国文物保护法实施条例》第三十二条、第五十八条第一款

68

法律对从事文物修复、复制、拓印的单位有怎样的要求?

答:从事馆藏文物修复、复制、拓印的单位,应当具备《文物保护法实施条例》第三十三条所列的三个条件。

情景再现

近年来,C市博物馆接受民间人士的捐赠,获得了不少具有研究价值的文物,可惜的是,某些文物因为保护不当,受到一定程度损坏,需要进行修复。于是,博物馆馆长准备将所有损坏的文物拿到外面

的文物修复单位去修复，后来考虑到时间周期过长，审批手续过于烦琐，就想在博物馆中请专业的文物修复师进行文物修复。那么，馆长的想法可以实现吗？我国对从事文物修复、复制、拓印的单位有怎样的要求？

专家解读

进行文物修复、复制、拓印，不仅需要技艺精湛的专业人员，还需要相应的工作场所和技术条件。故而，对于从事馆藏文物修复、复制、拓印的单位，我国《文物保护法实施条例》第三十三条明确规定，应当具备以下条件：(1)有取得中级以上文物博物专业技术职务的人员；(2)有从事馆藏文物修复、复制、拓印所需的场所和技术设备；(3)法律、行政法规规定的其他条件。也就是说，从事馆藏文物修复、复制、拓印工作的，必须同时具备上述三个条件，缺一不可。按照《文物保护法实施条例》第五十六条的规定，未取得资质证书，擅自从事馆藏文物修复、复制、拓印活动的，将会受到责令停止违法活动，没收违法所得和从事违法活动的专用工具、设备，罚款等处罚，构成犯罪的，还需要承担相应的刑事责任。在本例中，馆长的想法是错误的，进行文物修复不仅需要专业的技术人员，还需要具有相应的场所和技术条件。

法条链接

《中华人民共和国文物保护法实施条例》第三十三条、第五十六条

69

出版杂志拍摄馆藏文物时，需要履行什么手续？

答：出版社需要拍摄馆藏文物时，应当征得文物馆藏单位的同意，同时还要签署拍摄协议。

情景再现

Q杂志社准备做一期“文明与守望”的文物展示专栏，需要拍摄大量的文物影像资料。于是，Q杂志社联系了B博物馆的馆长，告知其想拍摄B博物馆部分馆藏文物的诉请。B博物馆仔细审查了Q杂志社的相应资质后，与Q杂志社签订了《馆藏文物拍摄协议》，在协议中约定了拍摄的具体文物和时间，并明确了文物保护责任。Q杂志社拍摄完成后，B博物馆马上整理了相关资料，将拍摄情况向当地的文物行政主管部门进行了报告。

专家解读

制作文物的出版物、音像制品，对弘扬中华民族优秀历史文化遗产具有十分重要的意义。但是，拍摄珍贵文物及书画、壁画、丝织品、漆器等易损易坏文物，很可能破坏文物。因此，我国《文物保护法实施条例》第三十五条明确规定：“为制作出版物、音像制品等拍摄馆藏文物的，应当征得文物收藏单位同意，并签署拍摄协议，明确文物保护措施和责任。文物收藏单位应当自拍摄工作完成后10个工作日内，将拍摄情况向文物行政主管部门报告。”也就是说，杂志社需要拍摄馆藏文物的,需要征得博物馆的同意,并签订拍摄协议,明确文物保护的责任。在上例中,Q 杂志社与 B 博物馆双方积极配合,按照程序拍摄馆藏文物,完成拍摄后又及时向主管部门报告,他们的做法是合法合理的。这一行为既不会损坏文物,又可以弘扬优秀的历史文化遗产,是一件值得提倡的事情。

法条链接

《中华人民共和国文物保护法实施条例》第三十五条

70

文物收藏单位应依法配备的"三防"设施具体是什么?

答:文物收藏单位应依法配备的"三防"设施是指防火、防盗和防自然损坏的设施。

情景再现

C 市博物馆最近发生了一起文物失窃案,引起了当地警方的高度重视。当地警方在侦查过程中发现,该文物是在仓库被盗,但是仓库未安装监控设备,幸运的是,该博物馆其他场所都安装有监控设施,警方通过比对,很快确定了犯罪嫌疑人,侦破了这起案件。这件事过后,博物馆"复盘"了文物失窃的整个过程,梳理了文物安全管理中的疏漏之处,并将依法应当配备的"三防"措施中的"防盗措施"进行了升级。那么,博物馆应依法配备的"三防"设施具体是什么?

专家解读

博物馆是集中收藏、展览文物的重要场所，承担着向社会公众展示我国历史文化的重要职能，因此，对博物馆馆藏文物的保护、安全防范工作十分重要。根据《文物保护法》第四十七条的规定："博物馆、图书馆和其他收藏文物的单位应当按照国家有关规定配备防火、防盗、防自然损坏的设施，确保馆藏文物的安全。"也就是说，博物馆必须配备规定的防火、防盗、防自然损坏设施，以保护文物安全。同时，《文物保护法》第七十条规定，如果博物馆未按照国家有关规定配备防火、防盗、防自然损坏设施的，将受到县级以上人民政府部门责令改正的处罚，同时还可能被处二万元以下的罚款。在上例中，博物馆虽然依法配备了防盗措施，但还是发生了文物失窃事件，博物馆在此次事件后高度重视，后续的安保措施升级处理得当，将有效避免此类事件再次发生。

法条链接

《中华人民共和国文物保护法》第四十七条、第七十条

71

馆藏文物失窃的，文物收藏单位应立即做的事情是什么？

答：馆藏文物失窃后，文物收藏单位应当立即向公安机关报案，并同时向主管的文物行政部门报告。

情景再现

彭女士是某市博物馆的一名讲解员。2019 年 6 月,博物馆举行了一期以“江南记忆”为主题的文物展。某天,彭女士在讲解的过程中,发现某位男子形迹可疑,动作鬼鬼祟祟的。彭女士虽然有所警觉,但也没有太重视。结果,就在这天,博物馆关门清点时,发现某一级馆藏文物被盗。博物馆马上报警,并向主管的文物行政部门报告情况。同时,彭女士也积极向公安机关提供盗贼的线索。一周后,该盗窃团伙被一网打尽。

专家解读

我国严厉打击盗窃文物的行为,《文物保护法》第六十四条明确规定,盗窃国有文物,构成犯罪的,依法追究刑事责任。法律虽然规定了文物盗窃的相关罪名及处罚,实际上对于文物失窃后,文物收藏单位的义务也有着明确的规定。《文物保护法》第四十八条第二款规定:“馆藏文物被盗、被抢或者丢失的,文物收藏单位应当立即向公安机关报案,并同时向主管的文物行政部门报告。”《文物保护法实施条例》第三十六条亦有类似表述。也就是说,法律明确规定文物收藏单位负有文物被盗抢后的报告义务,如果文物收藏单位在文物失窃后没有积极报警并向主管机关报告,根据《文物保护法》第七十五条第七项的规定,将由县级以上人民政府文物主管部门责令改正。在上例中,博物馆意识到文物失窃后,马上报警并及时向主管的文物行政部门报告情况,处理得十分及时恰当。

法条链接

《中华人民共和国文物保护法》第四十八条第二款、第六十四条、第七十五条

《中华人民共和国文物保护法实施条例》第三十六条

72

文物收藏单位的工作人员借用或非法侵占国有文物的，将面临怎样的法律责任？

答：文物收藏单位的工作人员借用或非法侵占国有文物的，将依法给予行政处分，情节严重的，依法开除公职或者吊销其从业资格；构成犯罪的，依法追究刑事责任。

情景再现

杨先生是某钟表博物馆仓库的一名员工。最近，杨先生的侄子大杨对钟表非常感兴趣，正在研究全球各种式样的钟表。在某次家庭聚会中，杨先生知道了大杨现在的爱好，两人攀比起各自的见识来，杨先生说自己在博物馆工作，见的钟表更多，也更为精巧。大杨不相信，说自己研究的钟表种类更多。于是，两人相约一周后，拿出现在手里最为精巧的钟表进行比拼。杨先生为了赢得比赛，想着平时也没有人来查看仓库的钟表，就私自拿用了博物馆馆藏的一块珍世手表，去和大杨比赛。那么，杨先生这种私自拿用国有文物的行为，需要承担法律责任吗？

专家解读

文物收藏单位的工作人员，相比于普通群众，更应该认识到文物的历史价值和人文价值，在工作中更要全面履职尽责，保护文物的安全。但是，实际上，仍有某些工作人员利用职务之便，借用甚至非法侵占国有文物。对此，我国《文物保护法》第四十九条就明确规定：

“文物行政部门和国有文物收藏单位的工作人员不得借用国有文物，不得非法侵占国有文物。”同时，根据《文物保护法》第七十六条的规定，如果工作人员有上述行为的，将依法受到行政处分，情节严重的，还会被开除公职或者吊销从业资格；构成犯罪的，将受到刑事制裁。在本例中，杨先生作为某钟表博物馆的工作人员，应当尽心尽力保护馆藏文物的安全，其随意将文物拿出与他人比拼，必将因自己鲁莽的行为受到法律的惩罚。

法条链接

《中华人民共和国文物保护法》第四十九条、第七十六条

73

国有文物收藏单位之外的其他单位在保管国有文物方面，应尽的义务有哪些？

答：文物收藏单位之外的其他国家单位在保管文物时，应当履行《文物保护法实施条例》第三十七条规定的三项义务。

情景再现

朱女士是某国家级4A景区的负责人。2019年，景区新开辟一个景点，采用仿古设计，打造了一条文化商业街。2020年年初，某民间收藏家向风景区捐赠了几件文物，而这几件文物正好和文化商业街的风格相匹配，朱女士就打算利用这几件文物进行宣传，展现景区特有的人文气息。高兴之余，朱女士又有些担心，景区毕竟不是文物收藏单位，在文物保管方面，景区该履行哪些义务呢？

专家解读

我国的国有文物收藏单位收藏、保管了大部分的国有文物，在文物保护方面发挥了重要的作用。但是，还有一些国家机关和国有的企业、事业组织等虽不是文物收藏单位，但也因受赠等收藏、保管了部分国有文物。那么，这些非专门文物收藏单位在保护文物方面需要履行哪些义务呢？对此，我国《文物保护法实施条例》第三十七条规定："国家机关和国有的企业、事业组织等收藏、保管国有文物的，应当履行下列义务：（一）建立文物藏品档案制度，并将文物藏品档案报所在地省、自治区、直辖市人民政府文物行政主管部门备案；（二）建立、健全文物藏品的保养、修复等管理制度，确保文物安全；（三）文物藏品被盗、被抢或者丢失的，应当立即向公安机关报案，并同时向所在地省、自治区、直辖市人民政府文物行政主管部门报告。"在本例中，朱女士所在的景区作为文物保管单位，应当履行上述义务，积极保护文物，确保文物安全。

法条链接

《中华人民共和国文物保护法实施条例》第三十七条

74

私营企业、个人可以设立博物馆吗？如果可以，需要满足哪些条件？

答：私营企业、个人可以设立博物馆，但需要满足《博物馆条例》第十条所列的五项条件。

情景再现

周爷爷今年七十岁了，是一位有名的民间收藏家，收藏了不少珍贵的历史文物。周爷爷本想在百年之后，将自己收藏的文物捐献给国家，让文物发挥更大的作用。但是，看着自己辛辛苦苦收集的这些文物，想到将它们交到其他人手中去打理，周爷爷就很不放心。于是，周爷爷萌生了一个大胆的想法，打算自己开设一家博物馆，专门展示自己收藏的文物，自己百年之后，再设立专门的基金，为这家博物馆的运营提供足够资金。那么，个人可以设立博物馆吗？如果可以，需要满足哪些条件？

专家解读

我国历史悠久，文化底蕴深厚，传承下来的文物不胜枚举，而从古至今散落于民间的历史艺术文物也不在少数，除了有群众捐献给国家外，还有相当一部分文物由民间收藏人士收藏。尽管国有文物收藏单位，能够较好地实现文物的保管和文化传承，但是，对于这些散落在民间的文物，国有文物收藏单位也鞭长莫及。因此，为了能够更好地传承和发展我国历史文化，国家鼓励企业、公民个人依法设立博物馆。《博物馆条例》第十条明确规定，企业、个人设立博物馆的，应当具备以下条件：(1)有固定的馆址以及符合国家规定的展室、藏品保管场所；(2)有相应数量的藏品以及必要的研究资料，并能够形成陈列展览体系；(3)具有与其规模和功能相适应的专业技术人员；(4)有必要的办馆资金和稳定的运行经费来源；(5)有确保观众人身安全的设施、制度及应急预案。同时，新建博物馆时，还应当坚持将新建馆舍和改造现有建筑相结合，鼓励利用名人故居、工业遗产等作为博物馆馆舍。新建、改建馆舍应当提高藏品展陈和保管面积占总面积的比重。在本例中，周爷爷如果真的想要设立博物馆，需要认真筹划，一项一项确认满足博物馆设立的条件。博物馆设立后，根据《博物馆条例》第六条的规定，还可以依法享受税收优惠。

法条链接

《博物馆条例》第四条第二款、第六条、第十条

75

非国有博物馆可以从事文物藏品经营活动吗?

答:不但国有博物馆不得从事文物藏品经营活动,非国有博物馆也不能从事。

情景再现

梁女士从小就喜爱陶瓷器件,长大后,更是对景德镇出品的陶瓷情有独钟。有一定经济实力后,梁女士就经常在各种文物拍卖会上拍下自己喜欢的瓷器收藏。2019 年 3 月底,梁女士在南京出差时,在某个私人博物馆看到了一件瓷器,惊为"绝世之作",梁女士非常想将其纳入囊中。梁女士知道国有博物馆的馆藏文物是国家的,自己买不到。那么,非国有博物馆可以从事文物藏品经营活动吗?自己可以从这家私人博物馆买到心爱的瓷器吗?

专家解读

博物馆是收集、展示代表自然和人类文化遗产的文物的公共场所,主要以学习、教育为目的,对公众开放,因此,从事文物藏品经营并非博物馆的职能,在这一点上,无论是国有博物馆还是私人博物馆并无二致。我国《文物保护法》第五十五条第二款、第四款,《博物馆条例》第十九条也明确规定博物馆不得从事文物等藏品的商业经营

活动。即使博物馆根据国家文物主管部门的规定从事其他商业经营活动,也不得违反办馆宗旨,不得损害观众利益。如果博物馆违反了上述规定,根据《博物馆条例》第四十条的规定,将受到一定的行政处罚。在本例中,梁女士看中的瓷器虽然是私人博物馆的文物,但由于博物馆不能从事文物藏品经营活动,故梁女士无法获得自己心爱的瓷器。

法条链接

《中华人民共和国文物保护法》第五十五条第二款、第四款

《博物馆条例》第十九条、第四十条

76

将博物馆的某个展厅以捐赠者的名字命名，合法吗?

答:博物馆以捐赠者的名字命名其某一展厅,其做法是有法可依的。

情景再现

小张的爷爷是一位民间收藏家,他喜爱收藏各种书画,格外钟爱山水画。张爷爷去世前,留下遗嘱,将自己生前收藏的所有字画捐赠给某博物馆,让文物发挥最大的用途。小张在将爷爷收藏之物捐赠给博物馆时,想让更多的人记住爷爷的名字,知道爷爷所做的贡献,提出以爷爷的名字命名书画展厅,博物馆馆长考虑后同意了小张的提议。那么,将博物馆的某个展厅以捐赠者的名字命名,合法吗?

专家解读

社会捐赠，是博物馆丰富和完善馆藏文物所不可或缺的渠道。为了鼓励社会捐赠，让参观者知道捐赠者对文物收藏所做的贡献，我国《博物馆条例》第二十条第二款明确规定："博物馆可以依法以举办者或者捐赠者的姓名、名称命名博物馆的馆舍或者其他设施；非国有博物馆还可以依法以举办者或者捐赠者的姓名、名称作为博物馆馆名。"也就是说，博物馆可以用捐赠者的名字命名博物馆的馆舍，如果是非国有博物馆，还可以以捐赠者的名字作为博物馆馆名。

法条链接

《博物馆条例》第二十条第二款

77

非国有博物馆的馆长可以将自己馆藏的珍贵文物卖给外国人吗?

答：非国有博物馆的馆长不能将馆藏的珍贵文物卖给外国人。

情景再现

蒋先生拥有一家私人博物馆，自己担任这家博物馆的馆长。2019年夏天，在一次饭局上，蒋先生认识了一位美国人大卫，两人都对青铜器情有独钟，一见如故。认识3个月后，大卫在参观蒋先生的博物馆时，看到一件青铜器，爱不释手，就想让蒋先生将这件文物卖给自己。蒋先生很是犹豫，自己和大卫已经结下了深厚的友谊，但这个青铜器是极为珍贵的馆藏文物，自己究竟能不能把这件文物卖给外国人呢？

专家解读

为了防止珍贵文物的流失，我国《文物保护法》第五十二条第三款明确规定："国家禁止出境的文物，不得转让、出租、质押给外国人。"由此可见，如果是国家禁止出境的文物，绝对不允许出卖给外国人。那么，对于博物馆中的馆藏文物，《博物馆条例》第二十五条第一款也明确规定："博物馆藏品属于国有文物、非国有文物中的珍贵文物和国家规定禁止出境的其他文物的，不得出境，不得转让、出租、质押给外国人。"因此，无论是国有博物馆还是非国有博物馆中的馆藏珍贵文物，都是禁止转让给外国人的。在本例中，蒋先生的博物馆虽然是非国有博物馆，但也不能将珍贵的馆藏文物卖给外国人。如果蒋先生把青铜器卖给了大卫，根据《文物保护法》第六十四条的规定，很可能构成犯罪，会被追究刑事责任。

法条链接

《中华人民共和国文物保护法》第五十二条第三款、第六十四条
《博物馆条例》第二十五条第一款

78

新建的博物馆，最迟多长时间对公众开放？

答：博物馆最迟应当自取得登记证书之日起 6 个月内向公众开放。

情景再现

吴先生是一位民间收藏家，他准备把自己的私人收藏文物全部拿出来，筹建一个私人博物馆。在筹建过程中，吴先生按照博物馆设立的条件，一项一项地积极准备，好不容易拿到了博物馆的登记证书。吴先生拿到证书后，想好好休整一段时间，再开放博物馆，供游客参观。那么，新建的博物馆可以最迟多长时间对公众开放呢？

专家解读

新建的博物馆最迟应当自取得登记证书之日起6个月内向公众开放。博物馆的一个重要功能就是为公众提供文物相关知识，使博物馆成为欣赏文物、宣传文化的社会机构。因此，新建的博物馆应当尽快向公众开放。《博物馆条例》第二十八条规定："博物馆应当自取得登记证书之日起6个月内向公众开放。"第四十一条明确规定，如果博物馆没有在6个月内向公众开放的，将受到省、自治区、直辖市人民政府文物主管部门责令改正的行政处罚，博物馆拒不改正的，还可能被登记管理机关撤销登记。因此，本例中的吴先生在取得私人博物馆设立登记证书后，应当及时对公众开放，最迟不得晚于取得证书后6个月。

法条链接

《博物馆条例》第二十八条、第四十一条

79

博物馆一般什么时候开放?

答:博物馆应当在春节、端午等法定节假日开放,学校寒暑假期间也应当开放。

情景再现

郑先生是一位书画爱好者,喜欢在博物馆中欣赏各式各样的书画艺术品。前不久,郑先生得知当地新开了一家博物馆,他以为这家博物馆每天都开放,就没有去了解博物馆的开放时间,直接在某个周一上午就去了。但是,到达博物馆后,才看到博物馆公告栏张贴着“每周一闭馆”。那么,博物馆一般什么时候开放呢?

专家解读

为了让公众有更好的参观体验,我国博物馆的开放时间一般选择在公众有休闲假期的时候。《博物馆条例》第二十九条规定:“博物馆应当向公众公告具体开放时间。在国家法定节假日和学校寒暑假期间,博物馆应当开放。”换言之,博物馆应当将具体的开放时间向公众告知,但是遇有国家法定节假日,如春节、端午、国庆,以及学校放寒暑假的时候,博物馆都必须对外开放。公众可以在博物馆官网上了解相关信息,以避免自己前往参观时遇到闭馆情况。

法条链接

《博物馆条例》第二十九条

80

对于付费参观的博物馆，哪些人依法可以享受优惠政策?

答:博物馆不免费向公众开放的,应当对未成年人、成年学生、教师、老年人、残疾人和军人等实行免费或者其他优惠政策。

情景再现

小周是大三的一名学生,平时就爱逛博物馆,浏览各种文物,增长见识。某日,小周路过某个摄影机博物馆时,想进去看看,发现这个博物馆需要购买门票,不能免费参观。小周去买门票时,看到门口的公告称,大学生可以凭借学生证享受半价优惠。但是,小周当时并没有携带学生证,就准备下次再进去参观。几天后,小周想和自己的爷爷一起去参观博物馆,他想知道,爷爷也能享受优惠吗?

专家解读

为了让更多的人有更多的机会接触到文物,我国鼓励博物馆向公众免费开放。《博物馆条例》第三十三条第三款规定:“博物馆未实行免费开放的,应当对未成年人、成年学生、教师、老年人、残疾人和军人等实行免费或者其他优惠。博物馆实行优惠的项目和标准应当向公众公告。”也就是说,即使某一家博物馆是需要购买门票的,但是对于未成年人、成年学生、教师、老年人、残疾人和军人等群体也应当实施免费或者其他优惠政策。如果博物馆违反此规定,根据《博物馆条例》第四十一条、第四十二条的规定,省、自治区、直辖市人民政府文物主管部门可以责令博物馆改正；拒不改正的，由登记管理机关撤销该博物馆的登记。在本例中，小周的爷爷如果和小周一起去参观这个摄影机博物馆，两人都能享受到门票的优惠措施。

法条链接

《博物馆条例》第三十三条第三款、第四十一条、第四十二条

81

博物馆举办展览造成恶劣影响的，应该承担法律责任吗？

答：博物馆举办陈列展览对社区造成恶劣影响的，将由省、自治区、直辖市人民政府文物主管部门或者有关登记管理机关按照职责分工对博物馆进行行政处罚。

情景再现

据报道，某博物馆在2019年4月举办的一次展览中，由于对展品审查不严，造成某些展品涉及毒品和吸毒，在社会上造成了恶劣的影响。一些游客参观后，向该省文物主管部门举报了该博物馆。该省文物主管部门接到群众的举报后，马上到博物馆了解情况，经调查，群众反映的情况属实，因此，该省文物主管部门当即要求某博物馆停止展览，责令某博物馆改正。

专家解读

博物馆中的展品是中国上下五千年优秀文化的载体，而博物馆举

办展览，则是公众了解我国辉煌灿烂历史文明的主要途径。因此，博物馆作为社会主义精神文明建设的重要阵地，应当发挥社会文明传承与宣传的作用。《博物馆条例》第三十条明确规定，博物馆的展览主题和内容应当符合宪法所确定的基本原则和维护国家安全与民族团结、弘扬爱国主义、倡导科学精神、普及科学知识、传播优秀文化、培养良好风尚、促进社会和谐、推动社会文明进步的要求。该条例第三十九条明确规定，如果博物馆陈列展览的主题、内容造成恶劣影响的，由省、自治区、直辖市人民政府文物主管部门或者有关登记管理机关按照职责分工，责令改正，有违法所得的，没收违法所得，并处违法所得二倍以上五倍以下罚款；没有违法所得的，处五千元以上二万元以下罚款；情节严重的，由登记管理机关撤销登记。所以，博物馆在举办展览时，应当反复检查展品，仔细推敲各种小细节，努力展示正能量。一旦因展品造成恶劣社会影响的，就应当承担相应的行政责任。

法条链接

《博物馆条例》第三十条、第三十九条

82

博物馆举办陈列展览，可以使用仿制品代替原件吗？

答：博物馆举办陈列展览的，可以使用复制品、仿制品代替正品，但是应当明示。

情景再现

周末，钱女士带着儿子去参观某瓷器博物馆，恰逢这家博物馆正在举办明清瓷器展。在参观途中,钱女士发现一些展品下面注有“本展品为仿制品,非正品”。钱女士很疑惑,博物馆不是应当拿出原件进行展览吗?那么,博物馆可以使用仿制品代替原件进行展览吗?

专家解读

参观者参观博物馆,欣赏这些精彩绝伦的文物,是为了感受和体会古人的智慧和中国悠久的历史。但是,由于某些文物年代久远,结构脆弱,很容易被损坏。因此,有些博物馆在展览时展出的物品是仿制品或者是复制品,这也是为了兼顾保护文物和满足公众参观的做法,并无任何不当。根据《博物馆条例》第三十条的规定,博物馆在举办展览时,是可以使用仿制品替代原件的,但是必须向参观者明示这一信息。实际上,这些仿制品的工艺与细节做工也非常考究,参观者同样能从中看到文物本身的美与韵。因此,作为游客,我们在博物馆参观文物时,无须太过计较面前的文物到底是不是原件。

法条链接

《博物馆条例》第三十条

83

博物馆举办陈列展览,对展品进行说明或讲解,是其法定义务吗?

答:博物馆举办陈列展览,应当采用多种形式向参观者提供科学、准确的文字说明和讲解服务,这也是博物馆的一项法定义务。

情景再现

徐小姐是一名作家。最近,徐小姐感到灵感枯竭,就经常到各类博物馆参观展览。欣赏了很多艺术类博物馆后,徐小姐获得了不少的灵感。令徐小姐感到疑惑的是,自己在参观博物馆的时候,发现很多博物馆都配有讲解员或者是各种电子讲解器,对展品进行说明或讲解。那么请问,这是博物馆的法定义务吗?

专家解读

博物馆进行展览,不仅仅是为公众提供文物展品,根据《博物馆条例》第三十条第一款的规定,博物馆还需要采用多种形式为公众提供科学、准确、生动的文字说明和讲解服务,让公众了解到展品背后的历史人文意义,这样才能更好地展现中国文化之美。在本例中,徐小姐通过参观各种展览,听博物馆讲解员的讲解,得到了不少启发,这也证明博物馆的工作做得十分到位,通过展览和讲解相结合的形式,为公众了解中华民族的文化提供了一个窗口。

法条链接

《博物馆条例》第三十条第一款

84

对于不适合未成年人的展览,博物馆有权阻止未成年人进入吗?

答:博物馆陈列和展览的内容不适合未成年人的,博物馆可以拒绝未成年人进入。

情景再现

小孙刚满14周岁，是某校初中二年级的学生。暑假的时候，小孙和父母一起到西安旅游，正好路过一家博物馆。小孙的爸爸妈妈就想带着小孙进去参观，增长一下见识。在参观到某个展厅时，博物馆的工作人员拦下了他们，告知小孙的父母这所展厅正在展示的主题是印度的各种性文化传统，小孙是未成年人，不适宜参观。那么，对于不适合未成年人的展览，博物馆有权阻止未成年人进入吗？

专家解读

为了加强对未成年人的思想道德教育，一方面，《博物馆条例》第三十三条第二款、第三十五条规定，国家鼓励各类博物馆、纪念馆、展览馆、烈士陵园等文物收藏单位积极创造条件对中小学生集体与个人参观实行免票或半票，为学校开展教学活动提供支持；另一方面，鉴于某些展馆陈列展览的主题和内容不适宜未成年人，《博物馆条例》第三十条规定，博物馆对此有权拒绝未成年进入。在本例中，博物馆的工作人员拒绝小孙进入展厅参观，是符合法律规定的，也是保护未成年人的一种做法，未成年人及其监护人应当予以理解和支持。

法条链接

《博物馆条例》第三十条第二款、第三十三条、第三十五条

85

博物馆有义务配合学校开展教学活动吗？

答：博物馆应当为学校开展各类相关教育教学活动提供支持和

帮助。

情景再现

杨小姐是某中学的校长，平时也是当地博物馆的常客。某周末，杨小姐在参观博物馆时，发现博物馆最近正在举行长征主题的展览。杨小姐觉得这个主题很有教育意义，希望自己学校的学生都能来参观学习，感受一下当年那代人为了革命所度过的艰难岁月，珍惜现在来之不易的幸福生活。于是，杨小姐尝试着和博物馆的馆长联系，得到了博物馆的大力支持，学生们参观博物馆的活动很快落实下来。杨小姐这才知道，博物馆本身就应当为学校开展各类相关教育教学活动提供支持和帮助。

专家解读

博物馆对公众开放，展出、陈列文化遗产，就是以宣传、教育为主要目的的。学校作为主要的教育机构，当然要利用好博物馆的资源，开展相关教学活动。对此，《博物馆条例》第三十五条规定："国务院教育行政部门应当会同国家文物主管部门，制定利用博物馆资源开展教育教学、社会实践活动的政策措施。地方各级人民政府教育行政部门应当鼓励学校结合课程设置和教学计划，组织学生到博物馆开展学习实践活动。博物馆应当对学校开展各类相关教育教学活动提供支持和帮助。"也是就说，我国法律鼓励学校和博物馆开展合作，学校可以在博物馆开展教育教学和社会实践活动，而博物馆也应当配合学校，为其举办此类活动提供场所、展品等，并提供相应的帮助和支持。在本例中，杨小姐可以多和博物馆沟通，充分利用博物馆的资源，多开展学习实践活动，开阔学生的视野。

法条链接

《博物馆条例》第三十五条

86

公众爱护展品，只是道德方面的要求吗？

答：公众爱护博物馆的展品，既是道德要求，也是公民的法律义务。

情景再现

小杨是阳光小学四年级的一名学生。2019 年 5 月，当地博物馆正在举办“丝绸之路文物精品展”，老师为了开阔学生们的视野，安排四年级的全体学生参观博物馆。参观那天，讲解员给学生和老师们讲解文物时告诉他们，作为游客应当爱护展品，不得破坏博物馆的展品和设施，并强调这不仅是道德上的要求，更是作为公民的法定义务。那么，讲解员的说法正确吗？

专家解读

讲解员的说法是正确的。展品文物的安全不仅需要博物馆工作人员的维护，还需要参观者的配合。游客们参观时，需要保持安静，不应对展品妄加评论。更重要的是，游客们要爱护展品和博物馆的设施，不得随意触碰展品，不得故意毁坏展馆设施，这不仅是对游客们道德上的要求，也是公民应当履行的一项法定义务。对此，《博物馆条例》第三十七条规定：“公众应当爱护博物馆展品、设施及环境，不得损坏博物馆的展品、设施。”因此，讲解员的说法是正确的，每一名参观者要从自身做起，爱护展馆的展品和设施，学校作为教育机构，更应该利用开展教育活动的机会，向学生宣传这一法律常识。

法条链接

《博物馆条例》第三十七条

第五章　民间收藏文物

87

个人可以通过哪些途径依法取得文物?

答:个人可以通过继承、接受赠与、购买、交换及被转让等多种合法方式取得文物。

情景再现

很久以前,耿先生曾在富商吴女士家做管家,后来吴女士举家搬迁到海外之后,便拜托耿先生帮他们照看国内的房子。但是,直至耿先生去世,吴女士及其家人也没有回来接管房子,耿先生临终前将此房子拜托给儿子小耿继续看管,这一看管就是30年。2019年夏天,吴女士的孙子回到国内打算接管祖母的房子,他看到房子被小耿先生看管得非常好,心里很是感动。为了表示感谢,他将祖母收藏的一件珍贵文物送给了小耿先生。小耿先生犯了难,他之前听说个人随便收藏文物可能会犯法,不知道是否可以接受这件文物。那么,个人可以通过哪些方式合法取得文物呢?

专家解读

小耿先生可以收藏吴女士孙子赠送的文物。根据《文物保护法》第五十条第一款的规定,文物收藏单位以外的公民、法人和其他组织可以收藏通过下列方式取得的文物:(1)依法继承或者接受赠与;(2)从文物商店购买;(3)从经营文物拍卖的拍卖企业购买;(4)公民个人合法所有的文物相互交换或者依法转让;(5)国家规定的其他合法方式。由此可知,我国法律允许个人收藏通过合法方式取得的文物。具体到本例中，小耿先生取得的文物是吴女士的孙子赠送的，属于通过合法方式取得，因此小耿先生可以收藏这件文物，且并不犯法。

法条链接

《中华人民共和国文物保护法》第五十条第一款

88

个人合法收藏的文物，可以进行买卖、抵押吗？

答：个人合法收藏的文物可以通过买卖、抵押等方式进行流通。

情景再现

陈先生是一位成功的商业人士，在很多领域都有自己的产业。2020年因疫情影响，陈先生名下的多项产业都受到大大小小的波及，资金链回流不畅导致断裂，经营状况十分惨淡。为了挽救公司目前的状况，陈先生决定出手几件自己珍藏多年的红木家具。但是，这几件家具是陈先生的朋友赠送给他的，他不知道能否将其拿到市场上进行交易。那么，买卖个人收藏的文物合法吗？个人收藏的文物，可以进行买卖、抵押吗？

专家解读

个人文物收藏在我国已经有几千年的历史了，相应地，个人文物所有权流转也存在了几千年。个人合法收藏的文物，可以进行买卖，只要不属于法律禁止买卖的文物种类即可。通过文物的流转买卖，不仅满足了藏客收藏不同文物的爱好,也促进了我国文化的交流和繁荣。实际上,个人合法收藏的文物也是一种有形的财产,属于一种动产,它的买卖、抵押等所有权的变动,应当满足物权变动的条件。《文物保护法》第五十条第二款作出了明确规定,文物收藏单位以外的公民、法人和其他组织收藏的以合法方式取得的文物可以依法流通。由此可知,个人合法收藏的文物可以进行买卖、抵押以及流转。在本例中,陈先生珍藏的几件红木家具是朋友赠送的,是以合法的方式取得的,且红木家具并非国家禁止买卖的文物种类,因此可以依法流通。

法条链接

《中华人民共和国文物保护法》第五十条第二款

89

个人收藏的文物,所有权归属谁?

答:个人收藏的文物,所有权归个人所有。

情景再现

刘女士是一位历史文化爱好者,博览群书,也喜欢参观游览各地的历史文化博物馆。在一次外出旅行时,刘女士来到一家古董文物商店,对店内的一个花瓶一见倾心,在了解到该花瓶的历史背景后,她不惜重金将其买回了家。一天,刘女士的朋友来家里做客时看见了这个花瓶,便向刘女士询问这个花瓶的由来,刘女士当即向朋友介绍展示这个花瓶。但是,朋友却说,个人不能收藏类似的古董物件,这个花瓶属于文物,其应当属于国家所有。刘女士感到很困惑,她不知道自己对心爱的古董花瓶是否能够享有所有权?

专家解读

《文物保护法实施条例》第三十八条第一款规定:“文物收藏单位以外的公民、法人和其他组织,可以依法收藏文物,其依法收藏的文物的所有权受法律保护。”由此可见,我国法律承认私人对其依法收藏文物的所有权。作为物之所有权人,个人能够对其合法收藏的文物占有、使用、保护和处分。承认个人对于其合法收藏文物的所有权,不仅明确了文物收藏爱好者对其合法财产享有的权利,也能够进一步促进社会力量对文物施加保护。在本例中,花瓶是刘女士花重金从古董店买回来的,为刘女士合法收藏的文物,刘女士依法享有该花瓶的所有权。

法条链接

《中华人民共和国文物保护法实施条例》第三十八条第一款

90

法律禁止私人买卖哪些文物?

答:法律禁止私人买卖文物保护法中规定的四种类型文物。

情景再现

蒋先生是一位文物收藏爱好者,平时也很喜欢看电视上“文物鉴定”的节目。在收看多期节目后,蒋先生决定带着自己最珍爱的一件文物参加节目。在节目筹备录制时,蒋先生将文物向工作人员展示,该文物是一部分岩画石片,上面的图案精美绝伦。经过专家组鉴定,该岩画石片为宋朝时期历史文物,是某个墓葬内壁画中的一部分,属于公民个人不得买卖的文物种类。蒋先生说这部分石片是他与朋友交换得来的，并不知道此物不得买卖，最后他决定将此岩画石片依法上交给国家。那么，法律禁止私人买卖的文物有哪些呢？

专家解读

受经济条件、专业知识水平等方面的限制，很多文物在私人手中都不能得到有效的保护，甚至可能造成珍贵文物的遗失、损坏或者流入海外市场等。因此，国家法律规定一些种类的文物不得被公民、法人和其他组织买卖。《文物保护法》第五十一条明确规定了不得被公民、法人和其他组织买卖的文物类型，如一些国有文物（国家允许的除外）、非国有馆藏珍贵文物、国有不可移动文物中的壁画、雕塑、建筑构件等，这些文物具有非常高的科研价值，具有不可复制性和不可替代性，一旦遗失或者损坏，将给我国文物保护和文物研究带来不可挽回的损失。同时，根据该法第六十四条和第七十一条第一款的规定，买卖国家禁止经营的文物，如果情节严重构成犯罪，要依法追究其刑事责任。由此可见，公民、法人和其他组织在买卖文物的过程中，要严格注意是否属于国家禁止私人买卖的文物类型，否则可能因此承担法律责任。

法条链接

《中华人民共和国文物保护法》第五十一条、第六十四条、第七十一条第一款

91

个人将自己所有的国家禁止出境的文物，出质给在中国的外国人，可以吗？

答：不可以。国家禁止出境的文物，即使个人享有所有权，也不得

出质给在中国的外国人。

情景再现

贾女士是某市一名成功的企业家，经营着一家外贸公司。前不久，由于客户跑单，导致贾女士公司积压了大量货物无法出手，资金一时无法周转。于是，她找到了多年的合作伙伴——英国人彼得，想从他的公司拆借三百万元。虽然彼得很爽快地答应了贾女士的借款请求，但彼得还是有些担心，毕竟这三百万元也是一笔不小的数目。因此，彼得希望贾女士可以把收藏的一幅画作为质押物出质给他。贾女士的这幅画是宋朝时期的珍贵作品，她知道该画属于国家禁止出境的文物，但令她感到困惑的是，彼得是长期居住在我国的外国人，自己能否将国家禁止出境的文物质押给彼得呢？

专家解读

中华民族文化源远流长，有一些文物作品不仅是工艺技术的杰出代表，也记录了中华民族的优秀历史传统。为切实保障文物安全，我国法律明令禁止一部分文物出境，同时这部分文物也不得转让、出租、质押给外国人。如果文物通过各种渠道流通到国外，我国将面临永远失去该文物的风险。对此，《文物保护法》第五十二条第三款作出了明确规定，国家禁止出境的文物，不得转让、出租、质押给外国人。由此可知，对于国家禁止出境文物的所有权、保管权都不能转移到外国人手中，即使其是在国内的外国人也不得进行流通，这是对我国文物的有效保护。在本例中，贾女士收藏的画作属于国家禁止出境的文物，因此，该画作不能作为质押物出质给英国人彼得。

法条链接

《中华人民共和国文物保护法》第五十二条第三款

92

想要开一家文物商店，应该满足哪些条件？ 向谁申请？

答：想要开文物商店应当满足《文物保护法实施条例》第三十九条规定的条件。应当向省、自治区、直辖市人民政府文物行政部门申请。

情景再现

冯先生是一位文物收藏爱好者，从收藏第一件古董至今已经有二十余年。经过多年的积淀，冯先生决定与业内几位朋友一起在本省省会城市开设一家文物商店，不仅可以展出多年收藏的珍宝，还可以在文物商店中接触更多文物，进一步开阔自己的视野。于是冯先生等人来到工商局，提出想申请注册一家文物商店。但是，工作人员告诉他，文物商店不同于一般的商店，应当向省政府的文物行政部门提出设立申请。那么，开设一家文物商店，应当满足什么条件？向谁申请设立呢？

专家解读

文物商店，顾名思义是经营各类文物艺术珍品的场所。文物不同于一般商品，经营文物的商店也不同于一般的普通商店，其必须有较强的经济基础和过硬的专业技术作为依托，与此同时，由于文物自身价值较高，大量的文物聚集在一起，还需要经营者为其提供安全的保管场所和充足的安保力量，因此，文物商店的设立应当满足一定的条件。《文物保护法实施条例》第三十九条明确规定了设立文物商店应当满足的条件，包括资本条件、专业技术人员条件以及保管场所、设施条件等，只有同时满足这几种条件才有资格申请开设文物商店。另外，根据《文物保护法》第五十三条第一款、《文物保护法实施条例》第四十条的规定，想要设立文物商店应当向省、自治区、直辖市人民政府文物行政部门提出申请。在本例中，如果冯先生等人满足开设文物商店的条件，他们应当向本省人民政府的文物行政部门提出设立申请。

法条链接

《中华人民共和国文物保护法》第五十三条第一款

《中华人民共和国文物保护法实施条例》第三十九条、第四十条

93

文物商店可以从事文物拍卖业吗？

答：文物商店不得从事文物拍卖业。

情景再现

S文物商店是一家老字号文物商店，不仅商品质量上乘，还能为顾客提供优质服务，经过几代人的辛勤耕耘，该文物商店的业务量稳居同类文物商店前列。为了进一步提升业务量、扩大商店影响力，一名股东提议在春节期间由本文物商店主办一场文物拍卖会。但是，这个建议被S文物商店法务部的工作人员直接否定了，理由是我国法律禁止文物商店从事文物拍卖活动，否则会受到相应的行政处罚，情节严重的还可能会被吊销许可证。那么，文物商店可以从事文物拍卖业吗？

专家解读

首先，我们需要明确的是：法律是不允许文物商店从事文物拍卖业务的。如果允许文物商店从事文物拍卖活动，可能会出现文物商店以委托拍卖的方式经营不得买卖的文物等情况，从而造成国有文物的流失。对此，《文物保护法》第五十三条第二款明确规定，文物商店不得从事文物拍卖经营活动，不得设立经营文物拍卖的拍卖企业。由此可知，文物经营主体不能从事文物拍卖的相关活动。同时，根据《文物保护法》第七十三条的规定，文物商店从事文物拍卖经营活动的，由工商行政管理部门没收违法所得、非法经营的文物，违法经营额五万元以上的，并处违法经营额一倍以上三倍以下的罚款；违法经营额不足五万元的，并处五千元以上五万元以下的罚款；情节严重的，由原发证机关吊销许可证书。因此，本例中的 S 文物商店为文物经营主体，不能从事文物拍卖的相关活动，否则将受到法律的制裁。

法条链接

《中华人民共和国文物保护法》第五十三条第二款、第七十三条

94

私设文物商店的，要承担怎样的法律责任？

答：国家禁止私设文物商店。未经许可，擅自设立文物商店的，需要根据其经营情况承担相应的法律后果。

情景再现

老于是一位地道的“老北京”，出身名门，家族文化积淀深厚，家中收藏着很多古董珍宝。受家庭环境的影响，老于从小就热衷收藏，结交了很多收藏界的文友。由于收藏的文物太多，加之不断有新的物件交换到手里，老于没有充沛的精力管理和保护，他决定与朋友合作开设一家文物商店，出手一些自己不是很感兴趣的物件。考虑到老于等人都不以经营文物商店为主业，于是他们决定将店开设在朋友经营的茶馆内，也没有到省级文化行政主管部门办理审批手续。后来，在一次执法检查中，相关部门发现老于等人开设的文物商店未经许可，便对老于等人作出了八万元罚款的行政处罚决定。

专家解读

国家为了加强对文物的保护和监管，对开设文物商店作出了比较严格的规定，未经省、自治区、直辖市人民政府的文物行政主管部门批准，任何人不得私自设立文物商店。之所以作出这一规定，是因为未经审批的文物商店不确定是否具备相应资质，在文物买卖的过程中，无法保证是否会出现因保存、处置不当等情况造成对文物的破坏情况；同时，由于没有经过文化部门的审批，其日常运营不处于文化部门的监管之下，极易出现非法买卖文物的情况。

《文物保护法》第七十二条规定：“未经许可，擅自设立文物商店、经营文物拍卖的拍卖企业，或者擅自从事文物的商业经营活动，尚不构成犯罪的，由工商行政管理部门依法予以制止，没收违法所得、非法经营的文物，违法经营额五万元以上的，并处违法经营额二倍以上五倍以下的罚款；违法经营额不足五万元的，并处二万元以上十万元以下的罚款。”可见，未经许可，任何人不得擅自设立文物商店，否则将会面临没收违法所得、罚款等相应的处罚。在本例中，老于等人开设的文物商店没有经过文物主管部门的审批，违反了法律规定，应当受到相应的处罚。

法条链接

《中华人民共和国文物保护法》第七十二条

95

从事文物拍卖行当必须取得许可证吗?

答:经营文物拍卖的,必须取得文物拍卖许可证。

情景再现

朱先生大学毕业后,考取了文物拍卖专业人员资格证书,开始了他的文物拍卖师从业生涯。经过10多年的历练积累,朱先生已经成为一名资深的文物拍卖师,在业内小有名气。后来,朱先生再三考虑,决定跟几位同行好友共同开设一家自己的文物拍卖行。筹备好了一切,朱先生来到省政府文物行政主管部门进行文物拍卖许可证申请,但是,工作人员称他们目前具备的条件还达不到开设拍卖企业的标准,未予批准其申请。由于朱先生等人前期已经花费了大量资金,急于开张。于是,在没有取得文物拍卖许可证的情况下,朱先生等人的文物拍卖公司正式投入运营。结果,很快就被举报,相关部门查证后,作出了立即停止一切拍卖活动以及罚款五万元的行政处罚决定。

专家解读

文物的拍卖不同于普通商品的拍卖,在拍卖文物之前应当经过省、自治区、直辖市人民政府文物行政主管部门的审核,并报国务院文物行政部门备案。这样才能确保每一件文物的拍卖,都能够处于国家文物主管部门的监管之下,以便更好地对文物进行保护,防止国有文物流失。未取得文物拍卖许可证的文物拍卖公司,其拍卖行为不处于文物主管部门的有效监管之下,文物拍卖前没有经过主管部门的审核,其拍卖行为是不合法的。对此,《文物保护法》第五十四条第一款有明确规定,即文物拍卖企业应当取得文物拍卖许可证。同时,该法第七十二条明确规定了未经许可擅自设立文物拍卖企业的法律责任。另外,《文物保护法实施条例》第四十一条和第四十二条中也有类似规定。由此可见,经营文物拍卖的企业必须取得文物拍卖许可证,否则,必将受到国家法律的严惩。在本例中,朱先生等人经营文物拍卖公司未取得拍卖许可证,应当承担相应的法律后果。

法条链接

《中华人民共和国文物保护法》第五十四条第一款、第七十二条

《中华人民共和国文物保护法实施条例》第四十一条、第四十二条

96

文物拍卖企业可以自行购销文物吗?

答:文物拍卖企业不能自行购销文物。

情景再现

Q文物拍卖行是我国北方一家著名的拍卖公司,很多人都会选择到此进行文物交易。Q拍卖行主办了一场大型文物拍卖会,众多业内人士纷纷慕名前来,成交了多件优质文物。拍卖会结束后,当地文化主管部门接到举报,称Q拍卖行利用拍卖会出售自有文物。经调查

核实，Q拍卖行确实有通过拍卖会销售自有文物的行为。最终，相关执法部门对Q拍卖行作出了十五万元的罚款决定。那么，文物拍卖企业不能销售自有文物吗？

专家解读

文物的经营和文物的拍卖不能由同一个单位承担。一方面，因为二者的设立方式和设立条件不同，需要具备的资质也不同，文物的相关单位的运营是需要受到严格监管的，如果业务混同则会给监管带来极大混乱，不利于文物的保护；另一方面，如果允许文物拍卖企业自行购销文物，可能会出现拍卖公司利用职务之便抬高或者压低文物价格，出现不正当竞争行为。《文物保护法》第五十四条第二款规定，经营文物拍卖的拍卖企业不得从事文物购销经营活动，不得设立文物商店。同时，该法第七十三条明确了违反此规定的相应法律责任。在本例中，Q文物拍卖公司利用主办拍卖会的机会，销售自有文物，该行为违反了法律规定，应当受到相应的处罚。

法条链接

《中华人民共和国文物保护法》第五十四条第二款、第七十三条

97

文物行政单位的工作人员可以入股文物拍卖行吗？

答：文物行政单位的工作人员不可以入股文物拍卖行。

情景再现

老田是W市文物局的一名工作人员，精通文物研究、专业素质过硬，是该部门的骨干力量。由于老田对文物研究见解独到，在工作中结识了很多文物收藏爱好者，并与他们私交很好。几位爱好文物收藏的朋友打算开设一家文物拍卖行，并邀请老田加入他们，成为拍卖行的合伙人，从而提供更为专业的指导。老田认为这不仅能够发挥余热，也能给自己增加一定的经济收入，二话没说就答应了。后来，有人举报老田入股文物拍卖行，经单位上级主管部门调查核实，老田受到了严肃的行政处分。

专家解读

文物行政部门作为文物拍卖行的主管部门，其工作人员如果举办或者参与举办文物拍卖活动，很容易出现滥用职权、以权谋私等情况。为了防止公职人员利用职务之便谋取私利，《公务员法》第五十九条明确规定，公职人员不得从事或者参与营利性活动。同时，《文物保护法》第五十五条第一款和第七十六条也规定，文物行政部门的工作人员不得参与经营文物拍卖的拍卖企业，否则将给予其相应的行政处分，情节严重的，依法开除公职或者吊销其从业资格；构成犯罪的，依法追究刑事责任。在本例中，老田作为当地文物局的工作人员，入股文物拍卖行是违反法律的行为，应当受到相应的处罚。

法条链接

《中华人民共和国文物保护法》第五十五条第一款、第七十六条

《中华人民共和国公务员法》第五十九条

98

可以与外商合作经营文物商店或者文物拍卖企业吗?

答:不能与外商合作经营文物商店或者文物拍卖企业。

情景再现

苏女士是一位资深文物拍卖师,从业多年后,她打算开设一家自己的文物拍卖公司。但是,苏女士在资金方面有较大缺口,便想寻找一位志同道合的朋友成为合伙人。一位日本朋友得知苏女士的想法后,表示愿意与她共同开设文物拍卖公司,为其提供相应的资金支持。但是,苏女士有所疑虑,她不知道能否与外国人一起合伙经营文物拍卖公司。

专家解读

我国五千年的历史长河,留下了丰富的文物资源,这些文物为研究我国古代历史、文化、艺术提供了宝贵的物质材料,是一笔巨大的无形财富。然而,世界各地的文物爱好者、收藏者,都对我国的文物充满了好奇和遐想。如果允许外国人经营或者参与经营文物拍卖公司,很容易使我国文物在拍卖过程中通过各种方式流通到国外,从而造成文物的流失。为此,《文物保护法》第五十五条第三款规定,禁止设立中外合资、中外合作和外商独资的文物商店或者经营文物拍卖的拍卖企业。由此可知,我国法律对外国人经营有关文物的企业作出了明确的禁止性规定。本例中苏女士的朋友为日本人,其不能与苏女士一起合伙经营文物拍卖公司。

法条链接

《中华人民共和国文物保护法》第五十五条第三款

99

个人可以从事文物的买卖经营活动吗?

答:个人不可以从事文物的买卖经营活动。

情景再现

夏先生是一位酷爱收藏的老人,一生收藏了很多文物。某年,夏先生因病去世,临终前他将自己所有的文物作为遗产留给了唯一的孙子小夏。但是,小夏对文物收藏并不感兴趣,也不懂得文物的管理和保护,他想为这些文物寻找更好的主人,于是他决定出售爷爷收藏的所有文物。此消息被众人所知,纷纷找到小夏购买文物,小夏觉得双方谈好价钱后即可交易,非常便利,就这样出售了好几件文物。后来,文物监管部门找到小夏,告知他可以通过文物商店或者文物拍卖公司销售夏先生的文物,个人不可以从事文物的买卖经营活动,必须立即停止私自出售文物的行为。小夏对此十分不解,自己的文物为什么不能自行出售呢?

专家解读

经营文物商店必须具备相关的资质,而且从事文物的买卖经营活动,必须向国家文物主管部门申请,接受我国主管部门的监管。个人私自进行文物买卖活动,可能会因缺乏文物流向等相关信息的规范性记录,给文物的监管和保护造成不利影响,甚至导致文物的流失。根据《文物保护法》第五十五条第四款的规定,除经批准的文物商店、经营文物拍卖的拍卖企业外,其他单位或者个人不得从事文物的商业经营活动。本例中,小夏没有设立相关的文物商店或拍卖公司,其个人不能从事文物的销售活动,只能通过文物商店或者文物拍卖公司出售文物。

法条链接

《中华人民共和国文物保护法》第五十五条第四款

100 文物商店不得销售哪些文物?

答:文物商店不得销售《文物保护法》中规定的,公民、法人和其他组织不得买卖的四类文物。

情景再现

K文物商店是我国一家著名的文物商店,以雄厚的鉴定实力、丰富的文物种类及上乘的服务质量,成功跻身全国文物商店前列。但是,最近当地文化主管部门接到举报,称K文物商店销售国家禁止销售的文物。文化执法大队立即到该文物商店进行调查核实,并未发现该店销售国家禁止销售的文物。工作人员将调查结果反馈给举报人,举报人十分不解,他明明看到K文物商店有销售国家禁止销售的文物,怎么能没有被查到呢?原来,举报人对国家禁止文物商店销售的文物范围有所误解。那么,文物商店不得销售哪些文物呢?

专家解读

在我国众多的文物类型中，有一些文物具有很高的科研价值与历史文化价值，为了保护这类文化珍品，国家禁止其在市场流通。当然，对于这些禁止流通的文化珍品更不得在文物商店内销售。对此，根据《文物保护法》第五十一条、第五十六条的规定可知文物商店不得销售、拍卖企业不得拍卖的文物，该文物具体包括国有文物（国家允许的除外）、非国有馆藏珍贵文物、国有不可移动文物中的壁画、雕塑、建筑构件等和来源不合法的文物。也就是说，K 文物商店内不得销售上述文物。

法条链接

《中华人民共和国文物保护法》第五十一条、第五十六条第一款

101

文物拍卖企业不得拍卖哪些文物？

答：文物拍卖企业不得拍卖《文物保护法》中规定的，公民、法人和其他组织不得买卖的四类文物。

情景再现

佳佳是一位文物收藏爱好者，经常参加各类拍卖会，不仅能丰富自己的文化见闻，有时也能在拍卖会上购得心爱的物品。在一场拍卖会中，佳佳发现被拍卖的一把扇子看起来像是一件非国有馆藏珍贵文物，她清楚地记得之前在朋友的一本文物书上见过该扇子的图片。于是，她立即给当地文化主管部门打电话说明此事。文化执法

部门的工作人员来到该拍卖公司进行核实,发现此件拍卖品确实为非国有馆藏珍贵文物,属于不得拍卖的文物,而且该拍卖公司在举办拍卖前并没有经过省级文物部门的审核。最终,相关执法部门经研究决定,对该拍卖公司作出了吊销许可证的行政处罚决定。

专家解读

文物是历史传承的重要符号,是不可再生的文化资源,国家禁止买卖具有较高科研价值与历史文化价值的文物,国家禁止买卖的文物也理所当然地不得在文物拍卖企业拍卖。同时,《文物保护法》第五十六条第二款规定,拍卖企业拍卖的文物,在拍卖前应当经省、自治区、直辖市人民政府文物行政部门审核,并且报国务院文物行政部门备案。根据我国《文物保护法》第五十一条和第五十六条第一款的规定,文物企业不得经营国家禁止文物收藏单位以外的个人和单位买卖的文物,主要包括国有文物、非国有馆藏珍贵文物、国有不可移动文物中的壁画、雕塑、建筑构件等和来源不合法的文物四类。在本例中,该拍卖公司拍卖法律禁止拍卖的非国有馆藏珍贵文物,且在举办拍卖前并没有经过省级文物部门的审核,其行为违反了法律规定,根据该法第七十三条的规定,应当受到相应的处罚。

法条链接

《中华人民共和国文物保护法》第五十一条,第五十六条第一款、第二款,第七十三条

102

文物商店购销文物、文物拍卖企业拍卖文物，应做好哪些记录并报备？

答：文物商店和文物拍卖企业，应当记录《文物保护法实施条例》第四十三条中规定的具体内容并报备。

情景再现

为了规范省内文物企业行为，D省文物行政主管部门要求，各市应当在6月底前完成对省内文物企业的执法检查工作。按照上级文件要求，D省某市立即开展对本市文物行业的集中执法检查。其中，在对T文物拍卖公司进行检查时发现，该公司上年举办的几次拍卖活动，虽然对所拍文物进行了相关记录，但是记录内容并不完善，缺少部分主要信息，而且个别文物向省文物主管部门报备时间已经超过30日。T公司负责人称，由于那段时间负责信息档案管理的工作人员休产假，拍卖档案并不规范。市文物主管部门对该公司提出了批评教育，并责令其限期整改。

专家解读

文物商店、文物拍卖企业对所经营、拍卖的文物应当作出规范的记录，不仅要清楚记录文物的来源，还要载明文物的去向。规范的文物流通信息，能够帮助国家准确掌握文物流通渠道及方向等，从而对每一件允许流通的文物作到有据可查，便于对文物流通进行有效监管。《文物保护法》第五十七条和第七十五条规定，文物商店和文物拍卖企业，应当按规定作出记录，并在交易或拍卖30日内向省级文物行政部门备案，若违反此规定将由县级以上文物主管部门责令改正。同时，《文物保护法实施条例》第四十三条明确了应当记录的具体内容，即文物的名称、图录、来源、文物的出卖人、委托人和买受人的姓名或者名称、住所、有效身份证件号码或者有效证照号码以及成交价格。同时，还应当将上述信息报省、自治区、直辖市人民政府文物行政主管部门备案。由此可见，详细规范的文物流通档案对我国文物管理工作至关重要，文物商店、文物拍卖企业必须按照法律规定的内容对所销售、拍卖的文物进行记录。在本例中，T文物拍卖公司部分记录不完善，应当立即改正，补全相关档案。

法条链接

《中华人民共和国文物保护法》第五十七条、第七十五条
《中华人民共和国文物保护法实施条例》第四十三条

103

哪些单位负有拣选并移交文物的责任？

答：应当负责拣选并移交文物的单位包括银行、冶炼厂、造纸厂以及废旧物资回收单位。

情景再现

Z冶金厂是北方一家著名的金属冶炼厂，公司自成立以来已有50年之久，迄今为止已成为钢铁冶金大型成套设备重点制造供应商。一次，工厂拣选部门在分类拣选原材料时，发现一件废旧铜器的外观有点像文物，工作人员立即向工厂负责人报告。工厂负责人也不能

确定这件铜器是否为历史文物，便迅速联系当地文物管理部门查看此物。经过鉴定，该铜器为隋朝时期的文物，对于考古研究具有十分重要的价值。鉴于Z冶金厂移交拣选文物的行为，当地政府决定给予该厂精神奖励以及适当经济补偿。

专家解读

银行、冶炼厂、造纸厂以及废旧物资回收等单位，在生产过程中会有很多机会接触废旧物品，而其中很有可能掺杂没有被发现的文物，一旦有文物因此被销毁，将是人类精神文化财富的重大损失。如果这些单位在回收废旧物品时，能够发现、甄别文物并将其移交给国家，将会给我国文物研究作出巨大的贡献。对此，《文物保护法》第五十九条和第七十四条规定，银行、冶炼厂、造纸厂以及废旧物资回收单位，应当对在拣选废旧物资中发现的文物，交当地文物行政部门，否则将对其作出相应的处罚。由此可见，拣选废旧物品中的文物，是上述单位应当承担的一项法定义务，如果没有全面履行这一责任，将会受到相应的行政处罚。本例中，Z冶金厂在分类拣选原材料时发现文物并移交给政府主管部门，对文物保护作出了贡献，应当对其进行适当补偿。

法条链接

《中华人民共和国文物保护法》第五十九条、第七十四条

第六章　长 城 保 护

104

长城保护与修复的经费从何而来？

答：长城保护与修复的经费，主要来自县级以上地方政府的拨款。同时，国家也鼓励公民、法人和其他个人通过捐赠经费等方式保护长城。

情景再现

国庆节期间，李先生带着儿子小强到北京爬长城，一方面想锻炼儿子不怕困难，坚持不懈的精神；另一方面也想让儿子了解一下相关的历史。在爬长城的过程中，小强看到长城的砖上有不少游客留下的“到此一游”的印记，问爸爸这是怎么回事。李先生就向小强强调，要文明旅游，不能破坏文物，这些游客的做法在很大程度上损坏了历史古迹。同时，两人也感到不解，长城被破坏后，保护和修复的经费从哪里来呢？

专家解读

长城，作为我国第一批国家重点文物保护单位和世界文化遗产，是我国勤劳、智慧、百折不挠、众志成城、坚不可摧的民族精神和意志的载体，每一位公民都应当自觉保护这一历史古迹。但是，日常生活中，经常出现像上例中这样破坏长城等文物的行为。根据《文物保护法》第十条、《长城保护条例》第五条的规定，对于长城的保护和维修经费，应当主要由县级以上人民政府承担。同时，作为民族精神和民族文化的载体，我国也鼓励广大群众捐赠，设立长城保护基金，积极参与到长城的保护和维修工作中来。

法条链接

《中华人民共和国文物保护法》第十条第一款、第二款、第四款

《长城保护条例》第五条

105

公民个人有保护长城的法定义务吗?

答:作为公民,我们每个人都有保护长城的法定义务。

情景再现

朱女士是一位文物爱好者。这几年,她看到游客在长城的墙砖上留下的各种印记,目睹着文物被破坏,感到十分痛心。于是,每周周末,朱女士就自觉去长城附近,看到游客准备刻字就上前提醒。朱女士15岁的女儿小月很不理解,妈妈都不花时间陪伴自己,却把大量的时间都花在这些没有回报的事情上。小月认为,文物是国家的,就应当由国家进行保护。作为公民个人,我们没有保护长城的法定义务。那么,朱女士女儿小月的想法对吗?

专家解读

作为世界文化遗产,长城对我们而言,已经不仅是需要维护的文物,更是中华民族伟大意志的载体。作为中华民族的一员,我们每个人都肩负着保护长城的责任。《长城保护条例》第七条更是明确规定:"公民、法人和其他组织都有依法保护长城的义务。国家鼓励公民、法人和其他组织参与长城保护"。因此,作为公民,我们每个人都

有依法保护长城的义务。在本例中,朱女士可以引导小月一起参与到保护长城的活动中来,给小月讲述长城的历史及文化意义,让其了解保护长城的重要性,共同履行保护长城的公民义务。

法条链接

《中华人民共和国文物保护法》第七条

《长城保护条例》第七条

106

对保护长城作出突出贡献的,应该给予奖励吗?

答:国务院文物主管部门、长城所在地县级以上地方人民政府及其文物主管部门会对保护长城作出突出贡献的个人或者组织进行奖励。

情景再现

杨先生是某市博物馆的一名工作人员,平时就喜欢和文物接触,感受这些传承已久的文化魅力。某次,杨先生和朋友爬长城时,发现有些游客不顾景区卫生,在长城上乱扔垃圾,这种行为已经给长城景区的工作人员造成了负担,他们不得不花费大量心血维持景区清洁,因此对长城的日常维护工作就有些松懈。于是,杨先生和几位志同道合的朋友设立了某志愿者组织,并在网上招募志愿者,号召志愿者在长城上捡拾垃圾,同时向游客宣传文明旅游。两年来,杨先生开创的志愿者组织,不但极大地缓解了长城景区工作人员的压力,还形成了正面宣传引导，为长城的保护作出了极大的贡献。因此，该段长城所在地的文物主管部门决定授予该志愿者组织“长城保护卫士”的称号，以示奖励。

专家解读

我国鼓励个人、组织积极参与保护长城的活动，对保护长城有突出贡献的个人或者组织，根据《长城保护条例》第八条的规定进行奖励。“国务院文物主管部门、长城所在地县级以上地方人民政府及其文物主管部门应当对在长城保护中作出突出贡献的组织或者个人给予奖励。”也就是说，根据贡献的大小，个人或者组织可以获得国家文物主管部门、长城所在地的县级以上人民政府及文物主管部门的奖励，这种奖励可能是精神上的，也可能是物质上的。在本例中，杨先生所在的志愿者组织就因此获得了“长城保护卫士”的称号。

法条链接

《中华人民共和国文物保护法》第十二条

《长城保护条例》第七条第二款、第八条

107

建设单位可以穿越长城进行工程建设吗?

答:任何单位进行工程建设时，不得拆除、穿越、迁移长城。

情景再现

蒋先生是某建筑公司的董事长。蒋先生的合作伙伴李先生找到蒋先生，说自己公司拍下了一块地皮，邀请蒋先生一起出资建设，建一处野外度假村。蒋先生看到这个策划，很是心动，但也没有马上答应。蒋先生到实地调研时，发现这块地距离长城不远，李先生的设计图将长城也纳入规划之中，计划从上方穿越长城。蒋先生根据自己的经验，认为李先生的设计图不能实现，因为建筑工程无法穿越长城。那么，蒋先生的想法对吗？

专家解读

为了保护长城，《长城保护条例》第十二条明确规定："任何单位或者个人不得在长城保护总体规划禁止工程建设的保护范围内进行工程建设。在建设控制地带或者长城保护总体规划未禁止工程建设的保护范围内进行工程建设，应当遵守《文物保护法》第十七条、第十八条的规定。进行工程建设应当绕过长城。无法绕过的，应当采取挖掘地下通道的方式通过长城；无法挖掘地下通道的，应当采取架设桥梁的方式通过长城。任何单位或者个人进行工程建设，不得拆除、穿越、迁移长城。"也就是说，任何单位和个人都不能在长城保护的总体规划禁止工程建设的保护范围内进行工程建设。即使不在长城保护总体规划禁止工程建设的保护范围，也应当根据《文物保护法》第十七条、第十八条的规定获得相关部门的审批或者同意，不能拆除、穿越和迁移长城。在本例中，蒋先生的想法是对的，李先生的设计图不能实现。如果李先生真的按照图纸进行施工，造成严重后果的，根据《长城保护条例》第二十五条的规定，李先生的公司将会被处以五万元以上五十万元以下的罚款，情节严重的，还会由原发证机关吊销资质证书。

法条链接

《中华人民共和国文物保护法》第十七条、第十八条

《长城保护条例》第十二条、第二十五条

108

长城保护标志一般设置在哪些位置?

答:长城保护标志一般设置在长城沿线的交通路口或者其他需要提示公众的地段。

情景再现

小君 12 岁了,家住在长城边的某县城里。上初中后,小君从历史课上粗略地了解到长城的悠久历史,对长城越发感兴趣,经常买票去长城上游览。一天,小君发现某交通路口设有长城保护的标志,但是距离长城更近的地方却没有这个标志,感到十分奇怪。那么,长城保护标志一般设置在哪些位置呢?有什么讲究吗?

专家解读

为了更好地保护长城,长城所在地省、自治区、直辖市人民政府需要通过设置长城保护标志,载明长城段落的名称、修筑年代、保护范围、建设控制地带和保护机构等基本信息,让公众知悉长城的保护范围和机构。根据《长城保护条例》第十三条的规定,这些保护标志通常设立在长城沿线的交通路口和其他需要提示公众的地段。此外,设立长城保护标志时,还应注意不得破坏长城。在本例中,小君在交通路口看见长城保护标志,在距离长城更近的位置却没有这个标志,这种情形是完全可能的。

法条链接

《长城保护条例》第十三条

109

长城保护机构的职责有哪些?

答:长城保护机构主要负责对长城的段落进行日常维护与检测,对发现的安全隐患采取控制措施,并及时向县级人民政府文物主管部门报告发现的安全隐患。

情景再现

周小姐是某大学历史系的一名学生,最近,正面临着毕业找工作的问题。周小姐从小在爷爷身边长大,爷爷所居住的城市旁边就有一段长城,周小姐从小就对长城有浓厚的兴趣,也因此选择了报考历史系。如今,毕业找工作,周小姐想将自己的兴趣和专业相结合,到长城的保护机构去工作,顺便也可以照顾爷爷。但是,周小姐不知道长城的保护机构主要负责哪些事宜?履行哪些职责?

专家解读

长城,作为我国第一批重点保护文物,不但需要每一位公民参与到长城保护的工作中来,更需要专业的长城保护机构来进行专门保护。根据《文物保护法实施条例》第八条第一款、《长城保护条例》第十五条第一款的规定,长城所在地省、自治区、直辖市人民政府应当确定专门的保护机构对本行政区域的长城进行保护。同时,《长城保护条例》第十五条第二款还规定:"保护机构应当对其所负责保护的长城段落进行日常维护和监测,并建立日志;发现安全隐患,应当立即采取控制措施，并及时向县级人民政府文物主管部门报告。”也就是说，长城保护机构主要负责长城段落的日常维护，在存有安全隐患时，还需要采取措施消除安全隐患。在本例中，周小姐可以在长城保护机构的官网上了解相关的岗位信息，看是否有适合自己的岗位。

法条链接

《中华人民共和国文物保护法实施条例》第八条第一款

《长城保护条例》第十五条第一款、第二款

110

哪些长城段落可以设置长城保护员？

答：地处偏远、没有利用单位的长城段落可以设置长城保护员，以便对长城进行巡查、看护。

情景再现

小魏的爸爸是一名长城保护员，主要工作就是巡查和看护长城。周末，小魏去爸爸的工作地点玩儿，爸爸带着小魏在这里走了一圈，不但地处偏远，而且很少有人来往。小魏通过爸爸的讲解了解到长城的有些地段是有专门的保护、利用单位，有些地段则设立长城保护员。小魏还是有些疑惑，在哪些段落该设置长城保护员呢？

专家解读

根据《长城保护条例》第十六条的规定：“地处偏远、没有利用单位的长城段落，所在地县级人民政府或者其文物主管部门可以聘请长城保护员对长城进行巡查、看护，并对长城保护员给予适当补助。”也就是说，一般都是地处偏远、没有利用单位的长城段落，才会设置长城保护员。小魏爸爸工作的地方，地处偏远，没有利用单位，因此，小魏爸爸成了一名光荣的长城保护员，负责对这一段落的长城进行巡查、看护。

法条链接

《长城保护条例》第十六条

111

盖房子可以从长城上取砖吗？

答：盖房子不能从长城上取砖。

情景再现

小丽的家在某段长城旁边的村庄里。这段长城由于地处偏远，没有保护单位，平时只有一名长城保护员进行巡查。一天，小丽发现邻居居然从长城上取砖，盖自己家的房子。小丽便告诉邻居，不能从长城上取砖，这是违法的。但邻居却觉得小丽多管闲事。那么，小丽的说法正确吗？

专家解读

小丽的说法是正确的。长城是我国的重点保护文物，不能被破坏。《长城保护条例》第十八条明确规定，禁止在长城上取土、取砖（石）或者种植作物。同时，该条例第二十八条明确规定，如果个人或者单位有上述行为的，“由县级人民政府文物主管部门责令改正，给予警告；情节严重的，对个人并处1000元以上5000元以下的罚款，对单位并处1万元以上5万元以下的罚款”。也就是说，如果个人从长城上取砖的，确实属于违法行为，将会被文物主管部门责令改正，给予警告的行政处罚，情节严重的，还会被罚款。在本例中，小丽对邻居的提醒是正确的，邻居应当及时停止自己的不法行为。

法条链接

《长城保护条例》第十八条、第二十八条

112

在长城上刻字会受到什么惩罚？

答：在长城上刻字，造成长城毁损，构成犯罪的，将依法被追究刑事责任，尚不构成犯罪，违反有关治安管理的法律规定的，由公安机关依法给予治安处罚。

情景再现

“五一”期间，小张到北京爬长城。为了证明自己来过这里，小张将自己的名字刻在了长城的墙砖上。小张正在刻字时，身旁走过的游客李小姐发现了小张的行为，立即上前制止，看到小张拒不听从劝说，就打电话报警了。警察赶到后，对小张的行为进行了批评教育，并对其处以警告的行政处罚。

专家解读

旅游，是要把风景留在记忆里，而不是在景区刻下自己来过的印记。根据《长城保护条例》第十八条的规定，游客这种在长城上刻划、涂污的行为是被禁止的。此外，根据该条例第二十四条的规定：“违反本条例规定，造成长城损毁，构成犯罪的，依法追究刑事责任；尚不构成犯罪,违反有关治安管理的法律规定的,由公安机关依法给予治安处罚。”在本例中,小张因为自己的行为受到了治安处罚,应当吸取教训,文明旅游。

法条链接

《长城保护条例》第十八条、第二十四条

《中华人民共和国治安管理处罚法》第六十三条

113

在长城上安装与长城保护无关的设备,会受到什么惩罚呢?

答:在长城上安装与长城保护无关的设备,将面临被县级人民政府文物主管部门责令改正的行政处罚,造成严重后果的,个人可能被处一万元以上五万元以下的罚款,单位可能被处五万元以上五十万元以下的罚款。

情景再现

蒋先生是一名摄影师,最近迷上了长城,想在长城上拍摄一组风景图,宣传长城的深厚历史底蕴。在拍摄的过程中,蒋先生觉得单独拍长城没有什么新意,如果可以在长城上安装一些现代设备,在古今对照之下,更能突出长城之美。于是,蒋先生和长城的保护机构联系,向他们诉说了自己的想法,但是保护机构的工作人员告诉蒋先生,长城上是不能乱安装设备的,否则会受到行政处罚。那么,在长城上安装与长城保护无关的设备,会受到什么惩罚呢?

专家解读

长城是中华民族的历史瑰宝，蒋先生想通过镜头的方式，让更多的人了解长城，这种想法是值得提倡和鼓励的。但是，为了保护长城，《长城保护条例》第十八条明确规定，严禁架设、安装与长城保护无关的设施、设备。同时，该条例第二十七条还明确规定，如果有以上行为的，将“由县级人民政府文物主管部门责令改正，造成严重后果的，对个人处1万元以上5万元以下的罚款，对单位处5万元以上50万元以下的罚款”。在本例中，蒋先生可以采取其他方式来拍摄长城，而不必采取这种可能破坏长城的方式来拍摄。

法条链接

《长城保护条例》第十八条、第二十七条

114

可以在长城上搭帐篷露营吗？

答：搭帐篷露营可能会破坏长城，此种行为是被禁止的。

情景再现

小杨是一名户外运动爱好者。端午节期间，小杨带着自己的露营装备，去户外爬山。晚上7点，小杨正好路过某段没有被开发成参观游览区的长城段落，小杨觉得在长城上搭帐篷露营可能更舒服，就直接拿出工具，准备安营。这时，正在巡逻的长城保护员看到了小杨，马上过来阻止小杨的行为，告知小杨露营的器具可能会损坏长城，不能在长城上搭帐篷。那么，长城保护员的说法正确吗？

专家解读

《长城保护条例》第十八条明确规定，禁止在长城上展示可能损坏长城的器具。在长城上搭帐篷，搭帐篷的钉子等器具很可能损坏长城，因此，在不能保证对长城没有破坏的情况下，是不能在长城上露营的。同时，该条例第二十七条规定，在长城上展示可能损坏长城的器具的，由县级人民政府文物主管部门责令改正，造成严重后果的，对个人处一万元以上五万元以下的罚款，对单位处五万元以上五十万元以下的罚款。因此，作为公民，我们还是应当尽量不要从事这种破坏长城的行为，以免受到行政处罚。

法条链接

《长城保护条例》第十八条、第二十七条

115

在“野长城”上举办活动，违法了吗？

答：在未辟为参观游览区的长城段落举行活动，违反了《长城保护条例》第十八条的规定。

情景再现

朱女士是某家公司的行政主管。元旦期间，朱女士策划公司的团建活动为爬某段“野长城”，并在长城上进行野炊，锻炼职员的开拓进取精神和团队协作意识。活动结束之后，朱女士把团建的照片发在了公司的微信公众号上，用于宣传公司文化。不料，一个月后，当地的文物主管部门对公司进行了警告，还开出了2万元的罚款单据。那么，在“野长城”上举办活动，违法了吗？

专家解读

即使是没有被开辟成为参观游览区的长城段落，即所谓的“野长城”，也是我国重点保护文物。根据《长城保护条例》第十八条的规定，禁止在“野长城”段落举办活动。因为这样很可能不利于长城的保护，增加长城保护员的工作量。此外，根据该条例第二十八条的规定，有组织地在未辟为参观游览区的长城段落举行活动的，由县级人民政府文物主管部门责令改正，给予警告；情节严重的，对个人并处一千元以上五千元以下的罚款，对单位并处一万元以上五万元以下的罚款。在本例中，当地的文物主管部门对朱女士所在的公司进行处罚，是有法律依据的。

法条链接

《长城保护条例》第十八条、第二十八条

116

哪些长城段落可以被开辟成参观游览区？

答：开辟成参观游览区的长城段落，需要满足一定的条件，具体为：一是该段长城的安全状况适宜公众参观游览；二是该长城段落有明确的保护机构，已依法划定保护范围、建设控制地带，并已建立保护标志、档案；三是符合长城保护总体规划的要求。

情景再现

小李是一名村干部，他所工作的乡村旁边正好是长城。小李有个想法，他想将这段长城开辟成参观游览区，从而将村庄打造成为旅游景点，提高村民们的收入。于是，小李向当地的文物保护部门了解长城段落开辟成为参观游览区的条件，看看这段长城是否符合开辟要求。那么，哪些长城段落可以被开辟成参观游览区？

专家解读

将长城的段落开辟成为参观游览区，不是有简单的想法就能实现的，还需要满足一定的条件。根据《长城保护条例》第十九条的规定："将长城段落辟为参观游览区，应当坚持科学规划、原状保护的原则，并应当具备下列条件：（一）该长城段落的安全状况适宜公众参观游览；（二）该长城段落有明确的保护机构，已依法划定保护范围、建设控制地带，并已建立保护标志、档案；（三）符合长城保护总体规划的要求。"换言之，长城参观游览区的开辟必须确保安全，适宜公众参观，并且还要符合长城保护规划。在上例中，小李可以在充分了解其工作村庄周围的长城被开辟为参观游览区可行性的基础上，再制订下一步的开辟规划。

法条链接

《长城保护条例》第十九条

117 长城景区的游览人数有限制吗？

答：长城景区的接待人数是有限制的，其人数不得超过核定的旅游容量指标。

情景再现

张先生是某家游戏公司的技术总监，平时经常加班，很少有时间陪家人。“五一”期间，张先生好不容易有几天假期陪伴家人，就带着老婆李小姐和儿子去爬长城。5月2日，张先生和家人一起到景区买票的时候，发现景区门口已经排满了长队，终于轮到自己购票的时候，张先生却被工作人员告知今天长城的接待人数已经满了，不再售卖门票了。张先生很是不解，长城景区的游览人数还有限制吗？

专家解读

《文物保护法》第九条第二款明确规定：“基本建设、旅游发展必须遵守文物保护工作的方针，其活动不得对文物造成损害。”具体到长城景区，《长城保护条例》第二十一条规定，长城景区的接待人数不得超过核定的旅游容量指标，如果超过的话，根据《长城保护条例》第二十七条的规定，景区可能将会遭到五万元以上五十万元以下的罚款处罚。在本例中，由于“五一”期间人流量较大，长城景区在当日接待人数达到核定的旅游容量指标后不再接待旅客，这种做法是正确的，张先生一家人应当予以理解，他们可以选择提前在网上订购门票。

法条链接

《中华人民共和国文物保护法》第九条第二款

《长城保护条例》第二十一条、第二十七条

118

公民发现长城遭受破坏的，怎么处理？

答：任何单位或者个人发现长城遭受破坏情形的，应当立即向长城保护机构或者所在地县级人民政府文物主管部门报告。

情景再现

国庆节期间小梦和男朋友相约一起去爬长城。在爬长城的途中，小梦发现有一段长城的墙砖好像已经脱落，和周围的其他砖格格不入。小梦知道这段长城可能已经被损坏了，需要进行修缮、维护，但是不知道自己看到后该怎么处理。小梦的男朋友在网上搜索之后，联系了这段长城的保护机构，告知了工作人员这件事情。那么，小梦男朋友的处理方式正确吗？

专家解读

作为公民，我们有保护长城的法定义务。当我们发现长城遭到破坏时，根据《长城保护条例》第二十二条的规定，可以在网上查询后，向这段长城的保护机构或者所在地县级人民政府文物主管部门报告情况。此外，接到报告的保护机构或者县级人民政府文物主管部门应当立即采取控制措施，并向县级人民政府和上一级人民政府文物主管部门报告。在本例中，小梦男朋友联系这段长城的保护机构，向其告知长城毁损的具体情况，这种处理方式是正确的。

法条链接

《长城保护条例》第七条、第二十二条

119

长城的段落被人为损坏的，由谁承担修缮费用？

答：长城段落因人为原因造成损坏的，其修缮费用由造成损坏的单位或者个人承担。

情景再现

小朱是一名大三学生。一个月前,小朱所参加的一个校园社团组织会员集体活动,相约一起去爬长城。在爬长城的途中,小朱看见有些游客故意在长城上刻字,留下自己的名字。小朱感到很气愤,连忙上前阻止游客这种不文明的行为,并致电长城景区的工作人员,让工作人员对游客进行教育。工作人员赶到后,要求游客承担其破坏长城的修缮费用。那么,工作人员的要求有法律依据吗?

专家解读

"谁破坏,谁弥补。"根据《长城保护条例》第二十三条第三款的规定:"长城段落因人为原因造成损坏的,其修缮费用由造成损坏的单位或者个人承担。"也就是说,如果是单位或者个人毁损长城的,由造成损坏的单位或者个人承担长城的修缮费用。此外,除了需要承担民事责任外,根据该法第二十四条的规定,如果行为人毁损长城的行为构成犯罪的,还会被依法追究刑事责任;尚不构成犯罪,违反有关治安管理的法律规定的,也会依法受到治安行政处罚。在本例中,长城的工作人员要求破坏长城的游客承担修缮费用,是符合法律规定的。

法条链接

《长城保护条例》第二十三条第三款、第二十四条

第七章　历史文化名城、名镇、名村保护

120

对历史文化名城（镇、村）保护作出突出贡献的，应该得到奖励吗？

答：对历史文化名城（镇、村）保护作出突出贡献的，应该由县级以上人民政府及其有关部门按照国家有关规定给予表彰和奖励。

情景再现

某市被国务院批准为历史文化名城，这成为该市一张珍贵的名片，使全国人民对该市有更深入的了解，同时也能增强市民的自豪感和荣誉感。该市文化局高度重视历史文化名城的称号，为宣传保护历史文化名城作了很多工作，不仅在全市进行相关公益广告的播放，还开通了群众举报热线，鼓励群众对破坏历史文化名城的行为进行举报。通过一系列的举措以及向其他城市借鉴相关经验，该市的文化影响力得到大幅提升，市民也逐渐有了保护历史文化名城的意识。由于市文化局为历史文化名城的保护作出了突出贡献，该市政府专门对市文化局进行了表彰。

专家解读

历史文化名城是一座城市的名片，它体现着城市的文化底蕴和内涵，对历史文化名城的保护涉及每一个人。我国相关法律法规不仅规定了要对破坏历史文化名城的行为进行惩罚，同时也规定了要对保护历史文化名城作出突出贡献的单位和个人进行表彰和奖励。《历史文化名城名镇名村保护条例》第六条规定，县级以上人民政府及其有关部门对在历史文化名城、名镇、名村保护工作中作出突出贡献的单位和个人，按照国家有关规定给予表彰和奖励。在上例中，该市文化局通过一系列举措落实历史文化名城的保护工作，使该市的文化影响力大大提升，也使保护工作在每一位市民心中深深扎根，正是因为该市文化局在历史文化名城的保护工作上作出了突出贡献，市政府对其进行了表彰。

法条链接

《历史文化名城名镇名村保护条例》第六条

121

申报历史文化名城（镇、村）需要具备怎样的条件？

答：申报历史文化名城(镇、村)，需要具备《历史文化名城名镇名村保护条例》第七条所列出的条件。

情景再现

某镇地处我国南部，具有悠久的历史文化，至今仍保留有许多传统的建筑。当地居民对这些建筑都十分爱惜，认为这是先辈留下来的财富，自发地对这些传统建筑进行维护，使这些建筑历经风霜仍保存完好。随着人们对文物保护越来越重视，许多城市都开始申报历史文化名城，这不仅是对当地历史文化的肯定，同时也能让更多的人愿意去了解这片土地，带动当地的经济和旅游业的发展。该镇也顺应潮流，想要申报历史文化名镇。那么，申报历史文化名城(镇、村)

需要具备怎样的条件呢？

专家解读

我国越来越重视对历史文化及文物的保护，这是大势所趋，一个有力量、有希望的国家，应当重视并传承历史文化，爱惜并保护历史文物。历史文化名城（镇、村）是一笔无形的财富，申报后不仅可以发扬当地的历史文化，还可以促进当地的各项产业发展。当然，并非任何城镇都可以申报成功，历史文化名城、名镇、名村的申报具有一定的条件限制，《历史文化名城名镇名村保护条例》第七条对申报历史文化名城、名镇、名村的条件进行了规定："具备下列条件的城市、镇、村庄，可以申报历史文化名城、名镇、名村：（一）保存文物特别丰富；（二）历史建筑集中成片；（三）保留着传统格局和历史风貌；（四）历史上曾经作为政治、经济、文化、交通中心或者军事要地，或者发生过重要历史事件，或者其传统产业、历史上建设的重大工程对本地区的发展产生过重要影响，或者能够集中反映本地区建筑的文化特色、民族特色。申报历史文化名城的，在所申报的历史文化名城保护范围内还应当有2个以上的历史文化街区。"在上例中，某镇想要申报历史文化名镇应当符合《历史文化名城名镇名村保护条例》第七条的规定。

法条链接

《历史文化名城名镇名村保护条例》第七条

122

申报历史文化名城（镇、村），应当提交哪些材料，由谁来批准？

答：申报历史文化名城、名镇、名村，应当提交《历史文化名城名镇名村保护条例》第八条所列出的五项材料。申报历史文化名城，由国务院批准公布；申报历史文化名镇、名村，由省、自治区、直辖市人民政府批准公布。

情景再现

甲市是一座聚集着多个少数民族的城市，各民族求同存异，世世代代在这里繁衍生息。同时，甲市也有着悠久的历史，保留着许多具有民族特色的建筑，这些建筑经过岁月的洗礼，仍然完好地屹立在城市当中。当地居民有各自的民族信仰，但在民族建筑的保护上却是一致的。近日，甲市出土了许多文物，在社会上引起了广泛关注。考虑本市的历史文化以及特色建筑、文物，甲市欲申报历史文化名城，将本市的历史文化发扬光大。那么，甲市申报历史文化名城应当提交哪些材料呢？又由谁批准？

专家解读

历史文化名城（镇、村）的申报具有一定的标准，在满足规定条件的情况下可以获批。因此，在申报时应当提供材料来对各项条件予以佐证和参考，这是十分重要的一环，也是申报历史文化名城（镇、村）的前提。《历史文化名城名镇名村保护条例》第八条规定："申报历史文化名城、名镇、名村，应当提交所申报的历史文化名城、名镇、名村的下列材料：（一）历史沿革、地方特色和历史文化价值的说明；（二）传统格局和历史风貌的现状；（三）保护范围；（四）不可移动文物、历史建筑、历史文化街区的清单；（五）保护工作情况、保护目标和保护要求。”因此，甲市在申报历史文化名城时应当按照上述条款的规定提供相应材料。

此外，历史文化名城、名镇、名村的批准主体是不同的，根据《历史文化名城名镇名村保护条例》第九条的规定，申报历史文化名城，由省、自治区、直辖市人民政府提出申请，经国务院建设主管部门会同国务院文物主管部门组织有关部门、专家进行论证，提出审查意见，报国务院批准公布。申报历史文化名镇、名村，由所在地县级人民政府提出申请，经省、自治区、直辖市人民政府确定的保护主管部门会同同级文物主管部门组织有关部门、专家进行论证，提出审查意见，报省、自治区、直辖市人民政府批准公布。甲市要申报历史文化名城，因此批准主体应当是国务院。

法条链接

《历史文化名城名镇名村保护条例》第八条、第九条

123

历史文化名城（镇、村）保护规划包括哪些内容？

答：历史文化名城（镇、村）保护规划应当包括《历史文化名城名镇名村保护条例》第十四条规定的五项内容。

情景再现

某镇有许多传统建筑和街区，历史悠久，曾经是重要的交通中心。经过申报，该镇被批准为历史文化名镇，该地县政府十分重视这项荣誉，着手开展编制历史文化名镇保护规划工作。王某作为这项工作的主要负责人，积极查阅相关资料，同时向其他优秀的历史文化名城、名镇、名村学习，借鉴其保护规划内容，编制符合本地实际情况的保护规划。那么，历史文化名城（镇、村）保护规划包括哪些内容呢？

专家解读

历史文化名城（镇、村）在获得批准后，应当编制历史文化名城（镇、村）保护规划，历史文化名城由该名城人民政府组织，历史文化名镇、名村则由其所在地县级人民政府组织。未组织编制保护规划的或者未按照法定程序组织编制保护规划的，其直接负责的主管人员和其他直接责任人员将会受到处分。保护规划并非各政府随意编制，而是有内容要求的。《历史文化名城名镇名村保护条例》第十四条规定："保护规划应当包括下列内容：（一）保护原则、保护内容和保护范围；（二）保护措施、开发强度和建设控制要求；（三）传统格局和历史风貌保护要求；（四）历史文化街区、名镇、名村的核心保护范围和建设控制地带；（五）保护规划分期实施方案。"因此，在本例中，该地县政府组织编制的保护规划应符合该条例第十四条的规定，且在1年内编制完成。另外，关于保护规划的期限，历史文化名城、名镇保护规划的规划期限与城市、镇总体规划的规划期限相一致；历史文化名村保护规划的规划期限应当与村庄规划的规划期限相一致。

法条链接

《历史文化名城名镇名村保护条例》第十三条、第十四条、第十五条、第三十八条

124

政府制定历史文化名城（镇、村）保护规划时，一定要举行听证会吗?

答:政府制订历史文化名城(镇、村)保护规划,在必要时可以举行听证会。另外,保护规划报送审批前,保护规划的组织编制机关应当广泛征求有关部门、专家和公众的意见。

情景再现

小李的家乡甲镇被批准为历史文化名镇,小李倍感自豪,时刻关注家乡动态。近日,县政府组织编制历史文化名镇保护规划,在保护规划编制完成后、报送审批前,县政府通过官方网站向社会征集公众意见。群众十分重视该保护规划,纷纷提出自己的意见,有关部门及专家也积极发表自己的见解。为推行重大决策听证制度,增强政府工作透明度和公众参与度,县政府决定举行听证会,并向社会发布公告。小李根据公告的要求进行了报名,同时也在疑惑,政府制订历史文化名城(镇、村)保护规划时,一定要召开听证会吗?

专家解读

历史文化名城(镇、村)的保护规划制订工作十分重要,保护历史文化名城(镇、村)不仅是当地政府的职责,还应当是每一位公众的义务,因此,对于保护规划的制订也要充分征求有关部门、专家和公众的意见。在本例中,县政府为了推行重大决策听证制度而决定举行听证会,这是县政府工作负责的体现。其实,我国法律法规没有强制规定政府制定历史文化名城(镇、村)保护规划一定要举行听证会。《历史文化名城名镇名村保护条例》第十六条第一款规定:"保护规划报送审批前,保护规划的组织编制机关应当广泛征求有关部门、专家和公众的意见;必要时,可以举行听证。"因此,广泛征求有关部门、专家和公众的意见是政府必须做到的,但是并没有要求强制举行听证会,给了各地政府一定的自由选择权。

另外,对于保护规划编制过程中的意见采纳或者听证的过程,不仅仅是走个形式。在保护规划报送审批文件中应当附具意见采纳情况及理由;经听证的,还应当附具听证笔录,提高保护规划的严谨性。

法条链接

《历史文化名城名镇名村保护条例》第十六条第一款

125

修改历史文化名城(镇、村)保护规划,应经过怎样的程序?

答:修改历史文化名城(镇、村)保护规划,保护规划的组织编制机关应当向原审批机关提出专题报告,经同意后,方可编制修改方案。修改后的保护规划,应当按照原审批程序报送审批。

情景再现

某市在2017年被批准为历史文化名城,并经该市人民政府组织编制了历史文化名城保护规划,促进了当地经济和旅游业的发展。近日,在保护规划分期实施方案方面,有关部门和专家有新的意见,且新意见更有利于该历史文化名城的发展。经过开会专门讨论，市人民政府认为新的实施方案意见具有可行性和可操作性，可以采纳，遂决定按照法定程序对保护规划进行修改。那么，修改历史文化名城(镇、村)保护规划应经过怎样的程序？

专家解读

历史文化名城(镇、村)的保护规划在编制完成并经批准后可以更改，但是不得擅自修改，经过法律规定的正当程序方可修改。《历史文化名城名镇名村保护条例》第十九条规定："经依法批准的保护规划，不得擅自修改；确需修改的，保护规划的组织编制机关应当向原审批机关提出专题报告，经同意后，方可编制修改方案。修改后的保护规划，应当按照原审批程序报送审批。"因此，上例中历史文化名城保护规划的修改应当由该市人民政府向省、自治区、直辖市人民政府提出专题报告，经同意后再编制修改方案，不得擅自修改。

法条链接

《历史文化名城名镇名村保护条例》第十七条、第十九条

126

可以改变与历史文化名城（镇、村）相依存的自然景观和环境吗？

答：历史文化名城、名镇、名村应当整体保护，保持传统格局、历史风貌和空间尺度，不得改变与其相互依存的自然景观和环境。

情景再现

某市保留有许多传统建筑及古城街道，被批准为历史文化名城。该市传统古城街道的一大特点就是在古城外围绕着小河，小河又流入古城街道从而贯穿古城，形成独特的风景。日前，有当地居民反映由于古城外小河占地多，道路较窄，经常造成交通堵塞，建议将古城外的河流填平，拓宽道路。人们对此议论纷纷，有人表示同意，认为填平小河可以给市民的生活出行提供便利；有人表示反对，认为正是因为这条小河才给古城增添了独特的风景，填平还会给古城内的小河造成不良影响，不能轻易填平。古城外的小河是否可以填平？可以改变与历史文化名城（镇、村）相依存的自然景观和环境吗？

专家解读

我国对历史文化名城、名镇、名村实行整体保护原则，不得随意对其进行改变。《历史文化名城名镇名村保护条例》第二十一条规定："历史文化名城、名镇、名村应当整体保护，保持传统格局、历史风貌和空间尺度，不得改变与其相互依存的自然景观和环境。"之所以要进行整体性保护，就是要实实在在地将原有的历史展现出来。本例中的城外小河与古城街道及其城内小河相互依存，若随意填平势必对城内的环境造成不良影响，因此古城外的小河不能填平，应当让其保持原有的格局，展现真实的历史风貌。

法条链接

《历史文化名城名镇名村保护条例》第二十一条

127

在历史文化名城（镇、村）内从事建设活动，有哪些注意事项？

答：在历史文化名城、名镇、名村保护范围内从事建设活动，应当符合保护规划的要求，不得损害历史文化遗产的真实性和完整性，不得对其传统格局和历史风貌造成破坏性影响。

情景再现

某村是历史文化名村，有着特色古建筑群以及历史悠久的丛林树木，均在该历史文化名村保护规划的保护范围内。该村村民张某要在村子中盖一座厂房，他在反复思考设计中发现，若是将本村丛林中的几棵树木砍掉，他建设厂房会更方便。张某心想，这么大的丛林，砍掉一些树木应该问题不大，于是便跟村干部说了自己的想法。村干部告诫他切不可鲁莽无知，这种行为是犯法的。为什么丛林中的树木不能砍？在历史文化名城（镇、村）内从事建设活动，有哪些注意事项？

专家解读

历史文化名城（镇、村）保护规划的作用，就是为保护历史文化名城（镇、村）提供参考依据，设定限制条件。因此，在历史文化名城、名镇、名村保护范围内从事建设活动，应当符合保护规划的要求，具体而言，《历史文化名城名镇名村保护条例》第二十三条规定："在历史文化名城、名镇、名村保护范围内从事建设活动，应当符合保护规划的要求，不得损害历史文化遗产的真实性和完整性，不得对其传统格局和历史风貌构成破坏性影响。”在本例中，该丛林本身就在历史文化名村保护规划的范围内，树木是丛林的组成部分，擅自砍伐丛林中的树木将会损害丛林的完整性，给这片丛林造成破坏性影响。因此，张某不能砍伐其中的树木。在从事建设活动时也应当严格遵守保护规划及《历史文化名城名镇名村保护条例》第二十三条的规定。

法条链接

《历史文化名城名镇名村保护条例》第二十三条

128

在历史文化名村保护范围内开山采石的，要承担怎样的法律责任？

答：在历史文化名城、名镇、名村保护范围内进行开山、采石、开矿等破坏传统格局和历史风貌的活动，将依照《历史文化名城名镇名村保护条例》第四十一条的规定承担相应责任。

情景再现

某村是历史文化名村，在其保护规划的保护范围内有一座石山，蕴含丰富的自然资源。该村有一家工厂，主要从事开山采石的活动，由于附近能开采的山石已经开采得差不多了，很难再找到优质的资源，于是该厂负责人将目光瞄向了这座受保护的石山。平时这座石山不会有专人值班看守，附近又没有监控，该厂负责人决定铤而走险，偷偷对这座石山进行开采。该厂刚动工不久，就被附近村民举报，县人民政府城乡规划主管部门立即采取措施。请问，在历史文化名村保护范围内开山采石的，要承担怎样的法律责任呢？

专家解读

在历史文化名城（镇、村）保护规划的范围内从事活动应当符合该保护规划的要求，同时不得违反相关法律法规。《历史文化名城名镇名村保护条例》第二十四条明确规定："在历史文化名城、名镇、名村保护范围内禁止进行下列活动：（一）开山、采石、开矿等破坏传统格局和历史风貌的活动……"因此，本例中的工厂擅自在保护范围内开山采石是违法的，应当承担相应法律责任。《历史文化名城名镇名村保护条例》第四十一条规定："违反本条例规定，在历史文化名城、名镇、名村保护范围内有下列行为之一的，由城市、县人民政府城乡规划主管部门责令停止违法行为、限期恢复原状或者采取其他补救措施；有违法所得的，没收违法所得；逾期不恢复原状或者不采取其他补救措施的，城乡规划主管部门可以指定有能力的单位代为恢复原状或者采取其他补救措施，所需费用由违法者承担；造成严重后果的，对单位并处50万元以上100万元以下的罚款，对个人并处5万元以上10万元以下的罚款；造成损失的，依法承担赔偿责任：（一）开山、采石、开矿等破坏传统格局和历史风貌的……"因此，本例中的工厂应当停止违法行为、恢复原状或采取其他补救措施，有违法所得的将没收违法所得，若造成严重后果的，还将并处罚款。

法条链接

《历史文化名城名镇名村保护条例》第二十四条、第四十一条

129

占用历史文化名城（镇、村）保护规划确定保留的园林绿地，要承担怎样的法律责任？

答：占用历史文化名城(镇、村)保护规划确定保留的园林绿地、河湖水系、道路等,将依照《历史文化名城名镇名村保护条例》第四十一条规定承担相应的责任。

情景再现

某镇经批准成为历史文化名镇,该镇中有一片园林和绿地历史悠久、自然环境优越,在保护规划中确定保留。由于保护规划中的绿地一直闲置,该镇村民王某想要利用其中一部分绿地进行养殖。王某认为,绿地也是本镇的一部分土地,自己作为村民应该有权利占用部分绿地进行养殖,不然闲置也是一种浪费。经过咨询,政府工作人员拒绝了王某的申请。请问,王某为什么不能占用该绿地?若占用历史文化名城(镇、村)保护规划确定保留的园林绿地,要承担怎样的法律责任?

专家解读

保护规划中确认保留的园林绿地、河湖水系、道路等是不得随意占用的,《历史文化名城名镇名村保护条例》第二十四条明确规定:“在历史文化名城、名镇、名村保护范围内禁止进行下列活动……(二)占用保护规划确定保留的园林绿地、河湖水系、道路……”由于上例中王某想要利用的绿地属于保护规划确认保留的部分，因此即使绿地闲置，王某也不应当进行占用。况且保护规划中的绿地价值本就不是商业价值，它承载的是一方土地的历史和自然环境，不应以是否能为村民提供便利认定其价值。若违反《历史文化名城名镇名村保护条例》第二十四条的规定，在保护范围内占用保护规划确定保留的园林绿地、河湖水系、道路等，应当承担相应法律责任。《历史文化名城名镇名村保护条例》第四十一条规定："违反本条例规定，在历史文化名城、名镇、名村保护范围内有下列行为之一的，由城市、县人民政府城乡规划主管部门责令停止违法行为、限期恢复原状或者采取其他补救措施；有违法所得的，没收违法所得；逾期不恢复原状或者不采取其他补救措施的，城乡规划主管部门可以指定有能力的单位代为恢复原状或者采取其他补救措施，所需费用由违法者承担；造成严重后果的，对单位并处50万元以上100万元以下的罚款，对个人并处5万元以上10万元以下的罚款；造成损失的，依法承担赔偿责任……（二）占用保护规划确定保留的园林绿地、河湖水系、道路等的……"因此，若王某擅自占用该绿地，将被责令停止违法行为、恢复原状或采取其他补救措施，有违法所得的将没收违法所得，若造成严重后果，还将并处罚款。

法条链接

《历史文化名城名镇名村保护条例》第二十四条、第四十一条

130

在历史文化名城（镇、村）保护范围内修建腐蚀性物品的仓库，要承担怎样的法律责任？

答：在历史文化名城(镇、村)保护范围内修建生产、储存爆炸性、易燃性、放射性、毒害性、腐蚀性物品的工厂、仓库等，将依照《历史文化名城名镇名村保护条例》第四十一条规定承担相应的责任。

情景再现

某市是历史文化名城，某建设单位擅自在历史文化名城保护范围内修建了一个用于储存浓硫酸的仓库，一直未被发现。近日，由于仓库工作人员操作不当，造成浓硫酸泄漏，给周边环境造成不良影响，有关部门迅速采取行动，对有关责任人进行追责。在历史文化名城、名镇、名村保护范围内修建储存腐蚀性物品的仓库，要承担怎样的法律责任?

专家解读

历史文化名城(镇、村)保护范围的确定，其实就是要明确哪些资源、环境需要保护、不得人为破坏。爆炸性、易燃性、放射性、毒害性、腐蚀性物品稍有不慎很容易给环境带来破坏性影响，《历史文化名城名镇名村保护条例》第二十四条明确规定："在历史文化名城、名镇、名村保护范围内禁止进行下列活动……(三)修建生产、储存爆炸性、易燃性、放射性、毒害性、腐蚀性物品的工厂、仓库……"本例中的建设单位擅自在保护范围内修建浓硫酸仓库违反了该条规定。浓硫酸泄漏事故给环境造成了影响，该建设单位及相关责任人应当承担相应法律责任。《历史文化名城名镇名村保护条例》第四十一条规定了在历史文化名城、名镇、名村保护范围内修建生产、储存爆炸性、易燃性、放射性、毒害性、腐蚀性物品的工厂、仓库等的，由城市、县人民政府城乡规划主管部门责令停止违法行为、限期恢复原状或者采取其他补救措施；有违法所得的，没收违法所得；逾期不恢复原状或者不采取其他补救措施的，城乡规划主管部门可以指定有能力的单位代为恢复原状或者采取其他补救措施，所需费用由违法者承担；造成严重后果的，对单位并处五十万元以上一百万元以下的罚款，对个人并处五万元以上十万元以下的罚款；造成损失的，依法承担赔偿责任。因此，该建设单位应当按照本条规定承担相应责任。

在本例中，若是给历史文化名城的环境造成严重破坏，有可能撤销该历史文化名城的称号，因此，对于此类案件一定要坚决杜绝、严肃处理。

法条链接

《历史文化名城名镇名村保护条例》第二十四条、第四十一条
《中华人民共和国文物保护法》第六十九条

131

在历史文化名城（镇、村）保护范围内的历史建筑物上刻划、涂污的，要承担怎样的法律责任？

答：在历史文化名城(镇、村)保护范围内的历史建筑上刻划、涂

污的，由城市、县人民政府城乡规划主管部门责令恢复原状或者采取其他补救措施，处五十元的罚款。

情景再现

小李和小冯是一对热恋情侣，两人相约到某历史文化古城游玩。古城内风景秀丽，古色古香，小李称她非常喜欢其中的一座历史建筑，小冯突发奇想，想要在该历史建筑上刻下两个人的名字，希望两人的感情可以和这座历史建筑一样长长久久。小冯买了一把小刀，偷偷往该建筑上刻字，刚刻了两个字就被附近的古城工作人员看见了，工作人员制止了他的行为，并进行上报。小冯将要承担怎样的责任？

专家解读

历史文化名城（镇、村）中的历史建筑应当被保护，任何人不得随意刻划、涂污。《历史文化名城名镇名村保护条例》第二十四条规定："在历史文化名城、名镇、名村保护范围内禁止进行下列活动……（四）在历史建筑上刻划、涂污。"因此，小冯在古城内的历史建筑上刻字的行为违反了该条规定。《历史文化名城名镇名村保护条例》第四十二条规定了违反上述条款应当承担的责任——由城市、县人民政府城乡规划主管部门责令恢复原状或者采取其他补救措施，处五十元的罚款。根据该条规定，小冯将要承担恢复原状或者采取其他补救措施，处五十元罚款的责任。

法条链接

《历史文化名城名镇名村保护条例》第二十四条、第四十二条

132

在历史文化名城（镇、村）保护范围内进行改变园林绿地、河湖水系等自然状态的活动，有哪些注意事项？违反后，要承担怎样的责任？

答：在历史文化名城(镇、村)保护范围内改变园林绿地、河湖水系等自然状态的活动,应当保护其传统格局、历史风貌和历史建筑,制订保护方案,并办理相关手续。在活动过程中对传统格局、历史风貌或者历史建筑构成破坏性影响的,应当依照《历史文化名城名镇名村保护条例》第四十三条的规定承担相关责任。

情景再现

某村历史悠久,自然环境优美,被批准为历史文化名村。在其保护规划的范围内有一片湖泊,这片湖泊有着丰富的自然资源,造福一方百姓。某渔业公司依照有关法律、法规的规定办理了在该湖泊上进行捕捞的手续,并制订了保护方案。在进行常规捕捞时,因工作人员操作失误,将渔船上的化学药品倾倒在湖泊中,造成许多鱼类死亡,也给湖泊造成污染。该渔业公司要承担怎样的法律责任?

专家解读

在历史文化名城(镇、村)保护范围内活动时要遵守相关法律法规,根据《历史文化名城名镇名村保护条例》第二十五条的规定,若是在历史文化名城、名镇、名村保护范围内进行改变园林绿地、河湖水系等自然状态的活动，应当保护其传统格局、历史风貌和历史建筑；制订保护方案，并依照有关法律、法规的规定办理相关手续。本例中的渔业公司在进行捕捞活动前已经按照该条规定制订了保护方案并办理了相关手续，但在捕捞过程中由于失误对该湖泊造成了损害，依照《历史文化名城名镇名村保护条例》第四十三条的规定，在进行第二十五条规定的活动过程中对传统格局、历史风貌或者历史建筑构成破坏性影响的，由城市、县人民政府城乡规划主管部门责令停止违法行为、限期恢复原状或者采取其他补救措施；有违法所得的，没收违法所得；逾期不恢复原状或者不采取其他补救措施的，城乡规划主管部门可以指定有能力的单位代为恢复原状或者采取其他补救措施，所需费用由违法者承担；造成严重后果的，对单位并处五万元以上十万元以下的罚款，对个人并处一万元以上五万元以下的罚款；造成损失的，依法承担赔偿责任。该渔业公司应当依照该条规定接受处罚，并承担相应的法律责任。

法条链接

《历史文化名城名镇名村保护条例》第二十五条、第四十三条

133

在历史文化名城（镇、村）核心保护范围内进行影视摄制、举办大型群众性活动，有哪些注意事项？违反后，要承担怎样的责任？

答：在历史文化名城（镇、村）核心保护范围内进行影视摄制、举

办大型群众性活动，应当保护其传统格局、历史风貌和历史建筑，制订保护方案，并办理相关手续。在活动过程中对传统格局、历史风貌或者历史建筑构成破坏性影响的，应当依照《历史文化名城名镇名村保护条例》第四十三条的规定承担相关责任。

情景再现

某市是历史文化名城，其中有一座古城在保护规划的核心保护范围中。由于该古城历史悠久，建筑具有鲜明的时代特色，经常有一些影视公司慕名而来，并进行影视摄制。近日，有一家影视公司到该古城中摄制一部民国剧，前期已经制订了保护方案，并依照有关法律、法规的规定办理了相关手续。在一场爆破戏中，由于计算失误，爆破范围比预设的要大很多，对古城中的一些历史建筑造成了损害。该影视公司要承担怎样的法律责任？

专家解读

历史文化名城（镇、村）的核心保护范围对名城（镇、村）来说至关重要，在该范围内进行活动时应当慎之又慎。根据《历史文化名城名镇名村保护条例》第二十五条的规定，若是在历史文化名城、名镇、名村核心保护范围内进行影视摄制、举办大型群众性活动以及其他影响传统格局、历史风貌或者历史建筑的活动时，应当保护其传统格局、历史风貌和历史建筑；制订保护方案，并依照有关法律、法规的规定办理相关手续。本例中的影视公司在进行影视摄制前已经按照《历史文化名城名镇名村保护条例》第二十五条规定做好了前期工作，但该影视公司在摄制过程中由于计算失误给古城的历史建筑造成了损害，依照《历史文化名城名镇名村保护条例》第四十三条的规定，在进行第二十五条规定的活动过程中对传统格局、历史风貌或者历史建筑构成破坏性影响的，由城市、县人民政府城乡规划主管部门责令停止违法行为、限期恢复原状或者采取其他补救措施；有违法所得的，没收违法所得；逾期不恢复原状或者不采取其他补救措施的，城乡规划主管部门可以指定有能力的单位代为恢复原状或者采取其他补救措施，所需费用由违法者承担；造成严重后果的，对单位并处五万元以上十万元以下的罚款，对个人并处一万元以上五万元以下的罚款；造成损失的，依法承担赔偿责任。因此，该影视公司应当依照《历史文化名城名镇名村保护条例》第四十三条的规定承担相应的法律责任。

法条链接

《历史文化名城名镇名村保护条例》第二十五条、第四十三条

134

在历史文化名城（镇、村）保护范围内新建建筑物、构筑物，有什么要求？

答：在历史文化名城（镇、村）保护范围内新建建筑物、构筑物应当符合保护规划确定的建设控制要求。

情景再现

某市规划局邀请有关部门和专家召开座谈会，就该市历史文化名城保护规划征询意见，经过一系列的程序，该保护规划被批准通过。规划按照“整体控制，重点保护”原则，对历史城区内的建筑高度进行控制。其中，在核心保护范围内的新建建筑高度应当在十四米以下，建设控制地带的新建建筑高度应当在二十米以下。此保护规划给日后的新建建筑提供了标准和参考，也为保护历史文化名城提供了条件。

专家解读

历史文化名城（镇、村）保护规划给历史文化名城（镇、村）的保护

提供了方向和依据，因此，在保护范围内进行的各项活动都不能与保护规划相悖。新增建筑物、构筑物同样应当符合保护规划的要求。《历史文化名城名镇名村保护条例》第二十六条明确规定了历史文化街区、名镇、名村建设控制地带内的新建建筑物、构筑物，应当符合保护规划确定的建设控制要求。例如，本例中保护规划确定了新建建筑的高度限制，则该市历史文化名城建设控制地带内的新建建筑物、构筑物在建设时就应当考虑保护规划的高度要求。另外，对于历史文化名城（镇、村）核心保护范围内的建筑物、构筑物，应当区分不同的情况分类保护。核心保护范围内的历史建筑，都应当保持原有的高度、体量、外观形象及色彩等，这样也是为了更好地保护历史建筑的原貌。

法条链接

《历史文化名城名镇名村保护条例》第二十六条、第二十七条

135

在历史文化街区、名镇、名村核心保护范围内是否可以新建必要的基础设施？ 有何要求？

答：在历史文化街区、名镇、名村核心保护范围内可以新建、扩建必要的基础设施和公共服务设施，但应当符合《历史文化名城名镇名村保护条例》第二十八条、第二十九条的规定。

情景再现

某市被列为历史文化名城，该市有一历史文化街区极具特色，吸

引各地游客前往，在保护规划中也属于核心保护范围。但是不少游客反映该文化街区内的公共卫生间太少，非常不方便，建议在该历史文化街区内增设公共卫生间，给游客提供便利。该市规划局了解情况后十分重视，召集有关部门及专家进行讨论，针对增设公共卫生间这一问题提出解决办法。在历史文化街区、名镇、名村核心保护范围内是否可以新建公共卫生间等必要的基础设施？有何要求？

专家解读

历史文化名城（镇、村）的核心保护范围对名城（镇、村）来说至关重要，根据《历史文化名城名镇名村保护条例》第二十八条第一款的规定，在历史文化街区、名镇、名村核心保护范围内，不得进行新建、扩建活动，但是新建、扩建必要的基础设施和公共服务设施除外。本例中游客反映的公共卫生间属于必要的公共服务设施范畴，因此，可以在该历史文化街区内建设。但新建、扩建必要的基础设施和公共服务设施也要遵循法定程序，应当在征求同级文物主管部门的意见后，再由城市、县人民政府城乡规划主管部门核发建设工程规划许可证、乡村建设规划许可证。在进行审批时，应当遵循论证及公示原则，审批机关应当组织专家论证，并将审批事项予以公示，征求公众意见，告知利害关系人有要求举行听证的权利。公示时间不得少于20日。利害关系人要求听证的，应当在公示期间提出，审批机关应当在公示期满后及时举行听证。本例中，也要经过这一系列的程序方可在该文化街区内增设公共卫生间。

法条链接

《历史文化名城名镇名村保护条例》第二十八条、第二十九条

136

擅自设置、移动、涂改或者损毁历史文化街区、名镇、名村标志牌，要承担怎样的法律责任？

答：擅自设置、移动、涂改或者损毁历史文化街区、名镇、名村标志牌的，由城市、县人民政府城乡规划主管部门责令限期改正；逾期不改正的，对单位或个人处一定金额的罚款。

情景再现

某市被列为历史文化名城，在该市有一个历史建筑群落，保留着传统的格局和风貌。但由于建筑群落中道路错综复杂，因此，该市在每个出入口都设置了标志牌来指引方向，防止观赏的人迷路。小吴也是观赏的游客之一，对该建筑群落错综复杂的道路早有耳闻，出于恶作剧心理，小吴对出入口的标志牌进行了涂改，使很多观赏游客因此找不到正确的出入口。管理人员发现后通过监控找到了小吴。小吴的这种行为要承担怎样的法律责任？

专家解读

在历史文化名城（镇、村）中设置指示牌是非常常见的现象，指示牌可以为人们指引方向和提供方便。其实，在《历史文化名城名镇名村保护条例》中对此也是有明确规定的，第三十条规定了“城市、县人民政府应当在历史文化街区、名镇、名村核心保护范围的主要出入口设置标志牌。任何单位和个人不得擅自设置、移动、涂改或者损毁标志牌”。本例中小吴的行为已经触犯了该禁止性规定，即使小吴是为了恶作剧，但仍应为自己的行为承担相应责任。《历史文化名城名镇名村保护条例》第四十五条规定：“违反本条例规定，擅自设置、移动、涂改或者损毁历史文化街区、名镇、名村标志牌的，由城市、县人民政府城乡规划主管部门责令限期改正；逾期不改正的，对单位处1万元以上5万元以下的罚款，对个人处1000元以上1万元以下的罚款。”本例中，正是由于小吴对指示牌进行涂改才造成了不良影响，因此小吴应当限期改正，若逾期不改正还应当承担一千元以上一万元以下的罚款。

法条链接

《历史文化名城名镇名村保护条例》第三十条、第四十五条

137

历史文化名城（镇、村）的历史建筑档案一般包括哪些内容？

答：历史建筑档案应当包括《历史文化名城名镇名村保护条例》第三十二条所规定的五项内容。

情景再现

某镇有许多历史悠久的建筑，保留着原有的建筑形式，被列为历史文化名镇。该地人民政府针对历史文化名镇的保护工作召开座谈会，研究保护工作的部署及开展。会上有专家指出，对历史建筑的保护不仅是防止外来侵害，还包括文字资料的记录，即建立历史建筑档

案，这样更有利于加深对历史建筑的了解，也为后续历史建筑的保护工作提供参考资料。那么，历史文化名城（镇、村）的历史建筑档案一般包括哪些内容？

专家解读

历史文化名城（镇、村）中的历史建筑代表了人文历史的发展，对这些历史建筑的保护不应只停留在外部保护上，还应当加强对历史建筑本身的了解及文字记录。《历史文化名城名镇名村保护条例》第三十二条第一款就规定了城市、县人民政府应当对历史建筑设置保护标志，建立历史建筑档案。这说明建立历史建筑档案是一项强制性规定，而历史档案的内容也有一定要求，第三十二条第二款规定："历史建筑档案应当包括下列内容：（一）建筑艺术特征、历史特征、建设年代及稀有程度；（二）建筑的有关技术资料；（三）建筑的使用现状和权属变化情况；（四）建筑的修缮、装饰装修过程中形成的文字、图纸、图片、影像等资料；（五）建筑的测绘信息记录和相关资料。"这些信息能更清楚地记录历史建筑的各项情况。

法条链接

《历史文化名城名镇名村保护条例》第三十二条第一款

138

古城中洋楼的房东，对于洋楼有怎样的保护义务？

答：古城中洋楼的房东，对于洋楼应当按照保护规划的要求承担维护和修缮义务。

情景再现

某市被列为历史文化名城，在其核心保护范围内有一座古城，古城中仍保留着许多具有当地特色的历史建筑。古城中有一座洋楼就属于张家。虽说张某是该洋楼的所有人，但是他不能随意对洋楼进行处置，而应当保护这座历史建筑。那么，张某对洋楼有怎样的保护义务？

专家解读

历史文化名城（镇、村）古城中的洋楼等历史建筑需要被保护，作为历史建筑的所有人也应承担起保护义务。《历史文化名城名镇名村保护条例》第三十三条第一款规定："历史建筑的所有权人应当按照保护规划的要求，负责历史建筑的维护和修缮。"由此可见，虽然该洋楼是张某的私人财产，但由于洋楼具有特殊性，张某也应按照保护规划的要求承担法定的维护和修缮义务。对于维护和修缮的费用问题，该条例第三十三条第二款规定，县级以上地方人民政府可以从保护资金中对历史建筑的维护和修缮给予补助，减轻所有权人的负担。当然，并不是所有的维护和修缮都在所有权人的能力范围内，若历史建筑有损毁危险，所有权人不具备维护和修缮能力的，当地人民政府应当采取措施进行保护。

法条链接

《历史文化名城名镇名村保护条例》第三十三条第一款、第二款

139

任何单位或者个人不得损坏或者擅自迁移、拆除历史建筑。擅自拆除历史建筑，将承担怎样的法律责任？

答：损坏或者擅自迁移、拆除历史建筑的，将依照《历史文化名城名镇名城保护条例》第四十四条的规定承担相应的法律责任。

情景再现

某市是历史文化名城，该市一历史文化街区中有许多历史建筑，为了发展旅游业，该历史文化街区引进了一些商户，方便游客在游览时购买商品。王某也是商户之一，在该街区中经营店面，由于王某店面旁边有一个小亭子，对店面有遮挡作用，影响了王某的生意。王某心想这个小亭子并无用处，如果拆除不仅可以拓宽街道，还有利于自己的生意，于是向该街区管理人提出建议。该街区管理人拒绝了王某的要求，并对其进行批评，称该亭子也是历史建筑，擅自拆除历史建筑是违法的。那么，擅自拆除历史建筑，将承担怎样的法律责任呢？

专家解读

《历史文化名城名镇名村保护条例》第三十三条第四款规定："任何单位或者个人不得损坏或者擅自迁移、拆除历史建筑。"因此，本例中王某的想法是错误的，任何单位或个人都没有权利擅自拆除历史建筑，若违反该规定将要承担法律责任。《历史文化名城名镇名村保护条例》第四十四条对违反后的法律责任进行了明确规定,“违反本条例规定,损坏或者擅自迁移、拆除历史建筑的,由城市、县人民政府城乡规划主管部门责令停止违法行为、限期恢复原状或者采取其他补救措施;有违法所得的,没收违法所得;逾期不恢复原状或者不采取其他补救措施的,城乡规划主管部门可以指定有能力的单位代为恢复原状或者采取其他补救措施,所需费用由违法者承担;造成严重后果的,对单位并处20万元以上50万元以下的罚款,对个人并处10万元以上20万元以下的罚款;造成损失的,依法承担赔偿责任”。由此可知,对于擅自拆除历史建筑的惩罚措施是非常严厉的,我们对于历史建筑都应当心存敬畏,切不可因为无知而触犯法律。

法条链接

《历史文化名城名镇名村保护条例》第三十三条第四款、第四十四条

140

建设工程选址不能避开历史建筑的,应当怎样做?

答:建设工程选址因特殊情况不能避开历史建筑的,应当尽可能实施原址保护,建设单位在确定保护措施后,报城市、县人民政府城乡规划主管部门会同同级文物主管部门批准。

情景再现

某镇被批准为历史文化名镇,在该镇的南面有许多年代久远的历

史建筑。附近有一家公司需要铺设自来水管道，因离该历史建筑较近，经过相关专业人员测量，该公司铺设管道时无法完全避开历史建筑，在此情况下，该公司想要顺利铺设自来水管道应当怎样做？

专家解读

基于对历史建筑的保护，《历史文化名城名镇名村保护条例》第三十四条第一款规定建设工程选址应当尽可能避开历史建筑。在实践中，并非所有情况都能避开历史建筑，在因特殊情况不能避开时，就应当尽可能实施原址保护。因此，上例中的公司在无法避开历史建筑的情况下应当对历史建筑实施原址保护。该条例第三十四条第二款规定："对历史建筑实施原址保护的，建设单位应当事先确定保护措施，报城市、县人民政府城乡规划主管部门会同同级文物主管部门批准。"即该公司应当在确定保护措施后报县人民政府城乡规划主管部门会同同级文物主管部门批准。

法条链接

《历史文化名城名镇名村保护条例》第三十四条第一款、第二款

141

未经批准对历史建筑进行外部修缮装饰，将承担怎样的法律责任？

答：未经批准对历史建筑进行外部修缮装饰，将依照《历史文化名城名镇名村保护条例》第四十三条的规定承担法律责任。

情景再现

某村被批准为历史文化名村,村中保留了许多特色历史建筑,为了对这些历史建筑进行更好地保护,村里聘请了几位村民负责历史建筑周围的巡逻及看管工作。近日,有一名看管人员离职,小王接任这个岗位负责巡逻及看管。新上任的小王在日常工作中发现,有些历史建筑的木柱出现发霉情况,于是他想到了给这些历史建筑刷漆,不仅能防潮,还能更加美观。小王在未经批准的情况下擅自给一些历史建筑进行刷漆,幸而被同事发现及时制止了他。那么,未经批准对历史建筑进行外部修缮装饰,将承担怎样的法律责任呢?

专家解读

对于历史建筑的保护不仅是保护它不被破坏,还要保护历史建筑的原貌。因此,在对历史建筑的修缮装饰上也要经过严格的审批。《历史文化名城名镇名村保护条例》第三十五条规定:“对历史建筑进行外部修缮装饰、添加设施以及改变历史建筑的结构或者使用性质的,应当经城市、县人民政府城乡规划主管部门会同同级文物主管部门批准,并依照有关法律、法规的规定办理相关手续。”本例中小王给历史建筑刷漆其实也是外部修缮的一种情况,应当经过有关部门的批准并办理相关手续。若未经城乡规划主管部门会同同级文物主管部门批准对历史建筑进行外部修缮装饰的,由城市、县人民政府城乡规划主管部门责令停止违法行为、限期恢复原状或者采取其他补救措施;有违法所得的,没收违法所得;逾期不恢复原状或者不采取其他补救措施的,城乡规划主管部门可以指定有能力的单位代为恢复原状或者采取其他补救措施,所需费用由违法者承担;造成严重后果的,对单位并处五万元以上十万元以下的罚款,对个人并处一万元以上五万元以下的罚款;造成损失的,依法承担赔偿责任。另外,《文物保护法》第六十六条也有类似规定。因此,对于历史建筑的外部修缮要经过严格审批,不得擅自修缮,否则要按照上述规定承担相应责任。

法条链接

《历史文化名城名镇名村保护条例》第三十五条、第四十三条
《中华人民共和国文物保护法》第六十六条

142

损毁历史文化名城（镇、村）中的文物，将承担怎样的法律责任？

答：对历史文化名城、名镇、名村中的文物造成损毁的，依照文物保护法律、法规的规定给予处罚；构成犯罪的，依法追究刑事责任。

情景再现

张某与朋友近日到某市旅游，听说该市是历史文化名城，并且有一个很有名的历史建筑可以参观，里面还有许多文物。张某等人在参观时极为兴奋，想要与文物合影并发布到社交网站上。文物旁都设有禁止靠近拍照的警示牌，但张某等人对此视而不见，偷偷走到文物旁进行合照，结果不慎碰倒文物，造成了损坏。那么，损毁历史文化名城（镇、村）中的文物，将承担怎样的法律责任？

专家解读

历史文化名城（镇、村）中的文物是受到保护的，对于文物的保护应当执行文物保护法律、法规的规定。本例中，张某与朋友无视警告牌造成了文物的损坏，对此应当承担责任。《历史文化名城名镇名村

保护条例》第四十六条规定:“违反本条例规定,对历史文化名城、名镇、名村中的文物造成损毁的,依照文物保护法律、法规的规定给予处罚;构成犯罪的,依法追究刑事责任。”《文物保护法》第六十六条第二款规定:“刻划、涂污或者损坏文物尚不严重的,或者损毁依照本法第十五条第一款规定设立的文物保护单位标志的,由公安机关或者文物所在单位给予警告,可以并处罚款。”因此,若是张某等人损坏文物尚不严重,则应按照该条款予以警告或并处罚款。

另外,故意损毁文物或者过失毁损文物造成严重后果的,还可能构成犯罪,承担刑事责任。《刑法》第三百二十四条规定:“故意损毁国家保护的珍贵文物或者被确定为全国重点文物保护单位、省级文物保护单位的文物的,处三年以下有期徒刑或者拘役,并处或者单处罚金;情节严重的,处三年以上十年以下有期徒刑,并处罚金。故意损毁国家保护的名胜古迹,情节严重的,处五年以下有期徒刑或者拘役,并处或者单处罚金。过失损毁国家保护的珍贵文物或者被确定为全国重点文物保护单位、省级文物保护单位的文物,造成严重后果的,处三年以下有期徒刑或者拘役。”每个人都有依法保护文物的义务,对此必须引起足够重视。

法条链接

《历史文化名城名镇名村保护条例》第三十六条、第四十六条

《中华人民共和国文物保护法》第六十六条第二款

《中华人民共和国刑法》第三百二十四条

第八章　文物进出境管理

143

哪些文物禁止出境?

答:国有文物、非国有文物中的珍贵文物和国家规定禁止出境的其他文物,不得出境;但是依照《文物保护法》规定出境展览或者因特殊需要经国务院批准出境的除外。

情景再现

2019年12月,南京市博物馆与中国社会科学院考古研究所合作承办了一期主题为“殷墟至宝——来自商王朝的遗珍”的文物展,该次展览在国内外获得一致好评。美国旧金山博物馆收藏了大量的商代文物,对此次文物展的主题表现出极大的兴趣,特邀请南京市博物馆与中国社会科学研究院考古研究所联合在旧金山博物馆举办一期主题为“商朝的记忆”的文物展。在该次拟展览的文物中,有著名的商后期的后母戊大方鼎,在国家有关文物行政主管部门审批时,发现该件文物为国家禁止出境的文物,对该文物的出境申请不予审批。那么,哪些文物禁止出境呢?

专家解读

文物能够反映在一定的历史时期,国家与民族的发展状况、市民社会的生活百态,具有重要的研究意义。一些珍贵的文物因其稀有性与可研究性,国家必须对其进行严格地管理。《文物保护法》第六十条规定:“国有文物、非国有文物中的珍贵文物和国家规定禁止出境的其他文物,不得出境;但是依照本法规定出境展览或者因特殊需要经国务院批准出境的除外。”在本例中,后母戊大方鼎在国家规定的禁止出境的名单内,故不能出境。

法条链接

《中华人民共和国文物保护法》第六十条

144

文物出境的“通行证”是什么?

答:文物出境的“通行证”是文物进出境审核机构标明的文物出境标识和国务院行政主管部门颁发的文物出境许可证。

情景再现

文物爱好者张某醉心文物研究和收藏。在一次文物收藏交流会上得知某市一处古玩市场的文物交易类型繁多,且具有极高的研究与收藏价值,遂驱车前往交易市场。张某对文物颇有研究,在古玩交易市场发现一个年代久远、极具收藏价值的鼻烟壶,于是花高价买入。在与法国的藏友进行交流时,藏友表示对该鼻烟壶有极大的兴趣。张某决定在参加法国的文物收藏交流会时将该鼻烟壶带去与朋友研究、交流。但是好友告诉他文物出境需要“通行证”,那么,文物出境的“通行证”是什么呢?

专家解读

无论是国家收藏的文物还是私人收藏的文物,对整个民族来说,都是重要的财富,都应当受到保护和监管。《文物保护法》第六十一条第一款规定:“文物出境,应当经国务院文物行政部门指定的文物进出境审核机构审核。经审核允许出境的文物，由国务院文物行政部门发给文物出境许可证，从国务院文物行政部门指定的口岸出境。”文物出境关涉文物自身的安全与保护问题，应当由国家文物管理机构进行相应的审批。该法第六十一条第二款规定：“任何单位或者个人运送、邮寄、携带文物出境，应当向海关申报；海关凭文物出境许可证放行。”与此同时，为了加强监督，在文物出境前还必须向海关申报。在多方的共同监督之下，国家的文物安全才可能得到有效的保障。在本例中，虽然鼻烟壶属于张某私人收藏，但仍然需要办理相关的“通行证”才可将文物带出境，即由进出境审核机构审核，经审核允许出境后，标明文物出境标识，由国务院文物行政部门发给文物出境许可证，从国务院文物行政部门指定的口岸出境；此外，出境前需要向海关申报，由海关凭文物出境许可证放行。

法条链接

《中华人民共和国文物保护法》第六十一条第一款、第二款
《中华人民共和国文物保护法实施条例》第四十七条
《文物进出境审核管理办法》第十一条第一款、第二款

145

负责文物进出境的审核机构，应该具备怎样的条件？

答：负责文物进出境的审核机构，必须要有固定的办公场所、技术设备、资金保障以及不少于五名以上取得相应资质的专职文物进出境责任鉴定员。

情景再现

随着重庆经济的飞速发展，其与世界经济文化的交流也在日益加强，文物进出境活动日趋频繁。2018 年 5 月，为了加强文物的保护，防止珍贵文物流失，国家文物局批准在重庆中国三峡博物馆设立“国家文物进出境审核重庆管理处”，负责对经重庆各口岸申报的进出境文物进行审核。这对于我国深入开展对外文化交流、打击文物犯罪具有重大的现实意义。据悉，重庆管理处是全国第 21 个国家文物进出境审核机构，那么，这些负责文物进出境的审核机构，应当具备怎样的条件呢？

专家解读

随着国际经济文化交流渐趋频繁，文物流通市场的交易获得快速发展，与此同时文物犯罪活动显现上升趋势。国家设立负责文物进出境的审核机构，以此加强对文物保护的监管工作。《文物保护法实施条例》第四十四条规定：“国务院文物行政主管部门指定的文物进出境审核机构，应当有 5 名以上取得中级以上文物博物专业技术职务的文物进出境责任鉴定人员。”该条明确了文物进出境审核机构的人员数与从业资格要求，体现了审核工作的专业性。此外，根据《文物进出境审核管理办法》第四条的规定，文物进出境审核机构还应当具备以下条件：有固定的办公场所和必要的技术设备；工作经费全额纳入财政预算。这是对审核机构在资金和技术方面作出的硬性规定，为机构的正常运行提供保障。在本例中，重庆管理处同其他进出境审核机构一样，需要在人员、资金、技术等方面满足相应的规定。

法条链接

《中华人民共和国文物保护法实施条例》第四十四条

《文物进出境审核管理办法》第四条

146

文物进出境审核机构的工作人员可以在文物商店兼职鉴定文物吗？

答：文物进出境审核机构的工作人员实行持证上岗制度，不得在文物商店兼职鉴定文物。

情景再现

王某大学时期学习的专业与文物保护相关，并获得了相应的资格证书。大学毕业之后，王某成为一家进出境审核机构的工作人员。因为工作中出色的专业水平而获得同事认可，并在文物鉴定行业享有较高的声誉。一家刚营业不久的文物商店准备聘请文物鉴定人员，在各方的推荐下，文物商店准备聘请王某作为文物兼职鉴定员，但被王某以从业限制为由拒绝。那么，文物进出境审核机构的工作人员真的不可以在文物商店兼职鉴定文物吗？

专家解读

文物进出境审核工作是事关文物保护的重大问题，必须审慎进行。文物进出境审核机构的工作人员因为职业的特殊性与专业性，更需要严格制度对其进行管理。《文物进出境审核管理办法》第六条第一款规定："文物进出境审核机构的工作人员实行持证上岗制度，不得在文物商店或者拍卖企业任职、兼职。文物进出境审核机构的主要负责人应当取得国家文物局颁发的资格证书。"文物出入境审核工作具有特殊性，禁止工作人员兼职更有利于开展文物保护工作。

本例中的王某是文物出入境审核机构工作人员，应当遵守从业限制，不得担任文物商店鉴定文物的兼职工作。

法条链接

《文物进出境审核管理办法》第六条第一款

147

文物进出境责任鉴定员应具备怎样的专业资格？

答：文物进出境责任鉴定员应当取得大学本科以上学历和文物博物专业中级以上职称，并经国家文物局考核合格。

情景再现

李某从小就对文物鉴定工作感兴趣，在高考结束后，他将自己以后的职业规划与文物鉴定工作关联，准备报考与其相关的专业。在进行志愿报考咨询过程中，指导老师告诉李某如果对文物鉴定工作感兴趣，将以后的职业定位在文物进出境审核机构的责任鉴定员也是一个不错的择业选择，但是必须具备一定的资质才可以成为文物进出境责任鉴定员，那么，文物进出境责任鉴定员应当具备怎样的专业资格呢？

专家解读

文物鉴定是文物保管、展览的基础，文物鉴定对审核文物进出境、打击文物犯罪等活动具有重要的意义。文物进出境责任鉴定员需要将专业的知识与现代科学技术结合,运用到鉴定活动中。《文物进出境审核管理办法》第六条第二款规定:"文物进出境责任鉴定员应当取得大学本科以上学历和文物博物专业中级以上职称,并经国家文物局考核合格。"对责任鉴定员的资质作出要求,规范鉴定员队伍素质,有利于提升文物进出境审核工作水平。本例中,倘若李某想成为文物进出境审核机构责任鉴定员,则必须取得大学本科以上学历和文物博物专业中级以上职称,并经国家文物局考核合格。

法条链接

《文物进出境审核管理办法》第六条第二款

148

哪些文物出境,应当经过审核?

答:《文物进出境审核管理办法》第八条列举的七类文物出境应当经过审核。

情景再现

黄某出生于雕刻世家,自幼受到家族的艺术熏陶,酷爱雕刻艺术。为了更好地学习这门艺术,他在全国各地拜访学习,先后师从业内有名的大家,并在老师的指导下,刻苦学习钻研。后对雕刻有自己的见解和造诣,技艺精湛,在业内也享有极高的声誉。为了接触更多的雕刻艺术,开阔视野,黄某曾几次前往美国进修,结识了一群志同道合的外国朋友。在朋友的盛情邀请下,黄某决定将自己收藏的一些雕刻艺术品带去给美国的朋友欣赏。在这些雕刻艺术品中,有一尊"魁星"根雕是从清初传承下来的,具有极高的收藏价值。一位朋友告诉黄某,那尊祖传的根雕在出境前,应当经过审核才可出境。那么,哪些文物出境应当经过审核?

专家解读

为了加强对我国文化遗产的保护,防止珍贵文物流失,一些特定文物的出境需要进行审核。《文物进出境审核管理办法》第八条第一款规定:"下列文物出境,应当经过审核:(一)1949 年(含)以前的各类艺术品、工艺美术品;(二)1949 年(含)以前的手稿、文献资料和图书资料;(三)1949 年(含)以前的与各民族社会制度、社会生产、社会生活有关的实物;(四)1949 年以后的与重大事件或著名人物有关的代表性实物;(五)1949 年以后的反映各民族生产活动、生活习俗、文化艺术和宗教信仰的代表性实物;(六)国家文物局公布限制出境的已故现代著名书画家、工艺美术家作品;(七)古猿化石、古人类化石,以及与人类活动有关的第四纪古脊椎动物化石。"在本例中,黄某祖传的"魁星"根雕属于1949 年以前的工艺美术品,在出境前应当按照法律规定经过有关机构的审核。

法条链接

《文物进出境审核管理办法》第八条第一款

149

运送、邮寄、携带文物出境前,应该如何申报审核?

答:运送、邮寄、携带文物出境前,应当填写文物出境申请表,报文物进出境审核机构审核。

情景再现

为了促进两国经济文化的交流，陕西历史博物馆在中国文物交流中心的支持与协助下，拟在2020年10月底赴澳大利亚墨尔本维多利亚国立美术馆举办一期主题为“秦始皇和兵马俑：永恒的守卫”的文物展览，进而宣传陕西历史文化，加强两馆的友好合作，推动两国的合作交流。李某刚到陕西历史博物馆工作不久，其主要负责文物出境前的申报审核工作，李某对此项工作还不太熟悉，所以向同事请教申报审核流程。那么，如果你是李某同事，应当告知李某在运送、邮寄、携带文物出境前，怎样进行申报审核呢？

专家解读

文物是一个国家的历史文化烙印，具有深刻的民族情怀和重要的科研价值。文物出境关涉文物保护和安全等事项，应当对其进行严格的监管。《文物保护法实施条例》第四十五条第一款规定：“运送、邮寄、携带文物出境，应当在文物出境前依法报文物进出境审核机构审核。文物进出境审核机构应当自收到申请之日起15个工作日内作出是否允许出境的决定。”要求出境的文物进行申报审核，有利于防止珍贵文物流失，保护国家宝贵的财富。在本例中李某负责博物馆文物出境的申报审核工作，其应当在文物出境前，填写文物出境申请表，报文物进出境审核机构审核。

法条链接

《中华人民共和国文物保护法实施条例》第四十五条第一款

《文物进出境审核管理办法》第九条

150

审核进出境文物，审核团队的最低人员配置是什么？

答：审核进出境文物，审核团队应当有三名以上文物博物专业技术人员参加；其中，应当有两名以上文物进出境责任鉴定人员。

情景再现

国家文物局批准在重庆中国三峡博物馆设立国家文物进出境审核重庆管理处，负责对经重庆市各口岸申报的进出境文物进行审核。这标志着重庆文物管理处进入了“国家队”，成为全国第二十一个国家文物进出境审核机构。在挂牌一周之后，重庆文物管理处接到了首单业务，这一消息吸引了各大媒体。赵某代表国内一家媒体对此进行了跟踪报道，由于是首单业务，在审核现场，赵某发现现场审核工作人员较多，多名人员发表了审核意见，赵某对该行业不太了解，想知道在审核进出境文物时，审核团队的最低人员配置是什么？

专家解读

文物进出境的审核能够防止文物被调包和打击文物走私等违法犯罪活动，对国家文物保护工作具有重大的意义。审核团队专业水平的高低直接影响审核结果的正确性，因此必须保证审核团队的专业素质。《文物保护法实施条例》第四十五条第二款规定：“文物进出境审核机构审核文物，应当有 3 名以上文物博物专业技术人员参加；其中，应当有 2 名以上文物进出境责任鉴定人员。”该硬性规定有利于保障审核团队的专业性,加强对我国文化遗产的保护。在本例中,重庆文物管理处接到首单业务后,审核团队应当有三名以上文物博物专业技术人员参加;其中,应当有两名以上文物进出境责任鉴定人员。

法条链接

《中华人民共和国文物保护法实施条例》第四十五条第二款

《文物进出境审核管理办法》第十条第一款

151

有一名文物进出境责任鉴定员不认可的,能通过审核吗?

答:有一名文物进出境责任鉴定员不认可的,不能通过审核。

情景再现

世界著名书画家张大千的作品准备运至境外参加展览,其作品在海南省博物馆的临时展厅里接受国家文物进出境审核海南管理处的出境审核。按照国家文物局的规定,鉴定员抽取了一定比例的出境文物进行审核,这些书画开始接受检验,鉴定员细致地进行比对工作,查阅比对参展文物编号、痕迹、字迹等。在此过程中,一名文物进出境责任鉴定员发现一幅字画有明显的折痕,而申报的作品中没有折痕,其认为该幅字画存在一定的问题,所以在该幅作品鉴定结果上写明不同意出境的鉴定意见,而其余鉴定员的意见为同意出境。那么,在有一名文物进出境责任鉴定员不认可的情况下,能审核通过吗?

专家解读

文物进出境审核并不是为了辨明文物的真假性，而是确保文物在进出境时没有被中途调包，防止珍贵文物流失。审核工作具有专业性与科学性，但同时也具有一定的主观性，鉴于鉴定员认识的局限性，可能会对鉴定结果有一定的影响。《文物保护法实施条例》第四十五条第三款规定："文物出境审核意见，由文物进出境责任鉴定员共同签署；对经审核，文物进出境责任鉴定员一致同意允许出境的文物，文物进出境审核机构方可作出允许出境的决定。"该项规定为了尽可能避免个别鉴定员认识上的局限性，明确必须所有鉴定员一致同意方可出境。在本例中，三名鉴定员对于该幅字画给出了不同的鉴定意见，不满足鉴定员一致同意的出境条件，该幅字画不能审核通过。

法条链接

《中华人民共和国文物保护法实施条例》第四十五条第三款

《文物进出境审核管理办法》第十条第二款

152

未通过进出境审核的文物，如何处理？

答：经审核不允许出境的文物，由文物进出境审核机构登记并发还。

情景再现

齐白石是近现代中国绘画大师，也是世界文化名人。其遗世代表作品《墨虾》《蛙声十里出山泉》等在世界享有赞誉。近日，该批作品受到瑞士国家博物馆邀请前往参展，在国家文物进出境审核湖北管理处接受出境审核。鉴定人员对该批文物展品进行了仔细的比对检查,发现在该批出境作品中,一幅作品的墨痕与申报的作品比较有较大的差异,文物进出境责任鉴定员最终不同意该幅作品出境。那么,未通过进出境审核的文物,应该如何处理呢?

专家解读

文物进出境审核是为了防止珍贵文物的流失,保护国家文物安全。对审核通过的文物,文物可以出境进行展览等一系列活动,对于审核不通过的文物,根据《文物保护法实施条例》第四十七条第二款规定:"经审核不允许出境的文物,由文物进出境审核机构发还当事人。"在本例中,该批展品中有一幅作品经鉴定员鉴定不符合出境要求,按照规定,应当由文物出境审核机构登记并将其返还当事人。

法条链接

《中华人民共和国文物保护法实施条例》第四十七条第二款

《文物进出境审核管理办法》第十一条第三款

153

对于进出境审核为仿品的物品,如何处理?

答:根据出境地海关或携运人的要求,文物进出境审核机构可以为经审核属于文物复仿制品的申报物品出具文物复仿制品证明。

情景再现

王某是一个玉器爱好者,醉心玉器的研究与收藏,在国内各地搜寻具有收藏价值的各类玉器。其表哥李某也是一个玉器爱好者,现定居美国。最近王某又在国内收集到一批具有研究价值的玉器，并通过电话联系李某，两人商定由王某将玉器带到美国，两人在美国研究一段时间后再由王某将玉器带回国内。该玉器由国家文物进出境审核湖北管理处进行出境审核，鉴定员在审核过程中发现该批收藏品中有几件藏品为现代工艺制造的仿制品，那么，对于进出境审核为仿品的，应当如何处理呢？

专家解读

文物进出境审核主要目的并不是辨明文物的真假性，而是保护国家的珍贵文物，防止文物倒卖。对于在进出境审核时发现的仿品，《文物进出境审核管理办法》第十一条第四款规定："根据出境地海关或携运人的要求，文物进出境审核机构可以为经审核属于文物复仿制品的申报物品出具文物复仿制品证明。"文物进出境审核机构并不会对仿品进行过多的管制，可以根据当地海关或携运人的要求，为其出具文物复仿制品证明，以此为海关和携运人之后的出关程序提供便利。

法条链接

《文物进出境审核管理办法》第十一条第四款

154

临时进境的文物，应履行怎样的审核程序？

答：临时进境的文物，先经过海关加封，再由文物进出境审核机构审核、登记，并标明文物临时进境标识。

情景再现

新加坡与日本之间一直保持着密切的经济文化交流，新加坡“娘惹”文化兴盛，引起日本研究者的极大兴趣。日本东京博物馆拟邀请新加坡峇峇娘惹文化研究协会在东京进行一期主题为“峇峇娘惹文化”文物展。研究协会准备用海运方式将精美瓷器、刺绣、首饰、婚纱照等运往日本。在海运途中，暴风雨来袭，基于船上文物安全的考虑，研究协会准备将船停靠在我国福建的港口处，暂时躲避暴风雨。在停靠后，研究协会发现船上有些文物被损毁，急需修复。考虑福建有专业的专家修复团队，所以研究协会决定临时进境。那么，临时进境的文物，应履行怎样的程序？

专家解读

文物进出境关涉文物安全，国家文物管理相关机构必须强化其监管。《文物保护法实施条例》第五十二条第一款规定：“临时进境的文物，经海关将文物加封后，交由当事人报文物进出境审核机构审核、登记。文物进出境审核机构查验海关封志完好无损后，对每件临时进境文物标明文物临时进境标识，并登记拍照。”在本例中，新加坡峇峇娘惹文化研究协会要想临时进境修复受损文物，必须由我国海关将文物加封，再由新加坡峇峇娘惹文化研究协会报文物进出境审核机构审核、登记。文物进出境审核机构查验海关封志完好无损后，对每件临时进境文物标明文物临时进境标识，并登记拍照。

法条链接

《中华人民共和国文物保护法》第六十三条第一款

《中华人民共和国文物保护法实施条例》第五十二条第一款

《文物进出境审核管理办法》第十二条第一款

155

临时进境文物在境内滞留时间最长为多久?

答:临时进境文物在境内滞留时间,除经海关和文物进出境审核机构批准外,不得超过6个月。

情景再现

一艘载有珍贵文物的船只,拟从马来西亚出发到韩国国立中央博物馆参加文物展。但是在航行途中,因船只出现机械故障,在途中抛锚,不得已停靠在福建口岸。在靠岸后发现船只因为漏水,部分文物损毁严重,需要进行紧急修复工作。承运人与托运人取得联系后,托运人委托承运人在我国境内寻找修复专家完成修复工作,但是因为该批文物年代久远,受损严重,修复工作工程量较大,需要花费很长的时间。托运人想知道临时进境文物在境内滞留时间最长为多久,以便安排自己之后的展览行程。

专家解读

为了避免个别不法分子试图通过走私,掩盖被盗文物和出土文物的非法性质,减少外国被盗文物进入我国境内并流通的风险,《文物进出境审核管理办法》第十三条第一款规定:"临时进境文物在境内滞留时间,除经海关和文物进出境审核机构批准外,不得超过6个月。"文物保护不是一个国家的事情,需要各国相互合作、共同配合保护文物安全。严格限制临时入境文物的滞留时间,避免不法分子利用在我国境内长时间的滞留，进而规避外国国家机关追缴文物的可能性。在本例中，一般情况下，托运人的文物在我国境内的最长滞留时间不超过6个月，但是在海关和文物进出境审核机构因特殊原因的批准下，可以超过6个月。

法条链接

《文物进出境审核管理办法》第十三条第一款

156

文物临时进境标识具有怎样的“重要身份”？

答：文物临时进境标识是文物临时入境的“通行证”，任何单位或者个人不得擅自剥除、更换、挪用或者损毁文物出境标识、文物临时进境标识。

情景再现

国家文物进出境审核重庆管理处为了强化国民的文物保护意识，促进全民关注、参与文化遗产的保护工作，举办了一场以文物保护为主题的知识竞赛。孙某对文物保护有一定的研究兴趣，也积累了许多的文物保护知识，于是报名参加了此次竞赛。在参赛过程中，孙某对大部分的竞赛知识答案都胸有成竹，但是对于其中一个问题：文物临时进境标识具有怎样的“重要身份”这一问题的答案认识不全面。根据参赛规则，参赛选手有一次使用场外求助的机会，倘若孙某向你求助，那么，你对于文物临时进境标识具有怎样的“重要身份”的答案是什么呢？

专家解读

文物临时进境标识具有等同于个人进入他国国境的签证的身份意义，相当于文物的“身份证”。也是他国识别该类文物的关键，该标识具有相当重要的意义。《文物保护法实施条例》第五十三条规定：“任何单位或者个人不得擅自剥除、更换、挪用或者损毁文物出境标识、文物临时进境标识。”对文物临时进境标识给予全面的保护。《文物进出境审核管理办法》第十六条规定：“文物出境标识、文物临时进境标识和文物出境许可证，由文物进出境审核机构指定专人保管。使用上述物品，由文物进出境审核机构负责人签字确认。”第十八条规定：“文物出境标识、文物临时进境标识、文物出境许可证、文物复仿制品证明和文物出境申请表，由国家文物局统一制作。”这两项规定体现了文物保护机构对该标识的重视程度。

法条链接

《中华人民共和国文物保护法实施条例》第五十三条

《文物进出境审核管理办法》第十六条、第十八条

157

出境举办文物展览的，需要提前多长时间报批？

答：出境举办文物展览的，需要提前6个月报批。

情景再现

文物外展是世界了解中国的窗口。为了促进世界文化交流。中

国文化和旅游部、国家文物局、中国驻土耳其大使馆和土耳其文化旅游部经过多方沟通与合作，决定在土耳其伊斯坦布尔的老皇宫博物馆举办“华夏瑰宝”展，以此促进彼此的文化互动。陕西历史博物馆是中国第一座大型现代化国家一级博物馆，馆藏文物居中国博物馆前列，其决定参加此次“华夏瑰宝”展，并以此为契机，展现中国古代传统工艺、技术，促进两国的文化交流。此次展览需要将展品运往国外，那么，出境举办文物展览的，需要提前多久报批？

专家解读

文物具有重要的历史、艺术、科学价值，能够展现国家的历史底蕴与文化传统，是国家与全社会公民共同的财富。《文物保护法》第六十二条第一款规定：“文物出境展览，应当报国务院文物行政部门批准；一级文物超过国务院规定数量的，应当报国务院批准。”为了保护珍贵的历史文物，文物出境展览，必须经过国家有关部门批准。同时，《文物保护法实施条例》第四十八条第一款规定：“文物出境展览的承办单位，应当在举办展览前 6 个月向国务院文物行政主管部门提出申请。国务院文物行政主管部门应当自收到申请之日起 30 个工作日内作出批准或者不批准的决定。决定批准的，发给批准文件；决定不批准的，应当书面通知当事人并说明理由。”《文物保护法实施条例》进一步细化了报批时间，明确应当在举办展览前 6 个月向国务院文物行政主管部门报批。在本例中，陕西省历史博物馆应该在举办展览前 6 个月根据自身拟展出的藏品情况向有关单位进行报批。

法条链接

《中华人民共和国文物保护法》第六十二条第一款

《中华人民共和国文物保护法实施条例》第四十八条

158

一级文物中的“孤品”，可以出境展览吗？

答：一级文物中的“孤品”，不可以出境展览。

情景再现

中国文化和旅游部、国家文物局、中国驻英国大使馆和英国文化旅游部经过多方沟通与合作，决定在伦敦博物馆举办一期主题为“中国艺术英伦国际展览会”的文物展，以此促进两国的文化交流与文化认同感。国内多家博物馆和文物单位报名参展，甘肃省博物馆也位列其中。在此次参展准备中，甘肃省博物馆准备将北方草原文化青铜器、汉唐丝织品、佛教造像、金银器、唐三彩、元青花、铜奔马等丰富多彩的文物带出国门参展。在准备参展的文物中，铜奔马为一级文物“孤品”，那么，铜奔马可以出境参展吗？

专家解读

文物是社会发展与进步的见证，是人类智慧结晶的体现。一级文物中的“孤品”更是国家历史文化绝无仅有的象征，一旦遭受损害，损失不可估量，更应当对其加强保护。《文物保护法》第六十二条第二款规定：“一级文物中的孤品和易损品，禁止出境展览。”国家为了保护这些独一无二的珍贵文物，对其管理比一般的文物更加严格。同时，《文物保护法实施条例》第四十九条第一款规定：“一级文物中的孤品和易损品，禁止出境展览。禁止出境展览文物的目录，由国务院文物行政主管部门定期公布。”《文物保护法实施条例》再次强调一级文物中的“孤品”,不可以出境展览。在本例中,甘肃省博物馆的铜奔马是一级文物中的“孤品”,不可以出境展览。

法条链接

《中华人民共和国文物保护法》第六十二条第二款

《中华人民共和国文物保护法实施条例》第四十九条第一款

159

从未展览的文物,可以在国外进行“首秀”吗?

答:未曾在国内正式展出的文物,不可以在国外进行“首秀”。

情景再现

为扩大与加强两国之间的文化交流,由泰国文化部艺术厅、中国陕西省文物局等联合主办的“三晋历史文化展”将在曼谷国家博物馆开展为期3个月的展览。此次为了展现晋国灿烂的文化,集结了全国各家文博单位上百件精品文物,主要包括青铜器、陶器、玉器和金银器等丰富多彩的文物。在此次筹划中,山西省博物院参展数量较多,包括馆藏的国家一级文物,最让人瞩目的战国青铜“宜安戈”此前尚未在国内正式展出,那么可以在国外参展进行“首秀”吗?

专家解读

文物为我们了解历史提供了参考,还原了过去真实的世界,对人类社会的发展具有重要的科学价值,也是国家与民族的特殊历史印记。未曾在国内正式展出的文物，因为其反映的历史信息、文物属性等尚未被完全掌握，需要进一步更为细致的研究。《文物保护法实施条例》第四十九条第二款规定："未曾在国内正式展出的文物，不得出境展览。"山西省博物院计划参展的战国青铜"宜安戈"此前并未在国内正式展出，所以不可以在国外进行"首秀"。

法条链接

《中华人民共和国文物保护法实施条例》第四十九条第二款

160

文物出境展览的期限最长为多长时间？

答：文物出境展览的期限不得超过1年。因特殊需要，经原审批机关批准可以延期；但是，延期最长不得超过1年。

情景再现

三星堆博物馆令世人重新认识了巴蜀文化，发掘的文物填补了中国考古学、美学、历史学等诸多领域的空白，使中国古代文明被世界重新评价，是我国一座现代化的专题性遗址博物馆。在四川省文物局的积极推动下，三星堆博物馆积极与世界各地的博物馆进行沟通与交流，并受到新加坡亚洲文明博物馆的邀请，筹划在新加坡亚洲文明博物馆举办一期主题为"巴蜀文化"的展览。三星堆博物馆计划将馆内的青铜器、玉石器、金器以及陶器、骨器等珍贵文物在境外进行展览。因网上预约人数过多，新加坡亚洲博物馆向三星堆博物馆提出延长展览期限的请求，并希望将展览期限延长至文物出境展览的最长期限，那么，文物出境展览的最长期限为多久呢？

专家解读

文物是一个国家与民族的特殊历史印记，具有深刻的象征意义。为了加强对文物的保护、继承中华民族优秀的历史文化遗产、促进科学研究工作，文物出境展览应当有一定的期限。《文物保护法实施条例》第五十条规定："文物出境展览的期限不得超过 1 年。因特殊需要，经原审批机关批准可以延期；但是，延期最长不得超过 1 年。"原则上，文物出境展览的最长期限为 1 年，但在特殊情况下，可以再延长 1 年。与此同时，《文物保护法实施条例》第六十一条规定："违反本条例规定，文物出境展览超过展览期限的，由国务院文物行政主管部门责令限期改正；对负有责任的主管人员和其他直接责任人员依法给予行政处分。"国务院文物行政主管部门有权对文物展出活动进行管理与监督，对违反出境展览期限的单位可以要求其改正，并可以对相关责任人员给予相应的行政处分。在本例中，原则上，三星堆博物馆的珍贵文物在新加坡亚洲博物馆展出的最长期限不超过一年，有特殊情况时，可以延长，但是延长期限不得超过一年。

法条链接

《中华人民共和国文物保护法实施条例》第五十条、第六十一条

161

遇到什么情形时，原审批机关可以中止或撤销展览？

答：文物出境展览期间，出现可能危及展览文物安全情形的，原审

批机关可以决定中止或者撤销展览。

情景再现

2017 年，陕西省文物保护机构受到 A 国某科学博物馆的邀请，准备举办一期主题为“兵马俑：秦始皇帝的永恒守卫”的文物展，为了推动两国文化的交流，向世界展现中华文化，秦始皇兵马俑博物馆将多件兵马俑文物运往 A 国某科学博物馆进行展出。在展出期间，一名嫌犯擅自潜入已闭馆的“兵马俑”展厅掰下兵马俑的大拇指并带走，该博物馆因为工作管理疏忽，在事发两个星期之后才发现被盗事实，报警并协助警方将犯罪嫌疑人抓获。此次出境文物展览的原审批机关认为该事件反映出 A 国某科学博物馆对“兵马俑”文物的保护措施不到位，要求中止此次展览。那么，遇到什么情形时，原审批机关可以中止或撤销展览？

专家解读

文物属于全民财富，具有传承文化的历史意义，其精神价值是无价的。兵马俑这样的文化遗产，更是人类宝贵财富，深刻地展现了中华民族博大精深的文化底蕴，更应当加强保护。《文物保护法实施条例》第五十一条规定：“文物出境展览期间，出现可能危及展览文物安全情形的，原审批机关可以决定中止或者撤销展览。”文物出境展览的目的在于促进文化交流，但是应当以文物安全为前提，当出现危及文物安全的情况时，原审批机关应当及时中止或者撤销展览，以便更好地妥善保护文物。在本例中，A 国某科学博物馆对文物保护措施不到位，监管存在疏忽，可能会危及在展文物的安全，原审批机关可以决定中止或者撤销展览。

法条链接

《中华人民共和国文物保护法实施条例》第五十一条

第九章　惩治涉及文物违法犯罪行为

162

故意损毁国家保护的珍贵文物的，会受到怎样的刑事处罚？

答：故意损毁国家保护的珍贵文物的，构成故意损毁文物罪，将依照《刑法》第三百二十四条的规定承担刑事责任。

情景再现

某省博物馆展览宋代官瓷，其中有一件宋代瓷瓶是国家保护的珍贵二级文物，郑某跟朋友一起去参观，郑某无视瓷瓶周边所设的警戒线，擅自穿过警戒线，无理要求将玻璃展柜内的瓷瓶拿出观看，甚至不顾工作人员的阻止，用铁棍将玻璃展柜砸碎，因力度很大，玻璃展柜内的瓷瓶被砸碎，工作人员及时报警，郑某会受到怎样的刑事处罚呢？

专家解读

宋代官瓷为珍贵的艺术品，具有重要的历史文化价值，根据《文物保护法》的规定，一切机关、组织和个人都有保护文物的义务，故意或者过失损毁国家保护的珍贵文物，构成犯罪的，依法追究刑事责任。郑某故意损毁珍贵文物，应依法追究其刑事责任。《刑法》第三百二十四条第一款规定："故意损毁国家保护的珍贵文物或者被确定为全国重点文物保护单位、省级文物保护单位的文物的，处三年以下有期徒刑或者拘役，并处或者单处罚金；情节严重的，处三年以上十年以下有期徒刑，并处罚金。"同时根据《最高人民法院、最高人民检察院关于办理妨害文物管理等刑事案件适用法律若干问题的解释》第三条第二款的规定，造成二级以上文物损毁的属于情节严重的情形，本例中的郑某故意损毁的宋代官瓷是二级文物，属于《刑法》第三百二十四条中情节严重的情形，应被判处三年以上十年以下有期徒刑，并处罚金。

法条链接

《中华人民共和国文物保护法》第七条、第六十四条

《中华人民共和国刑法》第三百二十四条第一款

《最高人民法院、最高人民检察院关于办理妨害文物管理等刑事案件适用法律若干问题的解释》第三条第二款

163

故意损毁国家保护的名胜古迹，情节严重的，会受到怎样的刑事处罚?

答：故意损毁国家保护的名胜古迹，情节严重的，触犯故意损毁名胜古迹罪，处五年以下有期徒刑或者拘役，并处或者单处罚金。

情景再现

某市有座千年古寺，在寺庙后院有大片的石刻群，石刻群具有重要的历史文化价值，古寺被国务院相关文件确定为国家重点保护单位，是受国家保护的名胜古迹，张某三在古寺游玩时，知道寺庙中的石刻群为名胜古迹，但是为表明自己曾在此处游玩，便利用工具对多座石刻肆意凿刻、敲击，因不具备相应工艺，导致很多座石刻被凿出

坑洞，受到严重的损毁。那么，张某三故意损毁国家保护的名胜古迹，情节严重的，会受到怎样的刑事处罚？

专家解读

张某三在明知古寺的石刻群是受国家保护的名胜古迹的情况下，肆意对多座石刻进行凿刻和敲击，导致该名胜古迹严重损毁。《刑法》第三百二十四条第二款规定："故意损毁国家保护的名胜古迹，情节严重的，处五年以下有期徒刑或者拘役，并处或者单处罚金。"《最高人民法院、最高人民检察院关于办理妨害文物管理等刑事案件适用法律若干问题的解释》第四条规定："故意损毁国家保护的名胜古迹，具有下列情形之一的，应当认定为刑法第三百二十四条第二款规定的'情节严重'：(一)致使名胜古迹严重损毁或者灭失的……"张某三构成故意损毁名胜古迹罪，且具有情节严重的情形，依法应被判处五年以下有期徒刑或者拘役，并处或者单处罚金。

法条链接

《中华人民共和国刑法》第三百二十四条第二款

《最高人民法院、最高人民检察院关于办理妨害文物管理等刑事案件适用法律若干问题的解释》第四条

164

过失损毁国家保护的珍贵文物的，会承担刑事责任吗？

答：过失损毁国家保护的珍贵文物的，造成严重后果的，应依法承

担刑事责任。

情景再现

某市博物馆存放了一幅明代著名画家的山水画，该古画是国家保护的珍贵文物，为一级文物。梁某三应邀在对该山水画进行重新装裱过程中，失手将摆放在操作台的一瓶墨汁打翻，墨汁洒在该山水画上，导致该山水画大面积被污损，造成严重的后果，梁某三因过失损毁国家保护的珍贵文物，会承担刑事责任吗？

专家解读

过失损毁国家保护的珍贵文物，造成严重后果的，构成过失损毁文物罪，应承担刑事责任。根据《刑法》第三百二十四条第三款的规定，“过失损毁国家保护的珍贵文物或者被确定为全国重点文物保护单位、省级文物保护单位的文物，造成严重后果的，处三年以下有期徒刑或者拘役”。过失损毁国家保护的珍贵文物造成严重后果的，才需要承担刑事责任。《最高人民法院、最高人民检察院关于办理妨害文物管理等刑事案件适用法律若干问题的解释》第五条对何种情形下属于造成严重后果有明确规定，造成二级以上文物损毁的情形就属于“造成严重后果”，在本例中，梁某三过失损毁的是国家保护的一级珍贵文物，应承担刑事责任。

法条链接

《中华人民共和国刑法》第三百二十四条第三款

《最高人民法院、最高人民检察院关于办理妨害文物管理等刑事案件适用法律若干问题的解释》第三条第二款、第五条

165

将国有馆藏文物送给他人的，要承担怎样的法律责任？

答：将国有馆藏文物送给他人是一种违法行为，构成犯罪的要承担3年以下有期徒刑或者拘役的刑事责任。

情景再现

张某是某地博物馆负责人，黄某是该地首富，地产大亨。某日，黄某在张某的陪同下参观博物馆，发现场馆有很多地方年久失修。为了宣传家乡传统文化，黄某决定给博物馆捐款1000万元用来重新修缮场馆。张某为了感谢黄某，当场将黄某一直赞不绝口的一个青瓷文物送给黄某。那么，对于张某这种将国有馆藏文物送给他人的行为，是否需要承担法律责任呢？

专家解读

国有馆藏文物属于国家所有，任何个人和组织都无权擅自处置，更无权拿来送礼行贿。虽然黄某为博物馆进行了捐款，对于这种慈善行为，张某作为博物馆负责人可以采取其他的方式表示感谢，但绝对不能擅自私赠国家的文物。根据《文物保护法》第六十四条第三项的规定，擅自将国有馆藏文物出售或者私自送给非国有单位或者个人的构成犯罪的，依法追究刑事责任。在本例中，张某的行为系私自将国有馆藏文物送给个人，触犯了法律，根据《刑法》第三百二十七条的规定，违反文物保护法规，国有博物馆、图书馆等单位将国家保护的文物藏品出售或者私自送给非国有单位或者个人的，构成非法出售、私赠文物藏品罪。张某的行为涉嫌非法出售、私赠文物藏品罪，会被追究法律责任。

法条链接

《中华人民共和国文物保护法》第六十四条第三项

《中华人民共和国刑法》第三百二十七条

166

走私文物的，应该如何处罚？

答：走私文物，尚不构成犯罪的，由海关依照有关规定给予处罚，构成犯罪的，要承担刑事责任。

情景再现

王某是西安某村的村民，最近几年，王某所在的村子挖出大量的唐代文物，具有重要的历史价值和艺术价值。王某听家里的老人说，自己家原来是一个地主的老宅，地下肯定也藏有不少文物。结果，王某真的在自家地里挖出来一件文物，王某怕上交国家自己无利可图，遂联系了国外的亲戚，准备将文物带到国外卖掉。联系好买家以后，王某带着文物出关时，被查获，并因涉嫌走私文物被立案侦查。那么，对于走私文物的，应该如何处罚呢？

专家解读

根据《文物保护法》的规定，个人携带文物出境，必须事先向海关申报，经国家文化行政管理部门指定的省、自治区、直辖市文化行政管理部门进行鉴定并发给出口许可证才能出境，具有重要历史、艺术、科学价值的文物，除经国务院批准运往国外展览外，一律禁止出境。也就是说，无论文物来源是否合法，个人未经审批一律不得携带出境，因文物来源不合法而走私文物，更是触犯法律的规定。按照《文物保护法》第六十四条和第六十五条的规定，走私文物，尚不构成犯罪的，由海关依照有关法律、行政法规的规定给予处罚；构成犯罪的，依法追究刑事责任。本例中的王某偷偷将文物带出国系走私文物行为，将会被依法追究刑事责任。根据《刑法》第一百五十一条第二款的规定，走私国家禁止出口的文物、黄金、白银和其他贵重金属或者国家禁止进出口的珍贵动物及其制品的，处五年以上十年以下有期徒刑，并处罚金；情节特别严重的，处十年以上有期徒刑或者无期徒刑，并处没收财产；情节较轻的，处五年以下有期徒刑，并处罚金。因此，海关部门会根据王某走私文物的种类和级别，对其进行处罚。

法条链接

《中华人民共和国文物保护法》第六十一条、第六十四条、第六十五条第三款

《中华人民共和国刑法》第一百五十一条第二款

167

盗窃国有文物，应如何处罚？

答：盗窃国有文物的，涉嫌盗窃罪，会根据其盗窃文物的种类和级别承担不同的刑事责任。

情景再现

赵某是个无业游民,整天游手好闲四处游荡。某日,赵某看到电视里播出一期关于古代文物鉴赏的节目,发现一个小小的古代文物竟然那么值钱,于是心生盗窃文物的念头。后来,赵某和朋友高某商议,一起去某博物馆盗窃国有文物,一起"发大财"。不幸的是,二人在某博物馆行窃时,博物馆报警器报警,公安机关当场将二人抓获,并对其立案侦查。那么,他们将承担怎样的法律责任?

专家解读

国有文物系国家所有,任何人不得占为己有。盗窃国有文物自然违反了法律的规定,需要承担法律责任。对于赵某等人的行为,根据《文物保护法》第六十四条的规定,其盗窃国有文物,构成犯罪的,会被依法追究刑事责任。同时,《刑法》第二百六十四条规定,盗窃公私财物,数额较大的,或者多次盗窃、入户盗窃、携带凶器盗窃、扒窃的,处三年以下有期徒刑、拘役或者管制,并处或者单处罚金;数额巨大或者有其他严重情节的,处三年以上十年以下有期徒刑,并处罚金;数额特别巨大或者有其他特别严重情节的,处十年以上有期徒刑或者无期徒刑,并处罚金或者没收财产。因此,赵某和高某涉嫌盗窃罪,司法机关会根据其盗窃数额判定其应承担的刑事责任。而根据《最高人民法院、最高人民检察院关于办理盗窃刑事案件适用法律若干问题的解释》第九条的规定,盗窃国有馆藏一般文物、三级文物、二级以上文物的,应当分别认定为《刑法》第二百六十四条规定的"数额较大""数额巨大""数额特别巨大"。也就是说,盗窃国有馆藏文物的级别不同,其认定的数额也不同,最终的处罚程度和量刑结果也会不同。本例中,赵某和高某因盗窃博物馆文物被抓现行,其构成盗窃罪是毋庸置疑的,至于承担的刑罚情况,法院会根据其盗窃的数额予以确定。

法条链接

《中华人民共和国文物保护法》第六十四条

《中华人民共和国刑法》第二百六十四条

《最高人民法院、最高人民检察院关于办理盗窃刑事案件适用法律若干问题的解释》第九条

168

国家机关工作人员玩忽职守，造成文物流失或毁损的，要承担怎样的法律责任？

答：国家机关工作人员玩忽职守，造成文物流失或毁损，会以涉嫌玩忽职守罪被判处刑罚。

情景再现

白某是某地公安机关的一名工作人员。某日，白某等人抓获了一个文物盗窃团伙，收缴了数件文物，该文物就放在公安局某办公室里，由白某及同事轮流看守。某日夜间轮到白某值班，白某正值班时突然接到一个朋友电话叫其出去喝两杯。白某心想，办公室各个角落都有监控，应该不会出问题，就擅自离开了岗位。没想到，就在当晚，其中一件文物被该犯罪团伙报复损坏，保护文物的玻璃也被砸碎，而该文物系国家一级文物。最终，白某因玩忽职守罪被判处有期徒刑二年，缓刑三年，其单位领导也受到了降职的处分。

专家解读

文物是国家不可再生的珍贵文化资源，作为公共财产，代表着国

家的利益和人民的利益，任何人都要保护文物的安全。尤其是本例中的白某，其作为国家机关工作人员，更应当严格履行自己的职责，肩负好看护文物的责任。但是，由于白某没有意识到自己的责任，玩忽职守擅自离岗。根据《文物保护法》第七十八条和《刑法》第三百九十七条的规定，因白某玩忽职守，导致国家一级文物受损，给公共财产和国家利益造成了重大损失，涉嫌玩忽职守罪，处三年以下有期徒刑或者拘役；情节特别严重的，处三年以上七年以下有期徒刑。因此，白某被处以有期徒刑二年，缓刑三年，是对自己的失职行为应承担的法律后果。

法条链接

《中华人民共和国文物保护法》第七十八条

《中华人民共和国刑法》第三百九十七条

第十章　其　　他

169

谁有权进行文物认定?

答:县级以上地方文物行政部门有权进行文物认定。

情景再现

自2012年1月开始,位于北京市东城区的梁思成林徽因故居逐渐被拆迁毁损殆尽。经过两年时间的"拆迁"和"保护"的拉锯战之后,梁林故居以"维修性拆除"的方式被夷为平地。不少文物保护人士强烈表示,梁思成林徽因故居早就已经被认定为"不可移动文物",拆迁属于破坏文物的违法行为。但是后来经过多方证实才知道,梁林故居在被拆之前并未被核定为不可移动文物,仅仅在第三次全国文物普查中被列为新登录项目,尚未通过核定。本例涉及文物的认定问题,那么谁有权进行文物认定呢?

专家解读

文物认定是一种行政行为,只能由特定的行政机关进行。同时,只有经过行政机关的认定才能获得文物的身份。根据《文物认定管理暂行办法》第三条的规定可知,认定文物,由县级以上地方文物行政部门负责。认定文物发生争议的,由省级文物行政部门作出裁定。同时,《文物认定管理暂行办法》第五条第一款也有类似规定。由此可见,县级以上地方文物行政部门是文物的认定机关。在本例中,在未被拆除前,梁林故居的文物认定工作应当由北京市文物行政部门负责。

法条链接

《文物认定管理暂行办法》第三条、第五条第一款

170

个人想申请文物鉴定的，应当提供哪些材料？

答：个人应当向县级以上地方文物行政部门提供其姓名或者名称、住所、有效身份证件号码或者有效证照号码。除此之外，所有权人或持有人书面要求认定文物的，还应当提供认定对象的来源说明。

情景再现

2019 年 10 月，F 市某大学的大三学生刘某某与民俗学家李某某一起向 F 市文化局递交申请，要求将位于 F 市某街道的生活书店旧址作为文物加以保护，这是 F 市出现的首例个人递交的文物认定申请。那么，个人想申请文物认定的，应该提供哪些材料呢？

专家解读

在本例中，刘某某和李某某作为公民申请将一处旧址认定为不可以移动文物，根据《文物认定管理暂行办法》第七条的规定，应当向县级以上地方文物行政部门提供其姓名或者名称、住所、有效身份证件号码或者有效证照号码。

法条链接

《文物认定管理暂行办法》第六条、第七条

171

不服文物认定的，如何救济？

答:对文物认定和定级决定不服的,可以依法申请行政复议。

情景再现

坐落在B省的杜氏家族墓地,距今约一千余年,具有非常重要的历史和文化研究价值。自20世纪50年代以来,因受到的保护和关注不足,杜氏家族墓地逐渐受到外界的侵扰,日渐损毁。文物保护人士康某和梁某等人不忍看到一代文豪墓地就此消失,于是联名申请把该墓地作为不可移动文物进行认定、登记,确定为B省省级文物保护单位,列入不可移动文物名录。但B省文物行政部门以主要事实不清、证据不足,作出了不予认定不可移动文物的决定。康某和梁某等人对该决定不服,那么,此时他们该如何救济呢?

专家解读

该例涉及申请人对于文物认定决定不服时的救济问题,对此《文物认定管理暂行办法》第十三条明确规定:“对文物认定和定级决定不服的,可以依法申请行政复议。”也就是说,虽然B省文物行政部门作出了不予认定文物的决定,但是此时康某和梁某等人还可以向该机关的上级申请行政复议。

法条链接

《文物认定管理暂行办法》第十三条

172

文物登录制度是什么?

答:文物登录是国家实行的一种文物制度,它是指对文物建立一定的认定、登记标准,从而对文物进行调查、申报、登记、定级等程序的一种制度。文物登录由县级以上文物行政部门委托或设置专门机构开展相关工作。它要求根据满足文物保护、研究和公众教育需要等条件对各类文物分别制定登录指标体系。同时,根据私有文物所有权人的要求,文物登录管理机构应当对其身份予以保密。

情景再现

蒋某某是C市的一名行政官员,同时也是一位民间收藏爱好者,平时酷爱收集、珍藏古玩,手里有好几件珍稀的文物艺术品。近日,C市召开文物工作会议,强调健全C市的文物登录制度,完善认定、登记标准,明确调查、申报、登记、定级程序。为了证明自己所有文物来源的合法性,为全市文物登录树立榜样,蒋某某决定以身作则,主动去进行文物登录。

专家解读

在文物价值越来越被认可的今天,文物登录有其必要性和重要意义。对个人来说,可以通过文物登录的方式进行确权,能有效地解决文物引发的产权争议和纠纷;对于国家和各级文物行政部门来说,文物登录制度是各级文物行政部门开展文物管理工作的重要形式,它使文物管理工作更加便捷和井然有序。总言之,文物登录制度是文物管理工作中一项非常科学的制度，尤其是在鼓励私人藏品登录认证方面起到了极大的促进作用。本例就属私人藏品进行文物登录的典型，在进行文物登录时应当注意，如果蒋某某有保密的要求，文物登录管理机构应当对其身份予以保密。

法条链接

《文物认定管理暂行办法》第十四条

173

水下文物是指哪些文物？ 所有权归谁？

答：水下文物包括《水下文物保护管理条例》第二条所列出的三类文物。水下文物属于国家所有。

情景再现

C市正在筹备创建国家级卫生城市，打算对本市内所有河道进行清理。对穿城的江道清理时，S公司施工人员在河底部发现一座石碑，打捞上来看到上面清晰地刻着清朝时期的碑文。工作人员不知道该石碑为真品还是仿品，便立即联系了当地文物保护部门。经专业人员鉴定，此石碑确为清朝时期石碑，属于珍贵的文物。S公司听闻此消息，便主张该石碑是由他们公司的人员发现，所有权应当为公司所有。那么，该石碑属于水下文物吗？应当归谁所有？

专家解读

水下文物属于文物的一种，其特殊之处就在于被发现位置不同，它也是人类的文化遗产。因此，对于水下文物的保护应当与普通文物相同。《水下文物保护管理条例》第二条中规定了水下文物的范围,凡属于水下文物的应当受到该条例的保护。同时,本条例第三条明确了水下文物属于国家所有,国家对其行使管辖权。由此可见,水下文物同埋藏于地下的文物一样,其所有权归国家所有。在本例中,S公司在清理江道时发现的石碑是中国内水中发现的文物,属于水下文物,应当归国家所有。

法条链接

《中华人民共和国水下文物保护管理条例》第二条、第三条

174

可以到水下文物保护区域进行捕捞作业吗?

答:不可以到水下文物保护区域进行捕捞作业。

情景再现

经过漫长的休渔期后,直到9月,老张终于等到了开海的日子。于是,他立即带领船员出海捕鱼并期待满载而归。某日,他们正在海上进行捕捞作业,却被赶来的渔政执法船驱赶,虽然老张十分不解,但还是停下作业赶忙靠岸。后老张经了解才得知,原来是进行捕鱼的那片海域属于水下文物保护区域,之前经专家勘探过,在那片海域下方有文物保护区,由于受专业技术能力限制,该文物区尚未被开发,任何渔船不得在那片海域进行捕捞作业。虽然老张在出海之前没有注意政府部门规定的捕鱼禁区,但所幸没有造成严重后果,因此,政府工作人员对老张进行了批评教育。

专家解读

受技术条件等原因的限制，我国一些被勘探出来的水下文物保护区尚未被开发。由于渔船在捕捞时，大型渔网或者其他捕捞工具可能会对水下的文物造成破坏。因此，国家禁止渔船在水下文物保护单位和水下文物保护区内进行捕捞作业。根据《水下文物保护管理条例》第五条的规定，在水下文物保护单位和水下文物保护区内，禁止进行危及水下文物安全的捕捞、爆破等活动。同时，该条例第十条第二款规定，违反本条例第五条的规定，破坏水下文物，私自勘探、发掘、打捞水下文物，或者隐匿、私分、贩运、非法出售、非法出口水下文物，应当依法给予行政处罚或追究刑事责任。由此可见，我国对水下文物保护区的管理和地上文物保护区一样严格。在本例中，老张的渔船进行捕捞作业的海域属于水下文物保护区，应当立即停止捕捞。

法条链接

《中华人民共和国水下文物保护管理条例》第五条、第十条第二款

175

个人打捞出来的水下文物，应该怎么处理？

答：个人打捞出水的文物，应当及时上缴国家相关部门处理。

情景再现

彤彤跟大斌是一对夫妻，小两口年轻气盛，总是因为一些琐事吵架。一天，夫妻二人来到河边游玩，又因为一点小事吵了起来，彤彤

一气之下将大斌送给她的手镯扔进了河里。但怒气平息之后彤彤感到很后悔，毕竟那只手镯价值不菲，自己也是一时冲动才扔进河里的。于是二人赶紧联系了河道管理处想将手镯打捞上来。河道管理处同意帮助二人联系水下作业人员进行打捞，但是费用需要由彤彤和大斌二人承担。没多久，手镯便被打捞上来，而且一同被打捞上来的还有一件金属器具。二人怀疑该金属器具可能是文物，便决定找个专业人员鉴定一下，如果真是文物就带回家收藏起来。后来经专业人员鉴定，该金属器具果然是文物。那么，彤彤和大斌能将该金属器具带回家占为己有吗？

专家解读

文物是人类宝贵的历史文化遗产，其价值不属于个人所有。根据《文物保护法》第五条第一款的规定可知，中华人民共和国境内地下、内水和领海中遗存的一切文物，属于国家所有。因此，被个人挖掘、打捞的文物应当上缴给国家保存、管理、研究，从而更好地进行科学研究、向公众展示。此外，《水下文物保护管理条例》第六条、第十条第二款中明确规定，已打捞出的水下文物应当及时上缴国家文物局或者地方文物行政管理部门处理。如果私自处理打捞出水的水下文物，应当承担相应的法律责任。在本例中，彤彤和大斌从城市河道中打捞出的疑似文物的物品，应当上缴给国家文物单位处置。如果二人私自将其占位已有，将会承担相应的法律责任。

法条链接

《中华人民共和国文物保护法》第五条第一款

《中华人民共和国水下文物保护管理条例》第六条、第十条第二款

176

古人类化石和古脊椎动物化石，属于文物保护范围吗？

答：古人类化石和古脊椎动物化石属于文物保护的范围。

情景再现

老王在村里承包了一片荒地，准备开垦鱼塘。工程队施工时，从地下挖出了一块很漂亮的石头，上面的图案是比较规则的花纹，样式非常好看，老王便把这块石头带回了家，送给孙子玩。后来，老王的儿子看见了这块石头，感觉它非同一般，有点像博物馆展出的动物化石。于是，他将石头带到政府文物部门，请专业人员进行甄别。经过研究鉴定，这块石头是一块古脊椎动物化石，对我国考古研究有十分重要的价值。那么，这块古脊椎动物化石是文物吗？属于文物保护的范围吗？

专家解读

化石是在地壳运动变迁过程中，保存在岩石中的古生物遗体、遗物或遗迹，对研究古代自然、生物、历史都有至关重要的意义。但是，并不是所有化石都是文物，只有那些与人类生产、生活有关的化石才属于文物。古人类化石和古脊椎动物化石能够反映人类生产、生活的变迁，因此，应当被纳入文物保护的范围。《古人类化石和古脊椎动物化石保护管理办法》第四条，对古人类化石和古脊椎动物化石作出了明确的分类，根据化石的不同类别对应不同的文物保护管理标准。同时，该办法第五条规定，古人类化石和古脊椎动物化石地点以及遗迹地点，应当纳入不可移动文物的保护和管理体系。由此可见，可移动的及不可移动古人类化石和古脊椎动物化石，都应当按照保护文物标准进行保护。在本例中，老王开垦鱼塘时发现的古脊椎动物化石，属于文物保护的范围，应当按照文物保护管理规定予以保护和管理。

法条链接

《古人类化石和古脊椎动物化石保护管理办法》第四条、第五条

177 建设单位发现疑似古人类化石或古脊椎动物化石后，可以直接挖出来吗?

答：建设单位发现疑似古人类化石或古脊椎动物化石后不可以直接挖出来。

情景再现

国家规划在某省内新修建一条高速公路，联通重要的经济贸易城市。在施工打地基时，有一块土地很坚硬，挖掘困难。经过查看发现，此地有一大片完整的岩石，上面图案类似人形，施工人员觉得此石头可能为化石，便想挖出来一看究竟。但是，工程队负责人认为不能轻举妄动，应当立即停止施工作业，并报告给当地政府部门。后经过专业人员鉴定，此岩石确实为古人类化石，对人类考古研究有十分重要的价值。专业人员表示，工程队没有擅自挖掘该岩石，是非常正

确的行为。

专家解读

在工程建设过程中，一旦发现疑似古人类化石或古脊椎动物化石，应当立即向政府主管部门报告，不能直接挖出。首先，由于专业技能限制，私自挖掘可能会对化石造成一定程度的损坏；其次，埋藏于地下的化石多少及大小尚不确定，非经专业人员勘探便挖掘可能会破坏其完整性；最后，挖掘出的化石非经专业机构保管，可能会出现丢失或损坏。《古人类化石和古脊椎动物化石保护管理办法》第六条规定，古人类化石和古脊椎动物化石的发掘工作，应当与文物发掘工作管理相同，任何单位和个人不得私自发掘。同时，该办法第八条明确规定，在建设中发现古人类化石和古脊椎动物化石，应当保护现场并立即报告。在本例中，建设单位在施工中发现疑似古人类化石的岩石，选择了保护现场并向主管部门报告的处理方式，是符合我国法律规定的行为。

法条链接

《古人类化石和古脊椎动物化石保护管理办法》第六条、第八条

178

大运河遗产保护范围内是否可以进行工程建设？

答：除防洪、航道疏浚、水工设施维护、输水河道工程外，任何单位或者个人不得在大运河遗产保护规划划定的范围内进行破坏大运

河遗产本体的工程建设。

情景再现

据新闻报道,中国大运河项目列入2014年世界遗产名录,成为中国第46项世界遗产。自此,绵延数千里、流淌千余年的中国大运河,成了全世界人民宝贵的遗产。中国大运河作为宝贵的世界遗产,申遗成功后的保护工作变得尤为重要。如在大运河周围进行工程建设,对大运河遗产的保护必然存在一定的破坏。那么,是否可以在大运河遗产保护范围内进行工程建设呢?

专家解读

中国大运河是利用自然江河湖泊水系和地下水资源以及地形地貌,经过人工开凿,构建的全新的完整的人工系统,是人类和自然联合的自然系统人工化工程,是综合水科学、水利技术、自然条件以及社会经济、政治、文化等要素的集成性工程。中国大运河作为世界重要的遗产,具有极为丰富的价值。《大运河遗产保护管理办法》第八条第二款和第三款明确规定,“在大运河遗产保护规划划定的保护范围和建设控制地带内进行工程建设,应当遵守《文物保护法》的有关规定,并实行建设项目遗产影响评价制度。建设项目遗产影响评价制度,由国务院文物主管部门制定。除防洪、航道疏浚、水工设施维护、输水河道工程外,任何单位或者个人不得在大运河遗产保护规划划定的保护范围内进行破坏大运河遗产本体的工程建设”。因此,在大运河遗产保护规划划定的保护范围内除上述规定允许的工程外,任何单位或个人不得进行破坏大运河遗产本体的工程建设。

法条链接

《大运河遗产保护管理办法》第八条第二款、第三款

179

大运河遗产所在地标识系统是什么？它一般承载哪些信息？

答：大运河沿线县级以上地方人民政府文物主管部门，应当建立大运河遗产所在地标识系统，并向公众提供真实、完整的大运河遗产信息。

情景再现

中国大运河已历经两千余年历史，是独特的大型线性活态文化遗产，国务院将其公布为第六批全国重点文物保护单位，列为2014年世界文化遗产申报项目，并最终申遗成功。出于对大运河的保护，大运河沿线所经各地政府相关机构分别出台相应的政策，树立保护标志，划定保护区划，落实保护管理机构，运河沿线相关主管部门还建立了大运河遗产所在地标识系统。那么，大运河遗产所在地标识系统是什么？它一般承载哪些信息？

专家解读

中国大运河作为全国重点文物保护单位，为对其加强有效保护，《大运河遗产保护管理办法》第九条规定，“大运河沿线县级以上地方人民政府文物主管部门，应当建立大运河遗产所在地标识系统，并向公众提供真实、完整的大运河遗产信息”。为使大运河遗产所在地标识系统得以落实，国家文物局还发布了《关于印发〈大运河遗产展示与标识系统设计指导意见〉的通知》，该通知指出：“为做好大运河遗产展示与标识工作，进一步统一、规范大运河各遗产河道和遗产点的遗产标志、解说牌及安全警示牌设置，我局委托浙江省古建筑设计研究院编制了《大运河遗产展示与标识系统设计指导意见》，并经专家评审通过，现予印发”。同时，大运河沿线相关政府机关对建立大运河遗产所在地标识系统出具了相应政策文件，如《江苏省政府办公厅关于加强大运河（江苏段）遗产保护和管理工作的意见》，该意见明确规定：“大运河沿线各市要按照国家文物局《中国大运河申报世界文化遗产点段工作要求》，全面做好大运河遗产‘四有’基础工作，即树立保护标志，划定保护区划，落实保护管理机构，建立完善大运河遗产档案资料。运河沿线各级文物主管部门应建立大运河遗产所在地标识系统，并向公众提供真实、完整、规范的大运河遗产信息”。

由此可见，大运河遗产所在地标识系统是国家为加强对大运河的有效保护，要求大运河沿线县级以上地方人民政府文物主管部门积极落实建立大运河遗产所在地标识，全面统一、规范大运河各遗产河道和遗产点的遗产标志、解说牌、安全警示牌等保护标志。

法条链接

《大运河遗产保护管理办法》第九条

《国家文物局关于印发〈大运河遗产展示与标识系统设计指导意见〉的通知》

《江苏省政府办公厅关于加强大运河（江苏段）遗产保护和管理工作的意见》

180

将大运河遗产辟为观光旅游区域，是否合法？

答：将大运河遗产所在地辟为观光旅游区域的，必须依法保障公众和大运河遗产的安全。

情景再现

中国大运河申遗成功后，大运河所经的一些沿河省市，为综合利用和开发大运河，全力打造相关的风景区域。例如，扬州市将依托国家湿地公园、江苏省唯一的少数民族乡——菱塘回族乡、“七河八岛”等资源，建设明清旅游观光街、运河博览园等诸多项目，将大运河遗产（扬州段）打造成京杭大运河地区集观光、旅游、休闲度假为一体的扬州旅游区域中心。那么，将大运河遗产辟为观光旅游区域，是否合法？

专家解读

古运河扬州段是整个大运河中最古老的一段，其沿线的旅游资源非常丰富，历史遗迹和人文景观也分布众多，从整体保护性开发与综合利用的角度考虑，适宜对其加强规划布局，把大运河遗产（扬州段）打造成地区观光区域中心。但是，根据《大运河遗产保护管理办法》第十条的规定，“将大运河遗产所在地辟为参观游览区，必须保障公众和大运河遗产的安全。在参观游览区内设置服务项目，必须符合大运河遗产保护规划的要求。大运河遗产参观游览区保护、展示、利用功能突出，示范意义显著的，可以公布为大运河遗产公园”。同时，基于对大运河的合理利用，《江苏省政府办公厅关于加强大运河（江苏段）遗产保护和管理工作的意见》指出：“……使大运河遗产在科学保护的前提下实现永续利用。特别是要充分发挥运河资源优势和特色，以运河遗产为主题，加快发展特色文化产业，实现运河遗产保护与文化创意、娱乐休闲、旅游观光等相关产业发展的良性互动。……”因此，出于对大运河的合理利用，可以将大运河遗产所在地辟为观光旅游区域，但是必须保障公众和大运河遗产的安全，并且在参观游览区内设置服务项目时，必须符合大运河遗产保护规划的相关要求。

法条链接

《大运河遗产保护管理办法》第十条

《江苏省政府办公厅关于加强大运河（江苏段）遗产保护和管理工作的意见》

附　　录

1. 中华人民共和国文物保护法

（1982年11月19日第五届全国人民代表大会常务委员会第二十五次会议通过　根据1991年6月29日第七届全国人民代表大会常务委员会第二十次会议《关于修改〈中华人民共和国文物保护法〉第三十条、第三十一条的决定》第一次修正　2002年10月28日第九届全国人民代表大会常务委员会第三十次会议修订　根据2007年12月29日第十届全国人民代表大会常务委员会第三十一次会议《关于修改〈中华人民共和国文物保护法〉的决定》第二次修正　根据2013年6月29日第十二届全国人民代表大会常务委员会第三次会议《关于修改〈中华人民共和国文物保护法〉等十二部法律的决定》第三次修正　根据2015年4月24日第十二届全国人民代表大会常务委员会第十四次会议《关于修改〈中华人民共和国文物保护法〉的决定》第四次修正　根据2017年11月4日第十二届全国人民代表大会常务委员会第三十次会议《关于修改〈中华人民共和国会计法〉等十一部法律的决定》第五次修正）

第一章　总　　则

第一条　为了加强对文物的保护，继承中华民族优秀的历史文化遗产，促进科学研究工作，进行爱国主义和革命传统教育，建设社会主义精神文明和物质文明，根据宪法，制定本法。

第二条　在中华人民共和国境内，下列文物受国家保护：

（一）具有历史、艺术、科学价值的古文化遗址、古墓葬、古建筑、石窟寺和石刻、壁画；

（二）与重大历史事件、革命运动或者著名人物有关的以及具有重要纪念意义、教育意义或者史料价值的近代现代重要史迹、实物、代表性建筑；

（三）历史上各时代珍贵的艺术品、工艺美术品；

（四）历史上各时代重要的文献资料以及具有历史、艺术、科学价值的手稿和图书资料等；

（五）反映历史上各时代、各民族社会制度、社会生产、社会生活的代表性实物。

文物认定的标准和办法由国务院文物行政部门制定，并报国务院批准。

具有科学价值的古脊椎动物化石和古人类化石同文物一样受国家保护。

第三条 古文化遗址、古墓葬、古建筑、石窟寺、石刻、壁画、近代现代重要史迹和代表性建筑等不可移动文物，根据它们的历史、艺术、科学价值，可以分别确定为全国重点文物保护单位，省级文物保护单位，市、县级文物保护单位。

历史上各时代重要实物、艺术品、文献、手稿、图书资料、代表性实物等可移动文物，分为珍贵文物和一般文物；珍贵文物分为一级文物、二级文物、三级文物。

第四条 文物工作贯彻保护为主、抢救第一、合理利用、加强管理的方针。

第五条 中华人民共和国境内地下、内水和领海中遗存的一切文物，属于国家所有。

古文化遗址、古墓葬、石窟寺属于国家所有。国家指定保护的纪念建筑物、古建筑、石刻、壁画、近代现代代表性建筑等不可移动文物，除国家另有规定的以外，属于国家所有。

国有不可移动文物的所有权不因其所依附的土地所有权或者使用权的改变而改变。

下列可移动文物，属于国家所有：

（一）中国境内出土的文物，国家另有规定的除外；

（二）国有文物收藏单位以及其他国家机关、部队和国有企业、事业组织等收藏、保管的文物；

（三）国家征集、购买的文物；

（四）公民、法人和其他组织捐赠给国家的文物；

（五）法律规定属于国家所有的其他文物。

属于国家所有的可移动文物的所有权不因其保管、收藏单位的终止或者变更而改变。

国有文物所有权受法律保护，不容侵犯。

第六条 属于集体所有和私人所有的纪念建筑物、古建筑和祖传文物以及依法取得的其他文物，其所有权受法律保护。文物的所有者必须遵守国家有关文物保护的法律、法规的规定。

第七条 一切机关、组织和个人都有依法保护文物的义务。

第八条 国务院文物行政部门主管全国文物保护工作。

地方各级人民政府负责本行政区域内的文物保护工作。县级以上地方人民政府承担文物保护工作的部门对本行政区域内的文物保护实施监督管理。

县级以上人民政府有关行政部门在各自的职责范围内，负责有关的文物保护工作。

第九条 各级人民政府应当重视文物保护，正确处理经济建设、社会发展与文物保护的关系，确保文物安全。

基本建设、旅游发展必须遵守文物保护工作的方针，其活动不得对文物造成损害。

公安机关、工商行政管理部门、海关、城乡建设规划部门和其他有关国家机关，应当依法认真履行所承担的保护文物的职责，维护文物管理秩序。

第十条 国家发展文物保护事业。县级以上人民政府应当将文物保护事业纳入本级国民经济和社会发展规划，所需经费列入本级财政预算。

国家用于文物保护的财政拨款随着财政收入增长而增加。

国有博物馆、纪念馆、文物保护单位等的事业性收入，专门用于文物保护，任何单位或者个人不得侵占、挪用。

国家鼓励通过捐赠等方式设立文物保护社会基金，专门用于文物保护，任何单位或者个人不得侵占、挪用。

第十一条 文物是不可再生的文化资源。国家加强文物保护的宣传教育，增强全民文物保护的意识，鼓励文物保护的科学研究，提高文物保护的科学技术水平。

第十二条 有下列事迹的单位或者个人，由国家给予精神鼓励或者物质奖励：

（一）认真执行文物保护法律、法规，保护文物成绩显著的；

（二）为保护文物与违法犯罪行为作坚决斗争的；

（三）将个人收藏的重要文物捐献给国家或者为文物保护事业作出捐赠的；

（四）发现文物及时上报或者上交，使文物得到保护的；

（五）在考古发掘工作中作出重大贡献的；

（六）在文物保护科学技术方面有重要发明创造或者其他重要贡献的；

（七）在文物面临破坏危险时，抢救文物有功的；

（八）长期从事文物工作，作出显著成绩的。

第二章　不可移动文物

第十三条 国务院文物行政部门在省级、市、县级文物保护单位中，选择具有重大历史、艺术、科学价值的确定为全国重点文物保护单位，或者直接确定为全国重点文物保护单位，报国务院核定公布。

省级文物保护单位，由省、自治区、直辖市人民政府核定公布，并报国务院备案。

市级和县级文物保护单位，分别由设区的市、自治州和县级人民政府核定公布，并报省、自治区、直辖市人民政府备案。

尚未核定公布为文物保护单位的不可移动文物，由县级人民政府文物行政部门予以登记并公布。

第十四条 保存文物特别丰富并且具有重大历史价值或者革命纪念意义的城市，由国务院核定公布为历史文化名城。

保存文物特别丰富并且具有重大历史价值或者革命纪念意义的城镇、街道、村庄，由省、自治区、直辖市人民政府核定公布为历史文化街区、村镇，并报国务院备案。

历史文化名城和历史文化街区、村镇所在地的县级以上地方人民政府应当组织编制专门的历史文化名城和历史文化街区、村镇保护规划，并纳入城市总体规划。

历史文化名城和历史文化街区、村镇的保护办法，由国务院制定。

第十五条 各级文物保护单位，分别由省、自治区、直辖市人民政府和市、县级人民政府划定必要的保护范围，作出标志说明，建立记录档案，并区别情况分别设置专门机构或者专人负责管理。全国重点文物保护单位的保护范围和记录档案，由省、自治区、直辖市人民政府文物行政部门报国务院文物行政部门备案。

县级以上地方人民政府文物行政部门应当根据不同文物的保护需要，制定文物保护单位和未核定为文物保护单位的不可移动文物的具体保护措施，并公告施行。

第十六条 各级人民政府制定城乡建设规划，应当根据文物保护的需要，事先由城乡建设规划部门会同文物行政部门商定对本行政区域内各级文物保护单位的保护措施，并纳入规划。

第十七条 文物保护单位的保护范围内不得进行其他建设工程或者爆破、钻探、挖掘等作业。但是，因特殊情况需要在文物保护单位的保护范围内进行其他建设工程或者爆破、钻探、挖掘等作业的，必须保证文物保护单位的安全，并经核定公布该文物保护单位的人民政府批准，在批准前应当征得上一级人民政府文物行政部门同意；在全国重点文物保护单位的保护范围内进行其他建设工程或者爆破、钻探、挖掘等作业的，必须经省、自治区、直辖市人民政府批准，在批准前应当征得国务院文物行政部门同意。

第十八条 根据保护文物的实际需要，经省、自治区、直辖市人民政府批准，可以在文物保护单位的周围划出一定的建设控制地带，并予以公布。

在文物保护单位的建设控制地带内进行建设工程，不得破坏文物保护单位的历史风貌；工程设计方案应当根据文物保护单位的级别，经相应的文物行政部门同意后，报城乡建设规划部门批准。

第十九条 在文物保护单位的保护范围和建设控制地带内，不得建设污染文物保护单位及其环境的设施,不得进行可能影响文物保护单位安全及其环境的活动。对已有的污染文物保护单位及其环境的设施,应当限期治理。

第二十条 建设工程选址,应当尽可能避开不可移动文物;因特殊情况不能避开的,对文物保护单位应当尽可能实施原址保护。

实施原址保护的,建设单位应当事先确定保护措施,根据文物保护单位的级别报相应的文物行政部门批准;未经批准的,不得开工建设。

无法实施原址保护,必须迁移异地保护或者拆除的,应当报省、自治区、直辖市人民政府批准;迁移或者拆除省级文物保护单位的,批准前须征得国务院文物行政部门同意。全国重点文物保护单位不得拆除;需要迁移的,须由省、自治区、直辖市人民政府报国务院批准。

依照前款规定拆除的国有不可移动文物中具有收藏价值的壁画、雕塑、建筑构件等,由文物行政部门指定的文物收藏单位收藏。

本条规定的原址保护、迁移、拆除所需费用,由建设单位列入建设工程预算。

第二十一条 国有不可移动文物由使用人负责修缮、保养;非国有不可移动文物由所有人负责修缮、保养。非国有不可移动文物有损毁危险,所有人不具备修缮能力的,当地人民政府应当给予帮助;所有人具备修缮能力而拒不依法履行修缮义务的,县级以上人民政府可以给予抢救修缮,所需费用由所有人负担。

对文物保护单位进行修缮,应当根据文物保护单位的级别报相应的文物行政部门批准;对未核定为文物保护单位的不可移动文物进行修缮,应当报登记的县级人民政府文物行政部门批准。

文物保护单位的修缮、迁移、重建,由取得文物保护工程资质证书的单位承担。

对不可移动文物进行修缮、保养、迁移,必须遵守不改变文物原状的原则。

第二十二条 不可移动文物已经全部毁坏的,应当实施遗址保护,不得在原址重建。但是,因特殊情况需要在原址重建的,由省、自治区、直辖市人民政府文物行政部门报省、自治区、直辖市人民政府批准;全国重点文物保护单位需要在原址重建的,由省、自治区、直辖市人民政府报国务院批准。

第二十三条 核定为文物保护单位的属于国家所有的纪念建筑物或者古建筑,除可以建立博物馆、保管所或者辟为参观游览场所外,作其他用途的,市、县级文物保护单位应当经核定公布该文物保护单位的人民政府文物行政部门征得上一级文物行政部门同意后,报核定公布该文物保护单位的人民政府批准;省级文物保护单位应当经核定公布该文物保护单位的省级人民政府的文物行政部门审核同意后,报该省级人民政府批准;全国重点文物保护单位作其他用途的,应当由省、自治区、直辖市人民政府报国务院批准。国有未核定为文物保护单位的不可移动文物作其他用途的，应当报告县级人民政府文物行政部门。

第二十四条 国有不可移动文物不得转让、抵押。建立博物馆、保管所或者辟为参观游览场所的国有文物保护单位，不得作为企业资产经营。

第二十五条 非国有不可移动文物不得转让、抵押给外国人。

非国有不可移动文物转让、抵押或者改变用途的，应当根据其级别报相应的文物行政部门备案。

第二十六条 使用不可移动文物，必须遵守不改变文物原状的原则，负责保护建筑物及其附属文物的安全，不得损毁、改建、添建或者拆除不可移动文物。

对危害文物保护单位安全、破坏文物保护单位历史风貌的建筑物、构筑物，当地人民政府应当及时调查处理，必要时，对该建筑物、构筑物予以拆迁。

第三章　考古发掘

第二十七条 一切考古发掘工作，必须履行报批手续；从事考古发掘的单位，应当经国务院文物行政部门批准。

地下埋藏的文物，任何单位或者个人都不得私自发掘。

第二十八条 从事考古发掘的单位，为了科学研究进行考古发掘，应当提出发掘计划，报国务院文物行政部门批准；对全国重点文物保护单位的考古发掘计划，应当经国务院文物行政部门审核后报国务院批准。国务院文物行政部门在批准或者审核前，应当征求社会科学研究机构及其他科研机构和有关专家的意见。

第二十九条 进行大型基本建设工程，建设单位应当事先报请省、自治区、直辖市人民政府文物行政部门组织从事考古发掘的单位在工程范围内有可能埋藏文物的地方进行考古调查、勘探。

考古调查、勘探中发现文物的，由省、自治区、直辖市人民政府文物行政部门根据文物保护的要求会同建设单位共同商定保护措施；遇有重要发现的，由省、自治区、直辖市人民政府文物行政部门及时报国务院文物行政部门处理。

第三十条 需要配合建设工程进行的考古发掘工作，应当由省、自治区、直辖市文物行政部门在勘探工作的基础上提出发掘计划，报国务院文物行政部门批准。国务院文物行政部门在批准前，应当征求社会科学研究机构及其他科研机构和有关专家的意见。

确因建设工期紧迫或者有自然破坏危险，对古文化遗址、古墓葬急需进行抢救发掘的，由省、自治区、直辖市人民政府文物行政部门组织发掘，并同时补办审批手续。

第三十一条 凡因进行基本建设和生产建设需要的考古调查、勘探、发掘，所需费用由建设单位列入建设工程预算。

第三十二条 在进行建设工程或者在农业生产中,任何单位或者个人发现文物,应当保护现场,立即报告当地文物行政部门,文物行政部门接到报告后,如无特殊情况,应当在二十四小时内赶赴现场,并在七日内提出处理意见。文物行政部门可以报请当地人民政府通知公安机关协助保护现场;发现重要文物的,应当立即上报国务院文物行政部门,国务院文物行政部门应当在接到报告后十五日内提出处理意见。

依照前款规定发现的文物属于国家所有,任何单位或者个人不得哄抢、私分、藏匿。

第三十三条 非经国务院文物行政部门报国务院特别许可,任何外国人或者外国团体不得在中华人民共和国境内进行考古调查、勘探、发掘。

第三十四条 考古调查、勘探、发掘的结果,应当报告国务院文物行政部门和省、自治区、直辖市人民政府文物行政部门。

考古发掘的文物,应当登记造册,妥善保管,按照国家有关规定移交给由省、自治区、直辖市人民政府文物行政部门或者国务院文物行政部门指定的国有博物馆、图书馆或者其他国有收藏文物的单位收藏。经省、自治区、直辖市人民政府文物行政部门批准,从事考古发掘的单位可以保留少量出土文物作为科研标本。

考古发掘的文物,任何单位或者个人不得侵占。

第三十五条 根据保证文物安全、进行科学研究和充分发挥文物作用的需要,省、自治区、直辖市人民政府文物行政部门经本级人民政府批准,可以调用本行政区域内的出土文物;国务院文物行政部门经国务院批准,可以调用全国的重要出土文物。

第四章 馆藏文物

第三十六条 博物馆、图书馆和其他文物收藏单位对收藏的文物,必须区分文物等级,设置藏品档案,建立严格的管理制度,并报主管的文物行政部门备案。

县级以上地方人民政府文物行政部门应当分别建立本行政区域内的馆藏文物档案;国务院文物行政部门应当建立国家一级文物藏品档案和其主管的国有文物收藏单位馆藏文物档案。

第三十七条 文物收藏单位可以通过下列方式取得文物:

(一)购买;

(二)接受捐赠;

(三)依法交换;

(四)法律、行政法规规定的其他方式。

国有文物收藏单位还可以通过文物行政部门指定保管或者调拨方式取得

文物。

第三十八条 文物收藏单位应当根据馆藏文物的保护需要，按照国家有关规定建立、健全管理制度，并报主管的文物行政部门备案。未经批准，任何单位或者个人不得调取馆藏文物。

文物收藏单位的法定代表人对馆藏文物的安全负责。国有文物收藏单位的法定代表人离任时，应当按照馆藏文物档案办理馆藏文物移交手续。

第三十九条 国务院文物行政部门可以调拨全国的国有馆藏文物。省、自治区、直辖市人民政府文物行政部门可以调拨本行政区域内其主管的国有文物收藏单位馆藏文物；调拨国有馆藏一级文物，应当报国务院文物行政部门备案。

国有文物收藏单位可以申请调拨国有馆藏文物。

第四十条 文物收藏单位应当充分发挥馆藏文物的作用，通过举办展览、科学研究等活动，加强对中华民族优秀的历史文化和革命传统的宣传教育。

国有文物收藏单位之间因举办展览、科学研究等需借用馆藏文物的，应当报主管的文物行政部门备案；借用馆藏一级文物的，应当同时报国务院文物行政部门备案。

非国有文物收藏单位和其他单位举办展览需借用国有馆藏文物的，应当报主管的文物行政部门批准；借用国有馆藏一级文物，应当经国务院文物行政部门批准。

文物收藏单位之间借用文物的最长期限不得超过三年。

第四十一条 已经建立馆藏文物档案的国有文物收藏单位，经省、自治区、直辖市人民政府文物行政部门批准，并报国务院文物行政部门备案，其馆藏文物可以在国有文物收藏单位之间交换。

第四十二条 未建立馆藏文物档案的国有文物收藏单位，不得依照本法第四十条、第四十一条的规定处置其馆藏文物。

第四十三条 依法调拨、交换、借用国有馆藏文物，取得文物的文物收藏单位可以对提供文物的文物收藏单位给予合理补偿，具体管理办法由国务院文物行政部门制定。

国有文物收藏单位调拨、交换、出借文物所得的补偿费用，必须用于改善文物的收藏条件和收集新的文物，不得挪作他用；任何单位或者个人不得侵占。

调拨、交换、借用的文物必须严格保管，不得丢失、损毁。

第四十四条 禁止国有文物收藏单位将馆藏文物赠与、出租或者出售给其他单位、个人。

第四十五条 国有文物收藏单位不再收藏的文物的处置办法，由国务院另行制定。

第四十六条　修复馆藏文物,不得改变馆藏文物的原状;复制、拍摄、拓印馆藏文物,不得对馆藏文物造成损害。具体管理办法由国务院制定。

不可移动文物的单体文物的修复、复制、拍摄、拓印,适用前款规定。

第四十七条　博物馆、图书馆和其他收藏文物的单位应当按照国家有关规定配备防火、防盗、防自然损坏的设施,确保馆藏文物的安全。

第四十八条　馆藏一级文物损毁的,应当报国务院文物行政部门核查处理。其他馆藏文物损毁的,应当报省、自治区、直辖市人民政府文物行政部门核查处理;省、自治区、直辖市人民政府文物行政部门应当将核查处理结果报国务院文物行政部门备案。

馆藏文物被盗、被抢或者丢失的,文物收藏单位应当立即向公安机关报案,并同时向主管的文物行政部门报告。

第四十九条　文物行政部门和国有文物收藏单位的工作人员不得借用国有文物,不得非法侵占国有文物。

第五章　民间收藏文物

第五十条　文物收藏单位以外的公民、法人和其他组织可以收藏通过下列方式取得的文物:

(一)依法继承或者接受赠与;

(二)从文物商店购买;

(三)从经营文物拍卖的拍卖企业购买;

(四)公民个人合法所有的文物相互交换或者依法转让;

(五)国家规定的其他合法方式。

文物收藏单位以外的公民、法人和其他组织收藏的前款文物可以依法流通。

第五十一条　公民、法人和其他组织不得买卖下列文物:

(一)国有文物,但是国家允许的除外;

(二)非国有馆藏珍贵文物;

(三)国有不可移动文物中的壁画、雕塑、建筑构件等,但是依法拆除的国有不可移动文物中的壁画、雕塑、建筑构件等不属于本法第二十条第四款规定的应由文物收藏单位收藏的除外;

(四)来源不符合本法第五十条规定的文物。

第五十二条　国家鼓励文物收藏单位以外的公民、法人和其他组织将其收藏的文物捐赠给国有文物收藏单位或者出借给文物收藏单位展览和研究。

国有文物收藏单位应当尊重并按照捐赠人的意愿,对捐赠的文物妥善收藏、保管和展示。

国家禁止出境的文物,不得转让、出租、质押给外国人。

第五十三条 文物商店应当由省、自治区、直辖市人民政府文物行政部门批准设立,依法进行管理。

文物商店不得从事文物拍卖经营活动,不得设立经营文物拍卖的拍卖企业。

第五十四条 依法设立的拍卖企业经营文物拍卖的,应当取得省、自治区、直辖市人民政府文物行政部门颁发的文物拍卖许可证。

经营文物拍卖的拍卖企业不得从事文物购销经营活动,不得设立文物商店。

第五十五条 文物行政部门的工作人员不得举办或者参与举办文物商店或者经营文物拍卖的拍卖企业。

文物收藏单位不得举办或者参与举办文物商店或者经营文物拍卖的拍卖企业。

禁止设立中外合资、中外合作和外商独资的文物商店或者经营文物拍卖的拍卖企业。

除经批准的文物商店、经营文物拍卖的拍卖企业外,其他单位或者个人不得从事文物的商业经营活动。

第五十六条 文物商店不得销售、拍卖企业不得拍卖本法第五十一条规定的文物。

拍卖企业拍卖的文物,在拍卖前应当经省、自治区、直辖市人民政府文物行政部门审核,并报国务院文物行政部门备案。

第五十七条 省、自治区、直辖市人民政府文物行政部门应当建立文物购销、拍卖信息与信用管理系统。文物商店购买、销售文物,拍卖企业拍卖文物,应当按照国家有关规定作出记录,并于销售、拍卖文物后三十日内报省、自治区、直辖市人民政府文物行政部门备案。

拍卖文物时,委托人、买受人要求对其身份保密的,文物行政部门应当为其保密;但是,法律、行政法规另有规定的除外。

第五十八条 文物行政部门在审核拟拍卖的文物时,可以指定国有文物收藏单位优先购买其中的珍贵文物。购买价格由文物收藏单位的代表与文物的委托人协商确定。

第五十九条 银行、冶炼厂、造纸厂以及废旧物资回收单位,应当与当地文物行政部门共同负责拣选掺杂在金银器和废旧物资中的文物。拣选文物除供银行研究所必需的历史货币可以由人民银行留用外,应当移交当地文物行政部门。移交拣选文物,应当给予合理补偿。

第六章 文物出境进境

第六十条 国有文物、非国有文物中的珍贵文物和国家规定禁止出境的其他文物,不得出境;但是依照本法规定出境展览或者因特殊需要经国务院批准出境的除外。

第六十一条 文物出境,应当经国务院文物行政部门指定的文物进出境审核机构审核。经审核允许出境的文物,由国务院文物行政部门发给文物出境许可证,从国务院文物行政部门指定的口岸出境。

任何单位或者个人运送、邮寄、携带文物出境,应当向海关申报;海关凭文物出境许可证放行。

第六十二条 文物出境展览,应当报国务院文物行政部门批准;一级文物超过国务院规定数量的,应当报国务院批准。

一级文物中的孤品和易损品,禁止出境展览。

出境展览的文物出境,由文物进出境审核机构审核、登记。海关凭国务院文物行政部门或者国务院的批准文件放行。出境展览的文物复进境,由原文物进出境审核机构审核查验。

第六十三条 文物临时进境,应当向海关申报,并报文物进出境审核机构审核、登记。

临时进境的文物复出境,必须经原审核、登记的文物进出境审核机构审核查验;经审核查验无误的,由国务院文物行政部门发给文物出境许可证,海关凭文物出境许可证放行。

第七章 法 律 责 任

第六十四条 违反本法规定,有下列行为之一,构成犯罪的,依法追究刑事责任:

(一)盗掘古文化遗址、古墓葬的;

(二)故意或者过失损毁国家保护的珍贵文物的;

(三)擅自将国有馆藏文物出售或者私自送给非国有单位或者个人的;

(四)将国家禁止出境的珍贵文物私自出售或者送给外国人的;

(五)以牟利为目的倒卖国家禁止经营的文物的;

(六)走私文物的;

(七)盗窃、哄抢、私分或者非法侵占国有文物的;

(八)应当追究刑事责任的其他妨害文物管理行为。

第六十五条 违反本法规定,造成文物灭失、损毁的,依法承担民事责任。

违反本法规定,构成违反治安管理行为的,由公安机关依法给予治安管理处罚。

违反本法规定,构成走私行为,尚不构成犯罪的,由海关依照有关法律、行政法规的规定给予处罚。

第六十六条 有下列行为之一,尚不构成犯罪的,由县级以上人民政府文物主管部门责令改正,造成严重后果的,处五万元以上五十万元以下的罚款;情节严重的,由原发证机关吊销资质证书:

(一)擅自在文物保护单位的保护范围内进行建设工程或者爆破、钻探、挖掘等作业的;

(二)在文物保护单位的建设控制地带内进行建设工程,其工程设计方案未经文物行政部门同意、报城乡建设规划部门批准,对文物保护单位的历史风貌造成破坏的;

(三)擅自迁移、拆除不可移动文物的;

(四)擅自修缮不可移动文物,明显改变文物原状的;

(五)擅自在原址重建已全部毁坏的不可移动文物,造成文物破坏的;

(六)施工单位未取得文物保护工程资质证书,擅自从事文物修缮、迁移、重建的。

刻划、涂污或者损坏文物尚不严重的,或者损毁依照本法第十五条第一款规定设立的文物保护单位标志的,由公安机关或者文物所在单位给予警告,可以并处罚款。

第六十七条 在文物保护单位的保护范围内或者建设控制地带内建设污染文物保护单位及其环境的设施的,或者对已有的污染文物保护单位及其环境的设施未在规定的期限内完成治理的,由环境保护行政部门依照有关法律、法规的规定给予处罚。

第六十八条 有下列行为之一的,由县级以上人民政府文物主管部门责令改正,没收违法所得,违法所得一万元以上的,并处违法所得二倍以上五倍以下的罚款;违法所得不足一万元的,并处五千元以上二万元以下的罚款:

(一)转让或者抵押国有不可移动文物,或者将国有不可移动文物作为企业资产经营的;

(二)将非国有不可移动文物转让或者抵押给外国人的;

(三)擅自改变国有文物保护单位的用途的。

第六十九条 历史文化名城的布局、环境、历史风貌等遭到严重破坏的,由国务院撤销其历史文化名城称号;历史文化城镇、街道、村庄的布局、环境、历史风貌等遭到严重破坏的,由省、自治区、直辖市人民政府撤销其历史文化街区、村镇称号;对负有责任的主管人员和其他直接责任人员依法给予行政处分。

第七十条 有下列行为之一,尚不构成犯罪的,由县级以上人民政府文物主管部门责令改正,可以并处二万元以下的罚款,有违法所得的,没收违法所得:

(一)文物收藏单位未按照国家有关规定配备防火、防盗、防自然损坏的设施的;

(二)国有文物收藏单位法定代表人离任时未按照馆藏文物档案移交馆藏文

物，或者所移交的馆藏文物与馆藏文物档案不符的；

（三）将国有馆藏文物赠与、出租或者出售给其他单位、个人的；

（四）违反本法第四十条、第四十一条、第四十五条规定处置国有馆藏文物的；

（五）违反本法第四十三条规定挪用或者侵占依法调拨、交换、出借文物所得补偿费用的。

第七十一条 买卖国家禁止买卖的文物或者将禁止出境的文物转让、出租、质押给外国人，尚不构成犯罪的，由县级以上人民政府文物主管部门责令改正，没收违法所得，违法经营额一万元以上的，并处违法经营额二倍以上五倍以下的罚款；违法经营额不足一万元的，并处五千元以上二万元以下的罚款。

文物商店、拍卖企业有前款规定的违法行为的，由县级以上人民政府文物主管部门没收违法所得、非法经营的文物，违法经营额五万元以上的，并处违法经营额一倍以上三倍以下的罚款；违法经营额不足五万元的，并处五千元以上五万元以下的罚款；情节严重的，由原发证机关吊销许可证书。

第七十二条 未经许可，擅自设立文物商店、经营文物拍卖的拍卖企业，或者擅自从事文物的商业经营活动，尚不构成犯罪的，由工商行政管理部门依法予以制止，没收违法所得、非法经营的文物，违法经营额五万元以上的，并处违法经营额二倍以上五倍以下的罚款；违法经营额不足五万元的，并处二万元以上十万元以下的罚款。

第七十三条 有下列情形之一的，由工商行政管理部门没收违法所得、非法经营的文物，违法经营额五万元以上的，并处违法经营额一倍以上三倍以下的罚款；违法经营额不足五万元的，并处五千元以上五万元以下的罚款；情节严重的，由原发证机关吊销许可证书：

（一）文物商店从事文物拍卖经营活动的；

（二）经营文物拍卖的拍卖企业从事文物购销经营活动的；

（三）拍卖企业拍卖的文物，未经审核的；

（四）文物收藏单位从事文物的商业经营活动的。

第七十四条 有下列行为之一，尚不构成犯罪的，由县级以上人民政府文物主管部门会同公安机关追缴文物；情节严重的，处五千元以上五万元以下的罚款：

（一）发现文物隐匿不报或者拒不上交的；

（二）未按照规定移交拣选文物的。

第七十五条 有下列行为之一的，由县级以上人民政府文物主管部门责令改正：

（一）改变国有未核定为文物保护单位的不可移动文物的用途，未依照本法规定报告的；

（二）转让、抵押非国有不可移动文物或者改变其用途，未依照本法规定备案的；

（三）国有不可移动文物的使用人拒不依法履行修缮义务的；

（四）考古发掘单位未经批准擅自进行考古发掘，或者不如实报告考古发掘结果的；

（五）文物收藏单位未按照国家有关规定建立馆藏文物档案、管理制度，或者未将馆藏文物档案、管理制度备案的；

（六）违反本法第三十八条规定，未经批准擅自调取馆藏文物的；

（七）馆藏文物损毁未报文物行政部门核查处理，或者馆藏文物被盗、被抢或者丢失，文物收藏单位未及时向公安机关或者文物行政部门报告的；

（八）文物商店销售文物或者拍卖企业拍卖文物，未按照国家有关规定作出记录或者未将所作记录报文物行政部门备案的。

第七十六条 文物行政部门、文物收藏单位、文物商店、经营文物拍卖的拍卖企业的工作人员，有下列行为之一的，依法给予行政处分，情节严重的，依法开除公职或者吊销其从业资格；构成犯罪的，依法追究刑事责任：

（一）文物行政部门的工作人员违反本法规定，滥用审批权限、不履行职责或者发现违法行为不予查处，造成严重后果的；

（二）文物行政部门和国有文物收藏单位的工作人员借用或者非法侵占国有文物的；

（三）文物行政部门的工作人员举办或者参与举办文物商店或者经营文物拍卖的拍卖企业的；

（四）因不负责任造成文物保护单位、珍贵文物损毁或者流失的；

（五）贪污、挪用文物保护经费的。

前款被开除公职或者被吊销从业资格的人员，自被开除公职或者被吊销从业资格之日起十年内不得担任文物管理人员或者从事文物经营活动。

第七十七条 有本法第六十六条、第六十八条、第七十条、第七十一条、第七十四条、第七十五条规定所列行为之一的，负有责任的主管人员和其他直接责任人员是国家工作人员的，依法给予行政处分。

第七十八条 公安机关、工商行政管理部门、海关、城乡建设规划部门和其他国家机关，违反本法规定滥用职权、玩忽职守、徇私舞弊，造成国家保护的珍贵文物损毁或者流失的，对负有责任的主管人员和其他直接责任人员依法给予行政处分；构成犯罪的，依法追究刑事责任。

第七十九条 人民法院、人民检察院、公安机关、海关和工商行政管理部门依法没收的文物应当登记造册，妥善保管，结案后无偿移交文物行政部门，由文物行政部门指定的国有文物收藏单位收藏。

第八章　附　　则

第八十条　本法自公布之日起施行。

2. 中华人民共和国刑法（节录）

[1979年7月1日第五届全国人民代表大会第二次会议通过　1997年3月14日第八届全国人民代表大会第五次会议修订　已先后被《中华人民共和国刑法修正案》（发布日期：1999年12月25日　实施日期：1999年12月25日）、《中华人民共和国刑法修正案（二）》（发布日期：2001年8月31日　实施日期：2001年8月31日）、《中华人民共和国刑法修正案（三）》（发布日期：2001年12月29日　实施日期：2001年12月29日）、《中华人民共和国刑法修正案（四）》（发布日期：2002年12月28日　实施日期：2002年12月28日）、《中华人民共和国刑法修正案（五）》（发布日期：2005年2月28日　实施日期：2005年2月28日）、《中华人民共和国刑法修正案（六）》（发布日期：2006年6月29日　实施日期：2006年6月29日）、《中华人民共和国刑法修正案（七）》（发布日期：2009年2月28日　实施日期：2009年2月28日）、《全国人民代表大会常务委员会关于修改部分法律的决定》（发布日期：2009年8月27日　实施日期：2009年8月27日）、《中华人民共和国刑法修正案（八）》（发布日期：2011年2月25日　实施日期：2011年5月1日）、《中华人民共和国刑法修正案（九）》（发布日期：2015年8月29日　实施日期：2015年11月1日）、《中华人民共和国刑法修正案（十）》（发布日期：2017年11月4日　实施日期：2017年11月4日）]

第四节　妨害文物管理罪

第三百二十四条　【故意损毁文物罪；故意损毁名胜古迹罪；过失损毁文物罪】故意损毁国家保护的珍贵文物或者被确定为全国重点文物保护单位、省级文物保护单位的文物的，处三年以下有期徒刑或者拘役，并处或者单处罚金；情节严重的，处三年以上十年以下有期徒刑，并处罚金。

故意损毁国家保护的名胜古迹，情节严重的，处五年以下有期徒刑或者拘役，并处或者单处罚金。

过失损毁国家保护的珍贵文物或者被确定为全国重点文物保护单位、省级文物保护单位的文物，造成严重后果的，处三年以下有期徒刑或者拘役。

第三百二十五条　【非法向外国人出售、赠送珍贵文物罪】违反文物保护法规，将收藏的国家禁止出口的珍贵文物私自出售或者私自赠送给外国人的，处五年以下有期徒刑或者拘役，可以并处罚金。

单位犯前款罪的，对单位判处罚金，并对其直接负责的主管人员和其他直接责任人员，依照前款的规定处罚。

第三百二十六条　【倒卖文物罪】以牟利为目的，倒卖国家禁止经营的文物，情节严重的，处五年以下有期徒刑或者拘役，并处罚金；情节特别严重的，处五年以上十年以下有期徒刑，并处罚金。

单位犯前款罪的，对单位判处罚金，并对其直接负责的主管人员和其他直接责任人员，依照前款的规定处罚。

第三百二十七条　【非法出售、私赠文物藏品罪】违反文物保护法规，国有博物馆、图书馆等单位将国家保护的文物藏品出售或者私自送给非国有单位或者个人的，对单位判处罚金，并对其直接负责的主管人员和其他直接责任人员，处三年以下有期徒刑或者拘役。

第三百二十八条　【盗掘古文化遗址、古墓葬罪；盗掘古人类化石、古脊椎动物化石罪】盗掘具有历史、艺术、科学价值的古文化遗址、古墓葬的，处三年以上十年以下有期徒刑，并处罚金；情节较轻的，处三年以下有期徒刑、拘役或者管制，并处罚金；有下列情形之一的，处十年以上有期徒刑或者无期徒刑，并处罚金或者没收财产：

（一）盗掘确定为全国重点文物保护单位和省级文物保护单位的古文化遗址、古墓葬的；

（二）盗掘古文化遗址、古墓葬集团的首要分子；

（三）多次盗掘古文化遗址、古墓葬的；

（四）盗掘古文化遗址、古墓葬，并盗窃珍贵文物或者造成珍贵文物严重破坏的。

盗掘国家保护的具有科学价值的古人类化石和古脊椎动物化石的，依照前款的规定处罚。

第三百二十九条　【盗窃、抢夺国有档案罪；擅自出卖、转让国有档案罪】抢夺、窃取国家所有的档案的，处五年以下有期徒刑或者拘役。

违反档案法的规定，擅自出卖、转让国家所有的档案，情节严重的，处三年以下有期徒刑或者拘役。

有前两款行为,同时又构成本法规定的其他犯罪的,依照处罚较重的规定定罪处罚。

3. 中华人民共和国文物保护法实施条例

(2003 年 5 月 18 日中华人民共和国国务院令第 377 号公布　根据 2013 年 12 月 7 日《国务院关于修改部分行政法规的决定》第一次修订　根据 2016 年 2 月 6 日《国务院关于修改部分行政法规的决定》第二次修订　根据 2017 年 3 月 1 日《国务院关于修改和废止部分行政法规的决定》第三次修订　根据 2017 年 10 月 7 日《国务院关于修改部分行政法规的决定》第四次修订)

第一章　总　　则

第一条　根据《中华人民共和国文物保护法》(以下简称文物保护法),制定本实施条例。

第二条　国家重点文物保护专项补助经费和地方文物保护专项经费,由县级以上人民政府文物行政主管部门、投资主管部门、财政部门按照国家有关规定共同实施管理。任何单位或者个人不得侵占、挪用。

第三条　国有的博物馆、纪念馆、文物保护单位等的事业性收入,应当用于下列用途:

(一)文物的保管、陈列、修复、征集;

(二)国有的博物馆、纪念馆、文物保护单位的修缮和建设;

(三)文物的安全防范;

(四)考古调查、勘探、发掘;

(五)文物保护的科学研究、宣传教育。

第四条　文物行政主管部门和教育、科技、新闻出版、广播电视行政主管部门,应当做好文物保护的宣传教育工作。

第五条　国务院文物行政主管部门和省、自治区、直辖市人民政府文物行政主管部门,应当制定文物保护的科学技术研究规划,采取有效措施,促进文物保护科技成果的推广和应用,提高文物保护的科学技术水平。

第六条　有文物保护法第十二条所列事迹之一的单位或者个人,由人民政府及其文物行政主管部门、有关部门给予精神鼓励或者物质奖励。

第二章 不可移动文物

第七条 历史文化名城，由国务院建设行政主管部门会同国务院文物行政主管部门报国务院核定公布。

历史文化街区、村镇，由省、自治区、直辖市人民政府城乡规划行政主管部门会同文物行政主管部门报本级人民政府核定公布。

县级以上地方人民政府组织编制的历史文化名城和历史文化街区、村镇的保护规划，应当符合文物保护的要求。

第八条 全国重点文物保护单位和省级文物保护单位自核定公布之日起1年内，由省、自治区、直辖市人民政府划定必要的保护范围，作出标志说明，建立记录档案，设置专门机构或者指定专人负责管理。

设区的市、自治州级和县级文物保护单位自核定公布之日起1年内，由核定公布该文物保护单位的人民政府划定保护范围，作出标志说明，建立记录档案，设置专门机构或者指定专人负责管理。

第九条 文物保护单位的保护范围，是指对文物保护单位本体及周围一定范围实施重点保护的区域。

文物保护单位的保护范围，应当根据文物保护单位的类别、规模、内容以及周围环境的历史和现实情况合理划定，并在文物保护单位本体之外保持一定的安全距离，确保文物保护单位的真实性和完整性。

第十条 文物保护单位的标志说明，应当包括文物保护单位的级别、名称、公布机关、公布日期、立标机关、立标日期等内容。民族自治地区的文物保护单位的标志说明，应当同时用规范汉字和当地通用的少数民族文字书写。

第十一条 文物保护单位的记录档案，应当包括文物保护单位本体记录等科学技术资料和有关文献记载、行政管理等内容。

文物保护单位的记录档案，应当充分利用文字、音像制品、图画、拓片、摹本、电子文本等形式，有效表现其所载内容。

第十二条 古文化遗址、古墓葬、石窟寺和属于国家所有的纪念建筑物、古建筑，被核定公布为文物保护单位的，由县级以上地方人民政府设置专门机构或者指定机构负责管理。其他文物保护单位，由县级以上地方人民政府设置专门机构或者指定机构、专人负责管理；指定专人负责管理的，可以采取聘请文物保护员的形式。

文物保护单位有使用单位的，使用单位应当设立群众性文物保护组织；没有使用单位的，文物保护单位所在地的村民委员会或者居民委员会可以设立群众性文物保护组织。文物行政主管部门应当对群众性文物保护组织的活动给予指导和支持。

负责管理文物保护单位的机构,应当建立健全规章制度,采取安全防范措施;其安全保卫人员,可以依法配备防卫器械。

第十三条 文物保护单位的建设控制地带,是指在文物保护单位的保护范围外,为保护文物保护单位的安全、环境、历史风貌对建设项目加以限制的区域。

文物保护单位的建设控制地带,应当根据文物保护单位的类别、规模、内容以及周围环境的历史和现实情况合理划定。

第十四条 全国重点文物保护单位的建设控制地带,经省、自治区、直辖市人民政府批准,由省、自治区、直辖市人民政府的文物行政主管部门会同城乡规划行政主管部门划定并公布。

省级、设区的市、自治州级和县级文物保护单位的建设控制地带,经省、自治区、直辖市人民政府批准,由核定公布该文物保护单位的人民政府的文物行政主管部门会同城乡规划行政主管部门划定并公布。

第十五条 承担文物保护单位的修缮、迁移、重建工程的单位,应当同时取得文物行政主管部门发给的相应等级的文物保护工程资质证书和建设行政主管部门发给的相应等级的资质证书。其中,不涉及建筑活动的文物保护单位的修缮、迁移、重建,应当由取得文物行政主管部门发给的相应等级的文物保护工程资质证书的单位承担。

第十六条 申领文物保护工程资质证书,应当具备下列条件:

(一)有取得文物博物专业技术职务的人员;

(二)有从事文物保护工程所需的技术设备;

(三)法律、行政法规规定的其他条件。

第十七条 申领文物保护工程资质证书,应当向省、自治区、直辖市人民政府文物行政主管部门或者国务院文物行政主管部门提出申请。省、自治区、直辖市人民政府文物行政主管部门或者国务院文物行政主管部门应当自收到申请之日起30个工作日内作出批准或者不批准的决定。决定批准的,发给相应等级的文物保护工程资质证书;决定不批准的,应当书面通知当事人并说明理由。文物保护工程资质等级的分级标准和审批办法,由国务院文物行政主管部门制定。

第十八条 文物行政主管部门在审批文物保护单位的修缮计划和工程设计方案前,应当征求上一级人民政府文物行政主管部门的意见。

第十九条 危害全国重点文物保护单位安全或者破坏其历史风貌的建筑物、构筑物,由省、自治区、直辖市人民政府负责调查处理。

危害省级、设区的市、自治州级、县级文物保护单位安全或者破坏其历史风貌的建筑物、构筑物,由核定公布该文物保护单位的人民政府负责调查处理。

危害尚未核定公布为文物保护单位的不可移动文物安全的建筑物、构筑物，由县级人民政府负责调查处理。

第三章 考古发掘

第二十条 申请从事考古发掘的单位，取得考古发掘资质证书，应当具备下列条件：

（一）有4名以上接受过考古专业训练且主持过考古发掘项目的人员；

（二）有取得文物博物专业技术职务的人员；

（三）有从事文物安全保卫的专业人员；

（四）有从事考古发掘所需的技术设备；

（五）有保障文物安全的设施和场所；

（六）法律、行政法规规定的其他条件。

第二十一条 申领考古发掘资质证书，应当向国务院文物行政主管部门提出申请。国务院文物行政主管部门应当自收到申请之日起30个工作日内作出批准或者不批准的决定。决定批准的，发给考古发掘资质证书；决定不批准的，应当书面通知当事人并说明理由。

第二十二条 考古发掘项目实行项目负责人负责制度。

第二十三条 配合建设工程进行的考古调查、勘探、发掘，由省、自治区、直辖市人民政府文物行政主管部门组织实施。跨省、自治区、直辖市的建设工程范围内的考古调查、勘探、发掘，由建设工程所在地的有关省、自治区、直辖市人民政府文物行政主管部门联合组织实施；其中，特别重要的建设工程范围内的考古调查、勘探、发掘，由国务院文物行政主管部门组织实施。

建设单位对配合建设工程进行的考古调查、勘探、发掘，应当予以协助，不得妨碍考古调查、勘探、发掘。

第二十四条 国务院文物行政主管部门应当自收到文物保护法第三十条第一款规定的发掘计划之日起30个工作日内作出批准或者不批准决定。决定批准的，发给批准文件；决定不批准的，应当书面通知当事人并说明理由。

文物保护法第三十条第二款规定的抢救性发掘，省、自治区、直辖市人民政府文物行政主管部门应当自开工之日起10个工作日内向国务院文物行政主管部门补办审批手续。

第二十五条 考古调查、勘探、发掘所需经费的范围和标准，按照国家有关规定执行。

第二十六条 从事考古发掘的单位应当在考古发掘完成之日起30个工作日内向省、自治区、直辖市人民政府文物行政主管部门和国务院文物行政主管部门提交结项报告,并于提交结项报告之日起3年内向省、自治区、直辖市人民政府文物行政主管部门和国务院文物行政主管部门提交考古发掘报告。

第二十七条 从事考古发掘的单位提交考古发掘报告后,经省、自治区、直辖市人民政府文物行政主管部门批准,可以保留少量出土文物作为科研标本,并应当于提交发掘报告之日起6个月内将其他出土文物移交给由省、自治区、直辖市人民政府文物行政主管部门指定的国有的博物馆、图书馆或者其他国有文物收藏单位收藏。

第四章 馆藏文物

第二十八条 文物收藏单位应当建立馆藏文物的接收、鉴定、登记、编目和档案制度,库房管理制度,出入库、注销和统计制度,保养、修复和复制制度。

第二十九条 县级人民政府文物行政主管部门应当将本行政区域内的馆藏文物档案,按照行政隶属关系报设区的市、自治州级人民政府文物行政主管部门或者省、自治区、直辖市人民政府文物行政主管部门备案;设区的市、自治州级人民政府文物行政主管部门应当将本行政区域内的馆藏文物档案,报省、自治区、直辖市人民政府文物行政主管部门备案;省、自治区、直辖市人民政府文物行政主管部门应当将本行政区域内的一级文物藏品档案,报国务院文物行政主管部门备案。

第三十条 文物收藏单位之间借用馆藏文物,借用人应当对借用的馆藏文物采取必要的保护措施,确保文物的安全。

借用的馆藏文物的灭失、损坏风险,除当事人另有约定外,由借用该馆藏文物的文物收藏单位承担。

第三十一条 国有文物收藏单位未依照文物保护法第三十六条的规定建立馆藏文物档案并将馆藏文物档案报主管的文物行政主管部门备案的,不得交换、借用馆藏文物。

第三十二条 修复、复制、拓印馆藏二级文物和馆藏三级文物的,应当报省、自治区、直辖市人民政府文物行政主管部门批准;修复、复制、拓印馆藏一级文物的,应当报国务院文物行政主管部门批准。

第三十三条 从事馆藏文物修复、复制、拓印的单位,应当具备下列条件:

(一)有取得中级以上文物博物专业技术职务的人员;

(二)有从事馆藏文物修复、复制、拓印所需的场所和技术设备;

(三)法律、行政法规规定的其他条件。

第三十四条 从事馆藏文物修复、复制、拓印,应当向省、自治区、直辖市人民政府文物行政主管部门提出申请。省、自治区、直辖市人民政府文物行政主管部门应当自收到申请之日起30个工作日内作出批准或者不批准的决定。决定批准的，发给相应等级的资质证书；决定不批准的，应当书面通知当事人并说明理由。

第三十五条 为制作出版物、音像制品等拍摄馆藏文物的，应当征得文物收藏单位同意，并签署拍摄协议，明确文物保护措施和责任。文物收藏单位应当自拍摄工作完成后10个工作日内，将拍摄情况向文物行政主管部门报告。

第三十六条 馆藏文物被盗、被抢或者丢失的，文物收藏单位应当立即向公安机关报案，并同时向主管的文物行政主管部门报告；主管的文物行政主管部门应当在接到文物收藏单位的报告后24小时内，将有关情况报告国务院文物行政主管部门。

第三十七条 国家机关和国有的企业、事业组织等收藏、保管国有文物的，应当履行下列义务：

（一）建立文物藏品档案制度，并将文物藏品档案报所在地省、自治区、直辖市人民政府文物行政主管部门备案；

（二）建立、健全文物藏品的保养、修复等管理制度，确保文物安全；

（三）文物藏品被盗、被抢或者丢失的，应当立即向公安机关报案，并同时向所在地省、自治区、直辖市人民政府文物行政主管部门报告。

第五章　民间收藏文物

第三十八条 文物收藏单位以外的公民、法人和其他组织，可以依法收藏文物，其依法收藏的文物的所有权受法律保护。

公民、法人和其他组织依法收藏文物的，可以要求文物行政主管部门对其收藏的文物提供鉴定、修复、保管等方面的咨询。

第三十九条 设立文物商店，应当具备下列条件：

（一）有200万元人民币以上的注册资本；

（二）有5名以上取得中级以上文物博物专业技术职务的人员；

（三）有保管文物的场所、设施和技术条件；

（四）法律、行政法规规定的其他条件。

第四十条 设立文物商店，应当向省、自治区、直辖市人民政府文物行政主管部门提出申请。省、自治区、直辖市人民政府文物行政主管部门应当自收到申请之日起30个工作日内作出批准或者不批准的决定。决定批准的，发给批准文件；决定不批准的，应当书面通知当事人并说明理由。

第四十一条 依法设立的拍卖企业，从事文物拍卖经营活动的，应当有5名以上取得高级文物博物专业技术职务的文物拍卖专业人员，并取得省、自治区、直辖市人民政府文物行政主管部门发给的文物拍卖许可证。

第四十二条　依法设立的拍卖企业申领文物拍卖许可证，应当向省、自治区、直辖市人民政府文物行政主管部门提出申请。省、自治区、直辖市人民政府文物行政主管部门应当自收到申请之日起30个工作日内作出批准或者不批准的决定。决定批准的，发给文物拍卖许可证；决定不批准的，应当书面通知当事人并说明理由。

第四十三条　文物商店购买、销售文物，经营文物拍卖的拍卖企业拍卖文物，应当记录文物的名称、图录、来源、文物的出卖人、委托人和买受人的姓名或者名称、住所、有效身份证件号码或者有效证照号码以及成交价格，并报省、自治区、直辖市人民政府文物行政主管部门备案。接受备案的文物行政主管部门应当依法为其保密，并将该记录保存75年。

文物行政主管部门应当加强对文物商店和经营文物拍卖的拍卖企业的监督检查。

第六章　文物出境进境

第四十四条　国务院文物行政主管部门指定的文物进出境审核机构，应当有5名以上取得中级以上文物博物专业技术职务的文物进出境责任鉴定人员。

第四十五条　运送、邮寄、携带文物出境，应当在文物出境前依法报文物进出境审核机构审核。文物进出境审核机构应当自收到申请之日起15个工作日内作出是否允许出境的决定。

文物进出境审核机构审核文物，应当有3名以上文物博物专业技术人员参加；其中，应当有2名以上文物进出境责任鉴定人员。

文物出境审核意见，由文物进出境责任鉴定员共同签署；对经审核，文物进出境责任鉴定员一致同意允许出境的文物，文物进出境审核机构方可作出允许出境的决定。

文物出境审核标准，由国务院文物行政主管部门制定。

第四十六条　文物进出境审核机构应当对所审核进出境文物的名称、质地、尺寸、级别，当事人的姓名或者名称、住所、有效身份证件号码或者有效证照号码，以及进出境口岸、文物去向和审核日期等内容进行登记。

第四十七条　经审核允许出境的文物，由国务院文物行政主管部门发给文物出境许可证，并由文物进出境审核机构标明文物出境标识。经审核允许出境的文物，应当从国务院文物行政主管部门指定的口岸出境。海关查验文物出境标识后，凭文物出境许可证放行。

经审核不允许出境的文物，由文物进出境审核机构发还当事人。

第四十八条　文物出境展览的承办单位，应当在举办展览前6个月向国务院文物行政主管部门提出申请。国务院文物行政主管部门应当自收到申请之日起30个工作日内作出批准或者不批准的决定。决定批准的,发给批准文件;决定不批准的,应当书面通知当事人并说明理由。

一级文物展品超过120件(套)的,或者一级文物展品超过展品总数的20%的,应当报国务院批准。

第四十九条 一级文物中的孤品和易损品,禁止出境展览。禁止出境展览文物的目录,由国务院文物行政主管部门定期公布。

未曾在国内正式展出的文物,不得出境展览。

第五十条 文物出境展览的期限不得超过1年。因特殊需要,经原审批机关批准可以延期;但是,延期最长不得超过1年。

第五十一条 文物出境展览期间,出现可能危及展览文物安全情形的,原审批机关可以决定中止或者撤销展览。

第五十二条 临时进境的文物,经海关将文物加封后,交由当事人报文物进出境审核机构审核、登记。文物进出境审核机构查验海关封志完好无损后,对每件临时进境文物标明文物临时进境标识,并登记拍照。

临时进境文物复出境时,应当由原审核、登记的文物进出境审核机构核对入境登记拍照记录,查验文物临时进境标识无误后标明文物出境标识,并由国务院文物行政主管部门发给文物出境许可证。

未履行本条第一款规定的手续临时进境的文物复出境的,依照本章关于文物出境的规定办理。

第五十三条 任何单位或者个人不得擅自剥除、更换、挪用或者损毁文物出境标识、文物临时进境标识。

第七章 法律责任

第五十四条 公安机关、工商行政管理、文物、海关、城乡规划、建设等有关部门及其工作人员,违反本条例规定,滥用审批权限、不履行职责或者发现违法行为不予查处的,对负有责任的主管人员和其他直接责任人员依法给予行政处分;构成犯罪的,依法追究刑事责任。

第五十五条 违反本条例规定,未取得相应等级的文物保护工程资质证书,擅自承担文物保护单位的修缮、迁移、重建工程的,由文物行政主管部门责令限期改正;逾期不改正,或者造成严重后果的,处5万元以上50万元以下的罚款;构成犯罪的,依法追究刑事责任。

违反本条例规定,未取得建设行政主管部门发给的相应等级的资质证书,擅自承担含有建筑活动的文物保护单位的修缮、迁移、重建工程的,由建设行政主管部门依照有关法律、行政法规的规定予以处罚。

第五十六条 违反本条例规定,未取得资质证书,擅自从事馆藏文物的修复、复制、拓印活动的,由文物行政主管部门责令停止违法活动;没收违法所得和从事违法活动的专用工具、设备;造成严重后果的,并处1万元以上10万元以下的罚款;构成犯罪的,依法追究刑事责任。

第五十七条 文物保护法第六十六条第二款规定的罚款,数额为200元以下。

第五十八条 违反本条例规定,未经批准擅自修复、复制、拓印馆藏珍贵文物的,由文物行政主管部门给予警告;造成严重后果的,处2000元以上2万元以下的罚款;对负有责任的主管人员和其他直接责任人员依法给予行政处分。

文物收藏单位违反本条例规定,未在规定期限内将文物拍摄情况向文物行政主管部门报告的,由文物行政主管部门责令限期改正;逾期不改正的,对负有责任的主管人员和其他直接责任人员依法给予行政处分。

第五十九条 考古发掘单位违反本条例规定,未在规定期限内提交结项报告或者考古发掘报告的,由省、自治区、直辖市人民政府文物行政主管部门或者国务院文物行政主管部门责令限期改正;逾期不改正的,对负有责任的主管人员和其他直接责任人员依法给予行政处分。

第六十条 考古发掘单位违反本条例规定,未在规定期限内移交文物的,由省、自治区、直辖市人民政府文物行政主管部门或者国务院文物行政主管部门责令限期改正;逾期不改正,或者造成严重后果的,对负有责任的主管人员和其他直接责任人员依法给予行政处分。

第六十一条 违反本条例规定,文物出境展览超过展览期限的,由国务院文物行政主管部门责令限期改正;对负有责任的主管人员和其他直接责任人员依法给予行政处分。

第六十二条 依照文物保护法第六十六条、第七十三条的规定,单位被处以吊销许可证行政处罚的,应当依法到工商行政管理部门办理变更登记或者注销登记;逾期未办理的,由工商行政管理部门吊销营业执照。

第六十三条 违反本条例规定,改变国有的博物馆、纪念馆、文物保护单位等的事业性收入的用途的,对负有责任的主管人员和其他直接责任人员依法给予行政处分;构成犯罪的,依法追究刑事责任。

第八章　附　　则

第六十四条 本条例自2003年7月1日起施行。

4. 博物馆条例

（2015 年 1 月 14 日国务院第 78 次常务会议通过　2015 年 2 月 9 日公布　自 2015 年 3 月 20 日起施行）

第一章　总　　则

第一条　为了促进博物馆事业发展，发挥博物馆功能，满足公民精神文化需求，提高公民思想道德和科学文化素质，制定本条例。

第二条　本条例所称博物馆，是指以教育、研究和欣赏为目的，收藏、保护并向公众展示人类活动和自然环境的见证物，经登记管理机关依法登记的非营利组织。

博物馆包括国有博物馆和非国有博物馆。利用或者主要利用国有资产设立的博物馆为国有博物馆；利用或者主要利用非国有资产设立的博物馆为非国有博物馆。

国家在博物馆的设立条件、提供社会服务、规范管理、专业技术职称评定、财税扶持政策等方面，公平对待国有和非国有博物馆。

第三条　博物馆开展社会服务应当坚持为人民服务、为社会主义服务的方向和贴近实际、贴近生活、贴近群众的原则，丰富人民群众精神文化生活。

第四条　国家制定博物馆事业发展规划，完善博物馆体系。

国家鼓励企业、事业单位、社会团体和公民等社会力量依法设立博物馆。

第五条　国有博物馆的正常运行经费列入本级财政预算；非国有博物馆的举办者应当保障博物馆的正常运行经费。

国家鼓励设立公益性基金为博物馆提供经费，鼓励博物馆多渠道筹措资金促进自身发展。

第六条　博物馆依法享受税收优惠。

依法设立博物馆或者向博物馆提供捐赠的，按照国家有关规定享受税收优惠。

第七条　国家文物主管部门负责全国博物馆监督管理工作。国务院其他有关部门在各自职责范围内负责有关的博物馆管理工作。

县级以上地方人民政府文物主管部门负责本行政区域的博物馆监督管理工

作。县级以上地方人民政府其他有关部门在各自职责范围内负责本行政区域内有关的博物馆管理工作。

第八条 博物馆行业组织应当依法制定行业自律规范,维护会员的合法权益,指导、监督会员的业务活动,促进博物馆事业健康发展。

第九条 对为博物馆事业作出突出贡献的组织或者个人,按照国家有关规定给予表彰、奖励。

第二章 博物馆的设立、变更与终止

第十条 设立博物馆,应当具备下列条件:

(一)固定的馆址以及符合国家规定的展室、藏品保管场所;

(二)相应数量的藏品以及必要的研究资料,并能够形成陈列展览体系;

(三)与其规模和功能相适应的专业技术人员;

(四)必要的办馆资金和稳定的运行经费来源;

(五)确保观众人身安全的设施、制度及应急预案。

博物馆馆舍建设应当坚持新建馆舍和改造现有建筑相结合,鼓励利用名人故居、工业遗产等作为博物馆馆舍。新建、改建馆舍应当提高藏品展陈和保管面积占总面积的比重。

第十一条 设立博物馆,应当制定章程。博物馆章程应当包括下列事项:

(一)博物馆名称、馆址;

(二)办馆宗旨及业务范围;

(三)组织管理制度,包括理事会或者其他形式决策机构的产生办法、人员构成、任期、议事规则等;

(四)藏品展示、保护、管理、处置的规则;

(五)资产管理和使用规则;

(六)章程修改程序;

(七)终止程序和终止后资产的处理;

(八)其他需要由章程规定的事项。

第十二条 国有博物馆的设立、变更、终止依照有关事业单位登记管理法律、行政法规的规定办理,并应当向馆址所在地省、自治区、直辖市人民政府文物主管部门备案。

第十三条 藏品属于古生物化石的博物馆,其设立、变更、终止应当遵守有关古生物化石保护法律、行政法规的规定,并向馆址所在地省、自治区、直辖市人民政府文物主管部门备案。

第十四条 设立藏品不属于古生物化石的非国有博物馆的,应当向馆址所在

地省、自治区、直辖市人民政府文物主管部门备案,并提交下列材料:

(一)博物馆章程草案;

(二)馆舍所有权或者使用权证明,展室和藏品保管场所的环境条件符合藏品展示、保护、管理需要的论证材料;

(三)藏品目录、藏品概述及藏品合法来源说明;

(四)出资证明或者验资报告;

(五)专业技术人员和管理人员的基本情况;

(六)陈列展览方案。

第十五条 设立藏品不属于古生物化石的非国有博物馆的,应当到有关登记管理机关依法办理法人登记手续。

前款规定的非国有博物馆变更、终止的,应当到有关登记管理机关依法办理变更登记、注销登记,并向馆址所在地省、自治区、直辖市人民政府文物主管部门备案。

第十六条 省、自治区、直辖市人民政府文物主管部门应当及时公布本行政区域内已备案的博物馆名称、地址、联系方式、主要藏品等信息。

第三章 博物馆管理

第十七条 博物馆应当完善法人治理结构,建立健全有关组织管理制度。

第十八条 博物馆专业技术人员按照国家有关规定评定专业技术职称。

第十九条 博物馆依法管理和使用的资产,任何组织或者个人不得侵占。

博物馆不得从事文物等藏品的商业经营活动。博物馆从事其他商业经营活动,不得违反办馆宗旨,不得损害观众利益。博物馆从事其他商业经营活动的具体办法由国家文物主管部门制定。

第二十条 博物馆接受捐赠的,应当遵守有关法律、行政法规的规定。

博物馆可以依法以举办者或者捐赠者的姓名、名称命名博物馆的馆舍或者其他设施;非国有博物馆还可以依法以举办者或者捐赠者的姓名、名称作为博物馆馆名。

第二十一条 博物馆可以通过购买、接受捐赠、依法交换等法律、行政法规规定的方式取得藏品,不得取得来源不明或者来源不合法的藏品。

第二十二条 博物馆应当建立藏品账目及档案。藏品属于文物的,应当区分文物等级,单独设置文物档案,建立严格的管理制度,并报文物主管部门备案。

未依照前款规定建账、建档的藏品,不得交换或者出借。

第二十三条 博物馆法定代表人对藏品安全负责。

博物馆法定代表人、藏品管理人员离任前,应当办结藏品移交手续。

第二十四条 博物馆应当加强对藏品的安全管理，定期对保障藏品安全的设备、设施进行检查、维护，保证其正常运行。对珍贵藏品和易损藏品应当设立专库或者专用设备保存，并由专人负责保管。

第二十五条 博物馆藏品属于国有文物、非国有文物中的珍贵文物和国家规定禁止出境的其他文物的，不得出境，不得转让、出租、质押给外国人。

国有博物馆藏品属于文物的，不得赠与、出租或者出售给其他单位和个人。

第二十六条 博物馆终止的，应当依照有关非营利组织法律、行政法规的规定处理藏品；藏品属于国家禁止买卖的文物的，应当依照有关文物保护法律、行政法规的规定处理。

第二十七条 博物馆藏品属于文物或者古生物化石的，其取得、保护、管理、展示、处置、进出境等还应当分别遵守有关文物保护、古生物化石保护的法律、行政法规的规定。

第四章 博物馆社会服务

第二十八条 博物馆应当自取得登记证书之日起6个月内向公众开放。

第二十九条 博物馆应当向公众公告具体开放时间。在国家法定节假日和学校寒暑假期间，博物馆应当开放。

第三十条 博物馆举办陈列展览，应当遵守下列规定：

（一）主题和内容应当符合宪法所确定的基本原则和维护国家安全与民族团结、弘扬爱国主义、倡导科学精神、普及科学知识、传播优秀文化、培养良好风尚、促进社会和谐、推动社会文明进步的要求；

（二）与办馆宗旨相适应，突出藏品特色；

（三）运用适当的技术、材料、工艺和表现手法，达到形式与内容的和谐统一；

（四）展品以原件为主，使用复制品、仿制品应当明示；

（五）采用多种形式提供科学、准确、生动的文字说明和讲解服务；

（六）法律、行政法规的其他有关规定。

陈列展览的主题和内容不适宜未成年人的，博物馆不得接纳未成年人。

第三十一条 博物馆举办陈列展览的，应当在陈列展览开始之日10个工作日前，将陈列展览主题、展品说明、讲解词等向陈列展览举办地的文物主管部门或者其他有关部门备案。

各级人民政府文物主管部门和博物馆行业组织应当加强对博物馆陈列展览的指导和监督。

第三十二条 博物馆应当配备适当的专业人员，根据不同年龄段的未成年人接受能力进行讲解；学校寒暑假期间，具备条件的博物馆应当增设适合学生特点的陈列展览项目。

第三十三条 国家鼓励博物馆向公众免费开放。县级以上人民政府应当对向公众免费开放的博物馆给予必要的经费支持。

博物馆未实行免费开放的,其门票、收费的项目和标准按照国家有关规定执行,并在收费地点的醒目位置予以公布。

博物馆未实行免费开放的,应当对未成年人、成年学生、教师、老年人、残疾人和军人等实行免费或者其他优惠。博物馆实行优惠的项目和标准应当向公众公告。

第三十四条 博物馆应当根据自身特点、条件,运用现代信息技术,开展形式多样、生动活泼的社会教育和服务活动,参与社区文化建设和对外文化交流与合作。

国家鼓励博物馆挖掘藏品内涵,与文化创意、旅游等产业相结合,开发衍生产品,增强博物馆发展能力。

第三十五条 国务院教育行政部门应当会同国家文物主管部门,制定利用博物馆资源开展教育教学、社会实践活动的政策措施。

地方各级人民政府教育行政部门应当鼓励学校结合课程设置和教学计划,组织学生到博物馆开展学习实践活动。

博物馆应当对学校开展各类相关教育教学活动提供支持和帮助。

第三十六条 博物馆应当发挥藏品优势,开展相关专业领域的理论及应用研究,提高业务水平,促进专业人才的成长。

博物馆应当为高等学校、科研机构和专家学者等开展科学研究工作提供支持和帮助。

第三十七条 公众应当爱护博物馆展品、设施及环境,不得损坏博物馆的展品、设施。

第三十八条 博物馆行业组织可以根据博物馆的教育、服务及藏品保护、研究和展示水平,对博物馆进行评估。具体办法由国家文物主管部门会同其他有关部门制定。

第五章 法律责任

第三十九条 博物馆取得来源不明或者来源不合法的藏品,或者陈列展览的主题、内容造成恶劣影响的,由省、自治区、直辖市人民政府文物主管部门或者有关登记管理机关按照职责分工,责令改正,有违法所得的,没收违法所得,并处违法所得2倍以上5倍以下罚款;没有违法所得的,处5000元以上2万元以下罚款;情节严重的,由登记管理机关撤销登记。

第四十条　博物馆从事文物藏品的商业经营活动的，由工商行政管理部门依照有关文物保护法律、行政法规的规定处罚。

博物馆从事非文物藏品的商业经营活动，或者从事其他商业经营活动违反办馆宗旨、损害观众利益的，由省、自治区、直辖市人民政府文物主管部门或者有关登记管理机关按照职责分工，责令改正，有违法所得的，没收违法所得，并处违法所得2倍以上5倍以下罚款；没有违法所得的，处5000元以上2万元以下罚款；情节严重的，由登记管理机关撤销登记。

第四十一条　博物馆自取得登记证书之日起6个月内未向公众开放，或者未依照本条例的规定实行免费或者其他优惠的，由省、自治区、直辖市人民政府文物主管部门责令改正；拒不改正的，由登记管理机关撤销登记。

第四十二条　博物馆违反有关价格法律、行政法规规定的，由馆址所在地县级以上地方人民政府价格主管部门依法给予处罚。

第四十三条　县级以上人民政府文物主管部门或者其他有关部门及其工作人员玩忽职守、滥用职权、徇私舞弊或者利用职务上的便利索取或者收受他人财物的，由本级人民政府或者上级机关责令改正，通报批评；对直接负责的主管人员和其他直接责任人员依法给予处分。

第四十四条　违反本条例规定，构成犯罪的，依法追究刑事责任。

第六章　附　　则

第四十五条　本条例所称博物馆不包括以普及科学技术为目的的科普场馆。

第四十六条　中国人民解放军所属博物馆依照军队有关规定进行管理。

第四十七条　本条例自2015年3月20日起施行。

5. 长城保护条例

（中华人民共和国国务院令第476号　2006年10月11日发布　2006年12月1日起施行）

第一条　为了加强对长城的保护，规范长城的利用行为，根据《中华人民共和国文物保护法》（以下简称文物保护法），制定本条例。

第二条　本条例所称长城，包括长城的墙体、城堡、关隘、烽火台、敌楼等。

受本条例保护的长城段落，由国务院文物主管部门认定并公布。

第三条　长城保护应当贯彻文物工作方针，坚持科学规划、原状保护的原则。

第四条 国家对长城实行整体保护、分段管理。

国务院文物主管部门负责长城整体保护工作,协调、解决长城保护中的重大问题,监督、检查长城所在地各地方的长城保护工作。

长城所在地县级以上地方人民政府及其文物主管部门依照文物保护法、本条例和其他有关行政法规的规定,负责本行政区域内的长城保护工作。

第五条 长城所在地县级以上地方人民政府应当将长城保护经费纳入本级财政预算。

国家鼓励公民、法人和其他组织通过捐赠等方式设立长城保护基金,专门用于长城保护。长城保护基金的募集、使用和管理,依照国家有关法律、行政法规的规定执行。

第六条 国家对长城保护实行专家咨询制度。制定长城保护总体规划、审批与长城有关的建设工程、决定与长城保护有关的其他重大事项,应当听取专家意见。

第七条 公民、法人和其他组织都有依法保护长城的义务。

国家鼓励公民、法人和其他组织参与长城保护。

第八条 国务院文物主管部门、长城所在地县级以上地方人民政府及其文物主管部门应当对在长城保护中作出突出贡献的组织或者个人给予奖励。

第九条 长城所在地省、自治区、直辖市人民政府应当对本行政区域内的长城进行调查;对认为属于长城的段落,应当报国务院文物主管部门认定,并自认定之日起1年内依法核定公布为省级文物保护单位。

本条例施行前已经认定为长城但尚未核定公布为全国重点文物保护单位或者省级文物保护单位的段落,应当自本条例施行之日起1年内依法核定公布为全国重点文物保护单位或者省级文物保护单位。

第十条 国家实行长城保护总体规划制度。

国务院文物主管部门会同国务院有关部门,根据文物保护法的规定和长城保护的实际需要,制定长城保护总体规划,报国务院批准后组织实施。长城保护总体规划应当明确长城的保护标准和保护重点,分类确定保护措施,并确定禁止在保护范围内进行工程建设的长城段落。

长城所在地县级以上地方人民政府制定本行政区域的国民经济和社会发展计划、土地利用总体规划和城乡规划,应当落实长城保护总体规划规定的保护措施。

第十一条 长城所在地省、自治区、直辖市人民政府应当按照长城保护总体规划的要求,划定本行政区域内长城的保护范围和建设控制地带,并予以公布。

省、自治区、直辖市人民政府文物主管部门应当将公布的保护范围和建设控制地带报国务院文物主管部门备案。

第十二条 任何单位或者个人不得在长城保护总体规划禁止工程建设的保护范围内进行工程建设。在建设控制地带或者长城保护总体规划未禁止工程建设的保护范围内进行工程建设,应当遵守文物保护法第十七条、第十八条的规定。

进行工程建设应当绕过长城。无法绕过的,应当采取挖掘地下通道的方式通过长城;无法挖掘地下通道的,应当采取架设桥梁的方式通过长城。任何单位或者个人进行工程建设,不得拆除、穿越、迁移长城。

第十三条 长城所在地省、自治区、直辖市人民政府应当在长城沿线的交通路口和其他需要提示公众的地段设立长城保护标志。设立长城保护标志不得对长城造成损坏。

长城保护标志应当载明长城段落的名称、修筑年代、保护范围、建设控制地带和保护机构。

第十四条 长城所在地省、自治区、直辖市人民政府应当建立本行政区域内的长城档案,其文物主管部门应当将长城档案报国务院文物主管部门备案。

国务院文物主管部门应当建立全国的长城档案。

第十五条 长城所在地省、自治区、直辖市人民政府应当为本行政区域内的长城段落确定保护机构;长城段落有利用单位的,该利用单位可以确定为保护机构。

保护机构应当对其所负责保护的长城段落进行日常维护和监测,并建立日志;发现安全隐患,应当立即采取控制措施,并及时向县级人民政府文物主管部门报告。

第十六条 地处偏远、没有利用单位的长城段落,所在地县级人民政府或者其文物主管部门可以聘请长城保护员对长城进行巡查、看护,并对长城保护员给予适当补助。

第十七条 长城段落为行政区域边界的,其毗邻的县级以上地方人民政府应当定期召开由相关部门参加的联席会议,研究解决长城保护中的重大问题。

第十八条 禁止在长城上从事下列活动:

(一)取土、取砖(石)或者种植作物;

(二)刻划、涂污;

(三)架设、安装与长城保护无关的设施、设备;

(四)驾驶交通工具,或者利用交通工具等跨越长城;

(五)展示可能损坏长城的器具;

(六)有组织地在未辟为参观游览区的长城段落举行活动;

(七)文物保护法禁止的其他活动。

第十九条 将长城段落辟为参观游览区,应当坚持科学规划、原状保护的原则,并应当具备下列条件:

(一)该长城段落的安全状况适宜公众参观游览;

(二)该长城段落有明确的保护机构,已依法划定保护范围、建设控制地带,并已建立保护标志、档案;

(三)符合长城保护总体规划的要求。

第二十条 将长城段落辟为参观游览区,应当自辟为参观游览区之日起5日内向所在地省、自治区、直辖市人民政府文物主管部门备案;长城段落属于全国重点文物保护单位的,应当自辟为参观游览区之日起5日内向国务院文物主管部门备案。备案材料应当包括参观游览区的旅游容量指标。

所在地省、自治区、直辖市人民政府文物主管部门和国务院文物主管部门,应当自收到备案材料之日起20日内按照职权划分核定参观游览区的旅游容量指标。

第二十一条 在参观游览区内举行活动,其人数不得超过核定的旅游容量指标。

在参观游览区内设置服务项目,应当符合长城保护总体规划的要求。

第二十二条 任何单位或者个人发现长城遭受损坏向保护机构或者所在地县级人民政府文物主管部门报告的,接到报告的保护机构或者县级人民政府文物主管部门应当立即采取控制措施,并向县级人民政府和上一级人民政府文物主管部门报告。

第二十三条 对长城进行修缮,应当依照文物保护法的规定办理审批手续,由依法取得文物保护工程资质证书的单位承担。长城的修缮,应当遵守不改变原状的原则。

长城段落已经损毁的,应当实施遗址保护,不得在原址重建。

长城段落因人为原因造成损坏的,其修缮费用由造成损坏的单位或者个人承担。

第二十四条 违反本条例规定,造成长城损毁,构成犯罪的,依法追究刑事责任;尚不构成犯罪,违反有关治安管理的法律规定的,由公安机关依法给予治安处罚。

第二十五条 违反本条例规定,有下列情形之一的,依照文物保护法第六十六条的规定责令改正,造成严重后果的,处5万元以上50万元以下的罚款;情节严重的,由原发证机关吊销资质证书:

(一)在禁止工程建设的长城段落的保护范围内进行工程建设的;

(二)在长城的保护范围或者建设控制地带内进行工程建设,未依法报批的;

(三)未采取本条例规定的方式进行工程建设,或者因工程建设拆除、穿越、迁移长城的。

第二十六条　将不符合本条例规定条件的长城段落辟为参观游览区的，由省级以上人民政府文物主管部门按照职权划分依法取缔，没收违法所得；造成长城损坏的，处5万元以上50万元以下的罚款。

将长城段落辟为参观游览区未按照本条例规定备案的，由省级以上人民政府文物主管部门按照职权划分责令限期改正，逾期不改正的，依照前款规定处罚。

在参观游览区内设置的服务项目不符合长城保护总体规划要求的，由县级人民政府文物主管部门责令改正，没收违法所得。

第二十七条　违反本条例规定，有下列情形之一的，由县级人民政府文物主管部门责令改正，造成严重后果的，对个人处1万元以上5万元以下的罚款，对单位处5万元以上50万元以下的罚款：

（一）在长城上架设、安装与长城保护无关的设施、设备的；

（二）在长城上驾驶交通工具，或者利用交通工具等跨越长城的；

（三）在长城上展示可能损坏长城的器具的；

（四）在参观游览区接待游客超过旅游容量指标的。

第二十八条　违反本条例规定，有下列情形之一的，由县级人民政府文物主管部门责令改正，给予警告；情节严重的，对个人并处1000元以上5000元以下的罚款，对单位并处1万元以上5万元以下的罚款：

（一）在长城上取土、取砖（石）或者种植作物的；

（二）有组织地在未辟为参观游览区的长城段落举行活动的。

第二十九条　行政机关有下列情形之一的，由上级行政机关责令改正，通报批评；对负有责任的主管人员和其他直接责任人员，依照文物保护法第七十六条的规定给予行政处分；情节严重的，依法开除公职：

（一）未依照本条例的规定，确定保护机构、划定保护范围或者建设控制地带、设立保护标志或者建立档案的；

（二）发现不符合条件的长城段落辟为参观游览区未依法查处的；

（三）有其他滥用职权、玩忽职守行为，造成长城损坏的。

第三十条　保护机构有下列情形之一的，由长城所在地省、自治区、直辖市人民政府文物主管部门责令改正，对负有责任的主管人员和其他直接责任人员依法给予行政处分；情节严重的，依法开除公职：

（一）未对长城进行日常维护、监测或者未建立日志的；

（二）发现长城存在安全隐患，未采取控制措施或者未及时报告的。

第三十一条　本条例自2006年12月1日起施行。

6. 历史文化名城名镇名村保护条例

（2008年4月22日中华人民共和国国务院令第524号公布　根据2017年10月7日《国务院关于修改部分行政法规的决定》修正）

第一章　总　　则

第一条　为了加强历史文化名城、名镇、名村的保护与管理，继承中华民族优秀历史文化遗产，制定本条例。

第二条　历史文化名城、名镇、名村的申报、批准、规划、保护，适用本条例。

第三条　历史文化名城、名镇、名村的保护应当遵循科学规划、严格保护的原则，保持和延续其传统格局和历史风貌，维护历史文化遗产的真实性和完整性，继承和弘扬中华民族优秀传统文化，正确处理经济社会发展和历史文化遗产保护的关系。

第四条　国家对历史文化名城、名镇、名村的保护给予必要的资金支持。

历史文化名城、名镇、名村所在地的县级以上地方人民政府，根据本地实际情况安排保护资金，列入本级财政预算。

国家鼓励企业、事业单位、社会团体和个人参与历史文化名城、名镇、名村的保护。

第五条　国务院建设主管部门会同国务院文物主管部门负责全国历史文化名城、名镇、名村的保护和监督管理工作。

地方各级人民政府负责本行政区域历史文化名城、名镇、名村的保护和监督管理工作。

第六条　县级以上人民政府及其有关部门对在历史文化名城、名镇、名村保护工作中做出突出贡献的单位和个人，按照国家有关规定给予表彰和奖励。

第二章　申报与批准

第七条　具备下列条件的城市、镇、村庄，可以申报历史文化名城、名镇、名村：

（一）保存文物特别丰富；

（二）历史建筑集中成片；

（三）保留着传统格局和历史风貌；

（四）历史上曾经作为政治、经济、文化、交通中心或者军事要地，或者发生过重要历史事件，或者其传统产业、历史上建设的重大工程对本地区的发展产生过重要影响，或者能够集中反映本地区建筑的文化特色、民族特色。

申报历史文化名城的，在所申报的历史文化名城保护范围内还应当有 2 个以上的历史文化街区。

第八条 申报历史文化名城、名镇、名村，应当提交所申报的历史文化名城、名镇、名村的下列材料：

（一）历史沿革、地方特色和历史文化价值的说明；

（二）传统格局和历史风貌的现状；

（三）保护范围；

（四）不可移动文物、历史建筑、历史文化街区的清单；

（五）保护工作情况、保护目标和保护要求。

第九条 申报历史文化名城，由省、自治区、直辖市人民政府提出申请，经国务院建设主管部门会同国务院文物主管部门组织有关部门、专家进行论证，提出审查意见，报国务院批准公布。

申报历史文化名镇、名村，由所在地县级人民政府提出申请，经省、自治区、直辖市人民政府确定的保护主管部门会同同级文物主管部门组织有关部门、专家进行论证，提出审查意见，报省、自治区、直辖市人民政府批准公布。

第十条 对符合本条例第七条规定的条件而没有申报历史文化名城的城市，国务院建设主管部门会同国务院文物主管部门可以向该城市所在地的省、自治区人民政府提出申报建议；仍不申报的，可以直接向国务院提出确定该城市为历史文化名城的建议。

对符合本条例第七条规定的条件而没有申报历史文化名镇、名村的镇、村庄，省、自治区、直辖市人民政府确定的保护主管部门会同同级文物主管部门可以向该镇、村庄所在地的县级人民政府提出申报建议；仍不申报的，可以直接向省、自治区、直辖市人民政府提出确定该镇、村庄为历史文化名镇、名村的建议。

第十一条 国务院建设主管部门会同国务院文物主管部门可以在已批准公布的历史文化名镇、名村中，严格按照国家有关评价标准，选择具有重大历史、艺术、科学价值的历史文化名镇、名村，经专家论证，确定为中国历史文化名镇、名村。

第十二条 已批准公布的历史文化名城、名镇、名村，因保护不力使其历史文化价值受到严重影响的，批准机关应当将其列入濒危名单，予以公布，并责成所在地城市、县人民政府限期采取补救措施，防止情况继续恶化，并完善保护制度，加强保护工作。

第三章　保护规划

第十三条　历史文化名城批准公布后,历史文化名城人民政府应当组织编制历史文化名城保护规划。

历史文化名镇、名村批准公布后,所在地县级人民政府应当组织编制历史文化名镇、名村保护规划。

保护规划应当自历史文化名城、名镇、名村批准公布之日起1年内编制完成。

第十四条　保护规划应当包括下列内容:

(一)保护原则、保护内容和保护范围;

(二)保护措施、开发强度和建设控制要求;

(三)传统格局和历史风貌保护要求;

(四)历史文化街区、名镇、名村的核心保护范围和建设控制地带;

(五)保护规划分期实施方案。

第十五条　历史文化名城、名镇保护规划的规划期限应当与城市、镇总体规划的规划期限相一致;历史文化名村保护规划的规划期限应当与村庄规划的规划期限相一致。

第十六条　保护规划报送审批前,保护规划的组织编制机关应当广泛征求有关部门、专家和公众的意见;必要时,可以举行听证。

保护规划报送审批文件中应当附具意见采纳情况及理由;经听证的,还应当附具听证笔录。

第十七条　保护规划由省、自治区、直辖市人民政府审批。

保护规划的组织编制机关应当将经依法批准的历史文化名城保护规划和中国历史文化名镇、名村保护规划,报国务院建设主管部门和国务院文物主管部门备案。

第十八条　保护规划的组织编制机关应当及时公布经依法批准的保护规划。

第十九条　经依法批准的保护规划,不得擅自修改;确需修改的,保护规划的组织编制机关应当向原审批机关提出专题报告,经同意后,方可编制修改方案。修改后的保护规划,应当按照原审批程序报送审批。

第二十条　国务院建设主管部门会同国务院文物主管部门应当加强对保护规划实施情况的监督检查。

县级以上地方人民政府应当加强对本行政区域保护规划实施情况的监督检查,并对历史文化名城、名镇、名村保护状况进行评估;对发现的问题,应当及时纠正、处理。

第四章　保护措施

第二十一条　历史文化名城、名镇、名村应当整体保护，保持传统格局、历史风貌和空间尺度，不得改变与其相互依存的自然景观和环境。

第二十二条　历史文化名城、名镇、名村所在地县级以上地方人民政府应当根据当地经济社会发展水平，按照保护规划，控制历史文化名城、名镇、名村的人口数量，改善历史文化名城、名镇、名村的基础设施、公共服务设施和居住环境。

第二十三条　在历史文化名城、名镇、名村保护范围内从事建设活动，应当符合保护规划的要求，不得损害历史文化遗产的真实性和完整性，不得对其传统格局和历史风貌构成破坏性影响。

第二十四条　在历史文化名城、名镇、名村保护范围内禁止进行下列活动：

（一）开山、采石、开矿等破坏传统格局和历史风貌的活动；

（二）占用保护规划确定保留的园林绿地、河湖水系、道路等；

（三）修建生产、储存爆炸性、易燃性、放射性、毒害性、腐蚀性物品的工厂、仓库等；

（四）在历史建筑上刻划、涂污。

第二十五条　在历史文化名城、名镇、名村保护范围内进行下列活动，应当保护其传统格局、历史风貌和历史建筑；制订保护方案，并依照有关法律、法规的规定办理相关手续：

（一）改变园林绿地、河湖水系等自然状态的活动；

（二）在核心保护范围内进行影视摄制、举办大型群众性活动；

（三）其他影响传统格局、历史风貌或者历史建筑的活动。

第二十六条　历史文化街区、名镇、名村建设控制地带内的新建建筑物、构筑物，应当符合保护规划确定的建设控制要求。

第二十七条　对历史文化街区、名镇、名村核心保护范围内的建筑物、构筑物，应当区分不同情况，采取相应措施，实行分类保护。

历史文化街区、名镇、名村核心保护范围内的历史建筑，应当保持原有的高度、体量、外观形象及色彩等。

第二十八条　在历史文化街区、名镇、名村核心保护范围内，不得进行新建、扩建活动。但是，新建、扩建必要的基础设施和公共服务设施除外。

在历史文化街区、名镇、名村核心保护范围内，新建、扩建必要的基础设施和公共服务设施的，城市、县人民政府城乡规划主管部门核发建设工程规划许可证、乡村建设规划许可证前，应当征求同级文物主管部门的意见。

在历史文化街区、名镇、名村核心保护范围内，拆除历史建筑以外的建筑物、构筑物或者其他设施的，应当经城市、县人民政府城乡规划主管部门会同同级文物主管部门批准。

第二十九条 审批本条例第二十八条规定的建设活动，审批机关应当组织专家论证，并将审批事项予以公示，征求公众意见，告知利害关系人有要求举行听证的权利。公示时间不得少于20日。

利害关系人要求听证的，应当在公示期间提出，审批机关应当在公示期满后及时举行听证。

第三十条 城市、县人民政府应当在历史文化街区、名镇、名村核心保护范围的主要出入口设置标志牌。

任何单位和个人不得擅自设置、移动、涂改或者损毁标志牌。

第三十一条 历史文化街区、名镇、名村核心保护范围内的消防设施、消防通道，应当按照有关的消防技术标准和规范设置。确因历史文化街区、名镇、名村的保护需要，无法按照标准和规范设置的，由城市、县人民政府公安机关消防机构会同同级城乡规划主管部门制订相应的防火安全保障方案。

第三十二条 城市、县人民政府应当对历史建筑设置保护标志，建立历史建筑档案。

历史建筑档案应当包括下列内容：

（一）建筑艺术特征、历史特征、建设年代及稀有程度；

（二）建筑的有关技术资料；

（三）建筑的使用现状和权属变化情况；

（四）建筑的修缮、装饰装修过程中形成的文字、图纸、图片、影像等资料；

（五）建筑的测绘信息记录和相关资料。

第三十三条 历史建筑的所有权人应当按照保护规划的要求，负责历史建筑的维护和修缮。

县级以上地方人民政府可以从保护资金中对历史建筑的维护和修缮给予补助。

历史建筑有损毁危险，所有权人不具备维护和修缮能力的，当地人民政府应当采取措施进行保护。

任何单位或者个人不得损坏或者擅自迁移、拆除历史建筑。

第三十四条 建设工程选址，应当尽可能避开历史建筑；因特殊情况不能避开的，应当尽可能实施原址保护。

对历史建筑实施原址保护的，建设单位应当事先确定保护措施，报城市、县人民政府城乡规划主管部门会同同级文物主管部门批准。

因公共利益需要进行建设活动，对历史建筑无法实施原址保护、必须迁移异地保护或者拆除的，应当由城市、县人民政府城乡规划主管部门会同同级文物主管部门，报省、自治区、直辖市人民政府确定的保护主管部门会同同级文物主管部门批准。

本条规定的历史建筑原址保护、迁移、拆除所需费用，由建设单位列入建设工程预算。

第三十五条　对历史建筑进行外部修缮装饰、添加设施以及改变历史建筑的结构或者使用性质的，应当经城市、县人民政府城乡规划主管部门会同同级文物主管部门批准，并依照有关法律、法规的规定办理相关手续。

第三十六条　在历史文化名城、名镇、名村保护范围内涉及文物保护的，应当执行文物保护法律、法规的规定。

第五章　法律责任

第三十七条　违反本条例规定，国务院建设主管部门、国务院文物主管部门和县级以上地方人民政府及其有关主管部门的工作人员，不履行监督管理职责，发现违法行为不予查处或者有其他滥用职权、玩忽职守、徇私舞弊行为，构成犯罪的，依法追究刑事责任；尚不构成犯罪的，依法给予处分。

第三十八条　违反本条例规定，地方人民政府有下列行为之一的，由上级人民政府责令改正，对直接负责的主管人员和其他直接责任人员，依法给予处分：

（一）未组织编制保护规划的；

（二）未按照法定程序组织编制保护规划的；

（三）擅自修改保护规划的；

（四）未将批准的保护规划予以公布的。

第三十九条　违反本条例规定，省、自治区、直辖市人民政府确定的保护主管部门或者城市、县人民政府城乡规划主管部门，未按照保护规划的要求或者未按照法定程序履行本条例第二十八条、第三十四条、第三十五条规定的审批职责的，由本级人民政府或者上级人民政府有关部门责令改正，通报批评；对直接负责的主管人员和其他直接责任人员，依法给予处分。

第四十条　违反本条例规定，城市、县人民政府因保护不力，导致已批准公布的历史文化名城、名镇、名村被列入濒危名单的，由上级人民政府通报批评；对直接负责的主管人员和其他直接责任人员，依法给予处分。

第四十一条　违反本条例规定，在历史文化名城、名镇、名村保护范围内有下列行为之一的，由城市、县人民政府城乡规划主管部门责令停止违法行为、限期恢复原状或者采取其他补救措施；有违法所得的，没收违法所得；逾期不恢复原状或者不采取其他补救措施的，城乡规划主管部门可以指定有能力的单位代为恢复原状或者采取其他补救措施，所需费用由违法者承担；造成严重后果的，对单位并处50万元以上100万元以下的罚款，对个人并处5万元以上10万元以下的罚款；造成损失的，依法承担赔偿责任：

（一）开山、采石、开矿等破坏传统格局和历史风貌的；

（二）占用保护规划确定保留的园林绿地、河湖水系、道路等的；

（三）修建生产、储存爆炸性、易燃性、放射性、毒害性、腐蚀性物品的工厂、仓库等的。

第四十二条 违反本条例规定，在历史建筑上刻划、涂污的，由城市、县人民政府城乡规划主管部门责令恢复原状或者采取其他补救措施，处50元的罚款。

第四十三条 违反本条例规定，未经城乡规划主管部门会同同级文物主管部门批准，有下列行为之一的，由城市、县人民政府城乡规划主管部门责令停止违法行为、限期恢复原状或者采取其他补救措施；有违法所得的，没收违法所得；逾期不恢复原状或者不采取其他补救措施的，城乡规划主管部门可以指定有能力的单位代为恢复原状或者采取其他补救措施，所需费用由违法者承担；造成严重后果的，对单位并处5万元以上10万元以下的罚款，对个人并处1万元以上5万元以下的罚款；造成损失的，依法承担赔偿责任：

（一）拆除历史建筑以外的建筑物、构筑物或者其他设施的；

（二）对历史建筑进行外部修缮装饰、添加设施以及改变历史建筑的结构或者使用性质的。

有关单位或者个人进行本条例第二十五条规定的活动，或者经批准进行本条第一款规定的活动，但是在活动过程中对传统格局、历史风貌或者历史建筑构成破坏性影响的，依照本条第一款规定予以处罚。

第四十四条 违反本条例规定，损坏或者擅自迁移、拆除历史建筑的，由城市、县人民政府城乡规划主管部门责令停止违法行为、限期恢复原状或者采取其他补救措施；有违法所得的，没收违法所得；逾期不恢复原状或者不采取其他补救措施的，城乡规划主管部门可以指定有能力的单位代为恢复原状或者采取其他补救措施，所需费用由违法者承担；造成严重后果的，对单位并处20万元以上50万元以下的罚款，对个人并处10万元以上20万元以下的罚款；造成损失的，依法承担赔偿责任。

第四十五条 违反本条例规定，擅自设置、移动、涂改或者损毁历史文化街区、名镇、名村标志牌的，由城市、县人民政府城乡规划主管部门责令限期改正；逾期不改正的，对单位处1万元以上5万元以下的罚款，对个人处1000元以上1万元以下的罚款。

第四十六条　违反本条例规定,对历史文化名城、名镇、名村中的文物造成损毁的,依照文物保护法律、法规的规定给予处罚;构成犯罪的,依法追究刑事责任。

第六章　附　　则

第四十七条　本条例下列用语的含义:

(一)历史建筑,是指经城市、县人民政府确定公布的具有一定保护价值,能够反映历史风貌和地方特色,未公布为文物保护单位,也未登记为不可移动文物的建筑物、构筑物。

(二)历史文化街区,是指经省、自治区、直辖市人民政府核定公布的保存文物特别丰富、历史建筑集中成片、能够较完整和真实地体现传统格局和历史风貌,并具有一定规模的区域。

历史文化街区保护的具体实施办法,由国务院建设主管部门会同国务院文物主管部门制定。

第四十八条　本条例自2008年7月1日起施行。

7. 文物进出境审核管理办法

(中华人民共和国文化部①令第42号　2017年7月13日发布施行)

第一条　为加强对文物进出境审核的管理,根据《中华人民共和国文物保护法》和《中华人民共和国文物保护法实施条例》,制定本办法。

第二条　国家文物局负责文物进出境审核管理工作,指定文物进出境审核机构承担文物进出境审核工作。

文物进出境审核机构是文物行政执法机构,依法独立行使职权,向国家文物局汇报工作,接受国家文物局业务指导。

第三条　文物进出境审核机构由国家文物局和省级人民政府联合组建。省级人民政府应当保障文物进出境审核机构的编制、办公场所及工作经费。国家文物局应当对文物进出境审核机构的业务经费予以补助。

第四条　文物进出境审核机构应当具备以下条件:

(　)有7名以上专职文物鉴定人员,其中文物进出境责任鉴定员不少于

---

① 已更名为文化和旅游部,下同。

5 名；

（二）有固定的办公场所和必要的技术设备；

（三）工作经费全额纳入财政预算。

第五条 国家文物局根据文物进出境审核工作的需要，指定具备条件的文物进出境审核机构承担文物进出境审核工作，使用文物出境标识和文物临时进境标识，对允许出境的文物发放文物出境许可证。

第六条 文物进出境审核机构的工作人员实行持证上岗制度，不得在文物商店或者拍卖企业任职、兼职。文物进出境审核机构的主要负责人应当取得国家文物局颁发的资格证书。

文物进出境责任鉴定员应当取得大学本科以上学历和文物博物专业中级以上职称，并经国家文物局考核合格。

第七条 文物进出境审核机构的日常管理工作由所在地省级文物主管部门负责。省级文物主管部门应当制定相关管理制度，并报国家文物局备案。

文物进出境审核机构应当采取措施，保证审核工作高效公正。

第八条 下列文物出境，应当经过审核：

（一）1949 年（含）以前的各类艺术品、工艺美术品；

（二）1949 年（含）以前的手稿、文献资料和图书资料；

（三）1949 年（含）以前的与各民族社会制度、社会生产、社会生活有关的实物；

（四）1949 年以后的与重大事件或著名人物有关的代表性实物；

（五）1949 年以后的反映各民族生产活动、生活习俗、文化艺术和宗教信仰的代表性实物；

（六）国家文物局公布限制出境的已故现代著名书画家、工艺美术家作品；

（七）古猿化石、古人类化石，以及与人类活动有关的第四纪古脊椎动物化石。

文物出境审核标准，由国家文物局定期修订并公布。

第九条 运送、邮寄、携带文物出境，应当在文物出境前填写文物出境申请表，报文物进出境审核机构审核。

文物进出境审核机构应当自收到文物出境申请之日起 15 个工作日内作出是否允许出境的审核意见。

第十条 文物进出境审核机构审核文物，应当有 3 名以上专职文物鉴定人员参加，其中文物进出境责任鉴定员不得少于 2 名。

文物出境许可证，由参加审核的文物进出境责任鉴定员共同签署。文物进出境责任鉴定员一致同意允许出境的文物，文物进出境审核机构方可加盖文物出境审核专用章。

第十一条 经审核允许出境的文物，由文物进出境审核机构标明文物出境标识，发放文物出境许可证。海关查验文物出境标识后，凭文物出境许可证放行。

文物出境许可证一式三联，第一联由文物进出境审核机构留存，第二联由文物出境地海关留存，第三联由文物出境携运人留存。

经审核不允许出境的文物，由文物进出境审核机构登记并发还。

根据出境地海关或携运人的要求，文物进出境审核机构可以为经审核属于文物复仿制品的申报物品出具文物复仿制品证明。

第十二条 因修复、展览、销售、鉴定等原因临时进境的文物，经海关加封后，报文物进出境审核机构审核、登记。文物进出境审核机构查验海关封志完好无损后，对每件临时进境文物进行审核，标明文物临时进境标识并登记。

临时进境文物复出境时，应向原审核、登记的文物进出境审核机构申报。文物进出境审核机构应对照进境记录审核查验，确认文物临时进境标识无误后，标明文物出境标识，发给文物出境许可证。

第十三条 临时进境文物在境内滞留时间，除经海关和文物进出境审核机构批准外，不得超过6个月。

临时进境文物滞留境内逾期复出境，依照文物出境审核标准和程序进行审核。

第十四条 因展览、科研等原因临时出境的文物，出境前应向文物进出境审核机构申报。文物进出境审核机构应当按国家文物局的批准文件办理审核登记手续。

临时出境文物复进境时，由原审核登记的文物进出境审核机构审核查验。

第十五条 文物进出境审核机构在审核文物过程中，发现涉嫌非法持有文物或文物流失问题的，应立即向公安机关和国家文物局报告。

第十六条 文物出境标识、文物临时进境标识和文物出境许可证，由文物进出境审核机构指定专人保管。使用上述物品，由文物进出境审核机构负责人签字确认。

第十七条 违反本办法规定，造成文物流失的，依据有关规定追究责任人的责任。

第十八条 文物出境标识、文物临时进境标识、文物出境许可证、文物复仿制品证明和文物出境申请表，由国家文物局统一制作。

第十九条 尚未组建文物进出境审核机构的省、自治区、直辖市，应当根据本办法的规定组建文物进出境审核机构；组建前的文物进出境审核工作由国家文物局指定文物进出境审核机构承担。

第二十条 本办法自公布之日起施行，1989 年文化部发布的《文物出境鉴定管理办法》同日废止。

8. 最高人民法院、最高人民检察院关于办理妨害文物管理等刑事案件适用法律若干问题的解释

（2015 年 10 月 12 日最高人民法院审判委员会第 1663 次会议、2015 年 11 月 18 日最高人民检察院第十二届检察委员会第 43 次会议通过 2015 年 12 月 30 日发布 法释〔2015〕23 号 2016 年 1 月 1 日起施行）

为依法惩治文物犯罪，保护文物，根据《中华人民共和国刑法》《中华人民共和国刑事诉讼法》《中华人民共和国文物保护法》的有关规定，现就办理此类刑事案件适用法律的若干问题解释如下：

第一条 刑法第一百五十一条规定的“国家禁止出口的文物”，依照《中华人民共和国文物保护法》规定的“国家禁止出境的文物”的范围认定。

走私国家禁止出口的二级文物的，应当依照刑法第一百五十一条第二款的规定，以走私文物罪处五年以上十年以下有期徒刑，并处罚金；走私国家禁止出口的一级文物的，应当认定为刑法第一百五十一条第二款规定的“情节特别严重”；走私国家禁止出口的三级文物的，应当认定为刑法第一百五十一条第二款规定的“情节较轻”。

走私国家禁止出口的文物，无法确定文物等级，或者按照文物等级定罪量刑明显过轻或者过重的，可以按照走私的文物价值定罪量刑。走私的文物价值在二十万元以上不满一百万元的，应当依照刑法第一百五十一条第二款的规定，以走私文物罪处五年以上十年以下有期徒刑，并处罚金；文物价值在一百万元以上的，应当认定为刑法第一百五十一条第二款规定的“情节特别严重”；文物价值在五万元以上不满二十万元的，应当认定为刑法第一百五十一条第二款规定的“情节较轻”。

第二条 盗窃一般文物、三级文物、二级以上文物的，应当分别认定为刑法第二百六十四条规定的“数额较大”“数额巨大”“数额特别巨大”。

盗窃文物，无法确定文物等级，或者按照文物等级定罪量刑明显过轻或者过重的，按照盗窃的文物价值定罪量刑。

第三条 全国重点文物保护单位、省级文物保护单位的本体，应当认定为刑

法第三百二十四条第一款规定的“被确定为全国重点文物保护单位、省级文物保护单位的文物”。

故意损毁国家保护的珍贵文物或者被确定为全国重点文物保护单位、省级文物保护单位的文物,具有下列情形之一的,应当认定为刑法第三百二十四条第一款规定的“情节严重”:

(一)造成五件以上三级文物损毁的;

(二)造成二级以上文物损毁的;

(三)致使全国重点文物保护单位、省级文物保护单位的本体严重损毁或者灭失的;

(四)多次损毁或者损毁多处全国重点文物保护单位、省级文物保护单位的本体的;

(五)其他情节严重的情形。

实施前款规定的行为,拒不执行国家行政主管部门作出的停止侵害文物的行政决定或者命令的,酌情从重处罚。

第四条 风景名胜区的核心景区以及未被确定为全国重点文物保护单位、省级文物保护单位的古文化遗址、古墓葬、古建筑、石窟寺、石刻、壁画、近代现代重要史迹和代表性建筑等不可移动文物的本体,应当认定为刑法第三百二十四条第二款规定的“国家保护的名胜古迹”。

故意损毁国家保护的名胜古迹,具有下列情形之一的,应当认定为刑法第三百二十四条第二款规定的“情节严重”:

(一)致使名胜古迹严重损毁或者灭失的;

(二)多次损毁或者损毁多处名胜古迹的;

(三)其他情节严重的情形。

实施前款规定的行为,拒不执行国家行政主管部门作出的停止侵害文物的行政决定或者命令的,酌情从重处罚。

故意损毁风景名胜区内被确定为全国重点文物保护单位、省级文物保护单位的文物的,依照刑法第三百二十四条第一款和本解释第三条的规定定罪量刑。

第五条 过失损毁国家保护的珍贵文物或者被确定为全国重点文物保护单位、省级文物保护单位的文物,具有本解释第三条第二款第一项至第三项规定情形之一的,应当认定为刑法第三百二十四条第三款规定的“造成严重后果”。

第六条 出售或者为出售而收购、运输、储存《中华人民共和国文物保护法》规定的“国家禁止买卖的文物”的,应当认定为刑法第三百二十六条规定的“倒卖国家禁止经营的文物”。

倒卖国家禁止经营的文物，具有下列情形之一的，应当认定为刑法第三百二十六条规定的“情节严重”：

（一）倒卖三级文物的；

（二）交易数额在五万元以上的；

（三）其他情节严重的情形。

实施前款规定的行为，具有下列情形之一的，应当认定为刑法第三百二十六条规定的“情节特别严重”：

（一）倒卖二级以上文物的；

（二）倒卖三级文物五件以上的；

（三）交易数额在二十五万元以上的；

（四）其他情节特别严重的情形。

第七条 国有博物馆、图书馆以及其他国有单位，违反文物保护法规，将收藏或者管理的国家保护的文物藏品出售或者私自送给非国有单位或者个人的，依照刑法第三百二十七条的规定，以非法出售、私赠文物藏品罪追究刑事责任。

第八条 刑法第三百二十八条第一款规定的“古文化遗址、古墓葬”包括水下古文化遗址、古墓葬。“古文化遗址、古墓葬”不以公布为不可移动文物的古文化遗址、古墓葬为限。

实施盗掘行为，已损害古文化遗址、古墓葬的历史、艺术、科学价值的，应当认定为盗掘古文化遗址、古墓葬罪既遂。

采用破坏性手段盗窃古文化遗址、古墓葬以外的古建筑、石窟寺、石刻、壁画、近代现代重要史迹和代表性建筑等其他不可移动文物的，依照刑法第二百六十四条的规定，以盗窃罪追究刑事责任。

第九条 明知是盗窃文物、盗掘古文化遗址、古墓葬等犯罪所获取的三级以上文物，而予以窝藏、转移、收购、加工、代为销售或者以其他方法掩饰、隐瞒的，依照刑法第三百一十二条的规定，以掩饰、隐瞒犯罪所得罪追究刑事责任。

实施前款规定的行为，事先通谋的，以共同犯罪论处。

第十条 国家机关工作人员严重不负责任，造成珍贵文物损毁或者流失，具有下列情形之一的，应当认定为刑法第四百一十九条规定的“后果严重”：

（一）导致二级以上文物或者五件以上三级文物损毁或者流失的；

（二）导致全国重点文物保护单位、省级文物保护单位的本体严重损毁或者灭失的；

（三）其他后果严重的情形。

第十一条 单位实施走私文物、倒卖文物等行为，构成犯罪的，依照本解释规定的相应自然人犯罪的定罪量刑标准，对直接负责的主管人员和其他直接责任人员定罪处罚，并对单位判处罚金。

公司、企业、事业单位、机关、团体等单位实施盗窃文物，故意损毁文物、名胜古迹，过失损毁文物，盗掘古文化遗址、古墓葬等行为的，依照本解释规定的相应定罪量刑标准，追究组织者、策划者、实施者的刑事责任。

第十二条 针对不可移动文物整体实施走私、盗窃、倒卖等行为的，根据所属不可移动文物的等级，依照本解释第一条、第二条、第六条的规定定罪量刑：

（一）尚未被确定为文物保护单位的不可移动文物，适用一般文物的定罪量刑标准；

（二）市、县级文物保护单位，适用三级文物的定罪量刑标准；

（三）全国重点文物保护单位、省级文物保护单位，适用二级以上文物的定罪量刑标准。

针对不可移动文物中的建筑构件、壁画、雕塑、石刻等实施走私、盗窃、倒卖等行为的，根据建筑构件、壁画、雕塑、石刻等文物本身的等级或者价值，依照本解释第一条、第二条、第六条的规定定罪量刑。建筑构件、壁画、雕塑、石刻等所属不可移动文物的等级，应当作为量刑情节予以考虑。

第十三条 案件涉及不同等级的文物的，按照高级别文物的量刑幅度量刑；有多件同级文物的，五件同级文物视为一件高一级文物，但是价值明显不相当的除外。

第十四条 依照文物价值定罪量刑的，根据涉案文物的有效价格证明认定文物价值；无有效价格证明，或者根据价格证明认定明显不合理的，根据销赃数额认定，或者结合本解释第十五条规定的鉴定意见、报告认定。

第十五条 在行为人实施有关行为前，文物行政部门已对涉案文物及其等级作出认定的，可以直接对有关案件事实作出认定。

对案件涉及的有关文物鉴定、价值认定等专门性问题难以确定的，由司法鉴定机构出具鉴定意见，或者由国务院文物行政部门指定的机构出具报告。其中，对于文物价值，也可以由有关价格认证机构作出价格认证并出具报告。

第十六条 实施本解释第一条、第二条、第六条至第九条规定的行为，虽已达到应当追究刑事责任的标准，但行为人系初犯，积极退回或者协助追回文物，未造成文物损毁，并确有悔罪表现的，可以认定为犯罪情节轻微，不起诉或者免予刑事处罚。

实施本解释第三条至第五条规定的行为，虽已达到应当追究刑事责任的标准，但行为人系初犯，积极赔偿损失，并确有悔罪表现的，可以认定为犯罪情节轻微，不起诉或者免予刑事处罚。

第十七条 走私、盗窃、损毁、倒卖、盗掘或者非法转让具有科学价值的古脊椎动物化石、古人类化石的，依照刑法和本解释的有关规定定罪量刑。

第十八条 本解释自2016年1月1日起施行。本解释公布施行后，《最高人民法院、最高人民检察院关于办理盗窃、盗掘、非法经营和走私文物的案件具体应用法律的若干问题的解释》[法(研)发〔1987〕32号]同时废止；之前发布的司法解释与本解释不一致的，以本解释为准。

9. 文物认定管理暂行办法

（中华人民共和国文化部令第46号 2009年8月10日发布 2009年10月1日起施行）

第一条 为规范文物认定管理工作，根据《中华人民共和国文物保护法》制定本办法。

本办法所称文物认定，是指文物行政部门将具有历史、艺术、科学价值的文化资源确认为文物的行政行为。

第二条 《中华人民共和国文物保护法》第二条第一款所列各项，应当认定为文物。

乡土建筑、工业遗产、农业遗产、商业老字号、文化线路、文化景观等特殊类型文物，按照本办法认定。

第三条 认定文物，由县级以上地方文物行政部门负责。认定文物发生争议的，由省级文物行政部门作出裁定。

省级文物行政部门应当根据国务院文物行政部门的要求，认定特定的文化资源为文物。

第四条 国务院文物行政部门应当定期发布指导意见，明确文物认定工作的范围和重点。

第五条 各级文物行政部门应当定期组织开展文物普查，并由县级以上地方文物行政部门对普查中发现的文物予以认定。

各级文物行政部门应当完善制度，鼓励公民、法人和其他组织在文物普查工作中发挥作用。

第六条 所有权人或持有人书面要求认定文物的，应当向县级以上地方文物行政部门提供其姓名或者名称、住所、有效身份证件号码或者有效证照号码，以及认定对象的来源说明。县级以上地方文物行政部门应当作出决定并予以答复。

县级以上地方文物行政部门应当告知文物所有权人或持有人依法承担的文物保护责任。

县级以上地方文物行政部门应当整理并保存上述工作的文件和资料。

第七条 公民、法人和其他组织书面要求认定不可移动文物的，应当向县级以上地方文物行政部门提供其姓名或者名称、住所、有效身份证件号码或者有效证照号码。县级以上地方文物行政部门应当通过听证会等形式听取公众意见并作出决定予以答复。

第八条 县级以上地方文物行政部门认定文物，应当开展调查研究，收集相关资料，充分听取专家意见，召集专门会议研究并作出书面决定。

县级以上地方文物行政部门可以委托或设置专门机构开展认定文物的具体工作。

第九条 不可移动文物的认定，自县级以上地方文物行政部门公告之日起生效。

可移动文物的认定，自县级以上地方文物行政部门作出决定之日起生效。列入文物收藏单位藏品档案的文物，自主管的文物行政部门备案之日起生效。

第十条 各级文物行政部门应当根据《中华人民共和国文物保护法》第三条的规定，组织开展经常性的文物定级工作。

第十一条 文物收藏单位收藏文物的定级，由主管的文物行政部门备案确认。

文物行政部门应当建立民间收藏文物定级的工作机制，组织开展民间收藏文物的定级工作。定级的民间收藏文物，由主管的地方文物行政部门备案。

第十二条 公民、法人和其他组织，以及所有权人书面要求对不可移动文物进行定级的，应当向有关文物行政部门提供其姓名或者名称、住所、有效身份证件号码或者有效证照号码。有关文物行政部门应当通过听证会等形式听取公众意见并予以答复。

第十三条 对文物认定和定级决定不服的，可以依法申请行政复议。

第十四条 国家实行文物登录制度，由县级以上文物行政部门委托或设置专门机构开展相关工作。

文物登录，应当对各类文物分别制定登录指标体系。登录指标体系应当满足文物保护、研究和公众教育等需要。

根据私有文物所有权人的要求，文物登录管理机构应当对其身份予以保密。

第十五条 违反本办法规定，造成文物破坏的，对负有责任的主管人员和其他直接责任人员依法给予处分；构成犯罪的，依法追究刑事责任。

第十六条 古猿化石、古人类化石、与人类活动有关的第四纪古脊椎动物化石，以及上述化石地点和遗迹地点的认定和定级工作，按照本办法的规定执行。

历史文化名城、街区及村镇的认定和定级工作，按照有关法律法规的规定执行。

第十七条 本办法自2009年10月1日起施行。

10. 中华人民共和国水下文物保护管理条例

（1989年10月20日中华人民共和国国务院令第42号发布 根据2011年1月8日《国务院关于废止和修改部分行政法规的决定》修订）

第一条 为了加强水下文物保护工作的管理，根据《中华人民共和国文物保护法》的有关规定，制定本条例。

第二条 本条例所称水下文物，是指遗存于下列水域的具有历史、艺术和科学价值的人类文化遗产：

（一）遗存于中国内水、领海内的一切起源于中国的、起源国不明的和起源于外国的文物；

（二）遗存于中国领海以外依照中国法律由中国管辖的其他海域内的起源于中国的和起源国不明的文物；

（三）遗存于外国领海以外的其他管辖海域以及公海区域内的起源于中国的文物。

前款规定内容不包括1911年以后的与重大历史事件、革命运动以及著名人物无关的水下遗存。

第三条 本条例第二条第（一）、（二）项所规定的水下文物属于国家所有，国家对其行使管辖权；本条例第二条第（三）项所规定的水下文物，国家享有辨认器物物主的权利。

第四条 国家文物局主管水下文物的登记注册、保护管理以及水下文物的考古勘探和发掘活动的审批工作。

地方各级文物行政管理部门负责本行政区域水下文物的保护工作，会同文物考古研究机构负责水下文物的确认和价值鉴定工作。对于海域内的水下文物，国家文物局可以指定地方文物行政管理部门代为负责保护管理工作。

第五条 根据水下文物的价值，国务院和省、自治区、直辖市人民政府可以依据《中华人民共和国文物保护法》第二章规定的有关程序，确定全国或者省级水下文物保护单位、水下文物保护区，并予公布。

在水下文物保护单位和水下文物保护区内，禁止进行危及水下文物安全的捕捞、爆破等活动。

第六条 任何单位或者个人以任何方式发现本条例第二条第（一）、（二）项所规定的水下文物，应当及时报告国家文物局或者地方文物行政管理部门；已打捞出水的，应当及时上缴国家文物局或者地方文物行政管理部门处理。

任何单位或者个人以任何方式发现本条例第二条第（三）项所规定的水下文物，应当及时报告国家文物局或者地方文物行政管理部门；已打捞出水的，应当及时提供国家文物局或者地方文物行政管理部门辨认、鉴定。

第七条 水下文物的考古勘探和发掘活动应当以文物保护和科学研究为目的。任何单位或者个人在中国管辖水域进行水下文物的考古勘探或者发掘活动，必须向国家文物局提出申请，并提供有关资料。未经国家文物局批准，任何单位或者个人不得以任何方式私自勘探或者发掘。

外国国家、国际组织、外国法人或者自然人在中国管辖水域进行水下文物的考古勘探或者发掘活动，必须采取与中国合作的方式进行，其向国家文物局提出的申请，须由国家文物局报经国务院特别许可。

第八条 任何单位或者个人经批准后实施水下文物考古勘探或者发掘活动，活动范围涉及港务监督部门管辖水域的，必须报请港务监督部门核准，由港务监督部门核准划定安全作业区，发布航行通告。

第九条 任何单位或者个人实施水下文物考古勘探或者发掘活动时，还必须遵守中国其他有关法律、法规，接受有关部门的管理；遵守水下考古、潜水、航行等规程，确保人员和水下文物的安全；防止水体的环境污染，保护水下生物资源和其他自然资源不受损害；保护水面、水下的一切设施；不得妨碍交通运输、渔业生产、军事训练以及其他正常的水面、水下作业活动。

第十条 保护水下文物有突出贡献，符合《中华人民共和国文物保护法》规定情形的，给予表彰、奖励。

违反本条例第五条、第六条、第七条的规定，破坏水下文物，私自勘探、发掘、打捞水下文物，或者隐匿、私分、贩运、非法出售、非法出口水下文物，具有《中华人民共和国文物保护法》规定情形的，依法给予行政处罚或者追究刑事责任。

违反本条例第八条、第九条的规定，造成严重后果的，由文物行政管理部门会同有关部门责令停止作业限期改进或者给予撤销批准的行政处罚，可以并处1000元至1万元的罚款。

第十一条 本条例由国家文物局负责解释。

第十二条 本条例的实施细则由国家文物局制定。

第十三条 本条例自发布之日起施行。

11. 古人类化石和古脊椎动物化石保护管理办法

（中华人民共和国文化部令第38号 2006年8月7日发布 2006年8月7日施行）

第一条 为加强对古人类化石和古脊椎动物化石的保护和管理，根据《中华人民共和国文物保护法》制定本办法。

第二条 本办法所称古人类化石和古脊椎动物化石，指古猿化石、古人类化石及其与人类活动有关的第四纪古脊椎动物化石。

第三条 国务院文物行政部门主管全国古人类化石和古脊椎动物化石的保护和管理工作。

县级以上地方人民政府文物行政部门对本行政区域内的古人类化石和古脊椎动物化石的保护实施监督管理。

第四条 古人类化石和古脊椎动物化石分为珍贵化石和一般化石；珍贵化石分为三级。古人类化石、与人类有祖裔关系的古猿化石、代表性的与人类有旁系关系的古猿化石、代表性的与人类起源演化有关的第四纪古脊椎动物化石为一级化石；其他与人类有旁系关系的古猿化石、系统地位暂不能确定的古猿化石、其他重要的与人类起源演化有关的第四纪古脊椎动物化石为二级化石；其他有科学价值的与人类起源演化有关的第四纪古脊椎动物化石为三级化石。

一、二、三级化石和一般化石的保护和管理，按照国家有关一、二、三级文物和一般文物保护管理的规定实施。

第五条 古人类化石和古脊椎动物化石地点以及遗迹地点，纳入不可移动文物的保护和管理体系，并根据其价值，报请核定公布为各级文物保护单位。

第六条 古人类化石和古脊椎动物化石的考古调查、勘探和发掘工作，按照国家有关文物考古调查、勘探和发掘的管理规定实施管理。

地下埋藏的古人类化石和古脊椎动物化石，任何单位或者个人不得私自发掘。

古人类化石和古脊椎动物化石的考古发掘项目，其领队及主要工作人员应当具有古生物学及其他相关学科的研究背景。

第七条　建设工程涉及地下可能埋藏古人类化石和古脊椎动物化石的调查、勘探和发掘工作的程序和要求，按照国家有关建设工程涉及地下可能埋藏文物的调查、勘探和发掘工作的规定执行。

第八条　在进行建设工程或者在农业生产中，任何单位或者个人发现古人类化石和古脊椎动物化石，应当保护现场，立即报告当地文物行政部门。文物行政部门应当按照《中华人民共和国文物保护法》第三十二条第一款规定的要求和程序进行处理。

第九条　除出境展览或者因特殊需要经国务院批准出境外，古人类化石和古脊椎动物化石不得出境。

古人类化石和古脊椎动物化石出境展览，按照国家有关文物出境展览的管理规定实施管理。

古人类化石和古脊椎动物化石临时进境，按照国家有关文物临时进境的管理规定实施管理。

第十条　对保护古人类化石和古脊椎动物化石作出突出贡献的单位或个人，由国家给予精神鼓励或者物质奖励。

第十一条　违反本办法规定的，依照有关规定追究法律责任。

第十二条　本办法自公布之日起施行。

12. 大运河遗产保护管理办法

（中华人民共和国文化部令第 54 号　2012 年 8 月 14 日发布　2012 年 10 月 1 日起施行）

第一条　为加强对大运河遗产的保护，规范大运河遗产的利用行为，促进大运河沿线经济社会全面协调可持续发展，根据《中华人民共和国文物保护法》，制定本办法。

第二条　本办法所称大运河遗产，包括隋唐运河、京杭大运河、浙东运河的水工遗存，各类伴生历史遗存、历史街区村镇，以及相关联的环境景观等。

近代以来兴建的大运河水工设施，凡具有文化代表性和突出价值的，属于本办法所称的大运河遗产。

第三条　大运河遗产保护实行统一规划、分级负责、分段管理，坚持真实性、完整性、延续性原则，依照国家有关法律、行政法规和本办法的规定执行。

第四条　国家设立的大运河保护和申遗省部际会商小组，协调大运河遗产保护中的重大事项,会商解决重大问题。

国务院文物主管部门主管大运河遗产的整体保护工作,并与国务院国土、环保、交通、水利等主管部门合作,依法在各自的职责范围内开展相关工作。

大运河沿线县级以上地方人民政府文物主管部门,负责本行政区域内的大运河遗产保护工作,依法与其他相关主管部门合作开展工作,并将大运河遗产保护经费纳入本级财政预算。

第五条 国家鼓励公民、法人和其他组织参与大运河遗产保护。

公民、法人和其他组织可以通过捐赠等方式设立大运河遗产保护基金,用于大运河遗产保护。大运河遗产保护基金的募集、使用和管理,依照国家有关法律、行政法规的规定执行。

国务院文物主管部门、大运河沿线县级以上地方人民政府文物主管部门,应当对在大运河遗产保护中作出突出贡献的组织或者个人给予奖励。

第六条 大运河沿线省级人民政府文物主管部门应当组织调查本行政区域内的大运河遗产。

属于大运河遗产的不可移动文物,县级以上地方文物主管部门应当依法予以认定,并报同级人民政府核定公布为文物保护单位。大运河遗产中具有重大历史、艺术、科学价值的不可移动文物,应当确定为全国重点文物保护单位,报国务院核定公布。

第七条 国家实行大运河遗产保护规划制度。大运河遗产保护规划由总体规划、省级规划和市级规划构成。

大运河遗产保护总体规划,由国务院文物主管部门会同国务院有关部门制订,经大运河保护和申遗省部际会商小组审定后报国务院批准公布。大运河遗产保护总体规划应当与国家水利、航运、环境等规划相协调。

大运河遗产保护省级规划和市级规划,分别由省级和市级文物主管部门会同同级有关部门制订,报省级和市级人民政府批准公布,并报上级文物主管部门备案。

第八条 大运河遗产保护规划应当明确大运河遗产的构成、保护标准和保护重点,分类制定保护措施。

在大运河遗产保护规划划定的保护范围和建设控制地带内进行工程建设,应当遵守《中华人民共和国文物保护法》的有关规定,并实行建设项目遗产影响评价制度。建设项目遗产影响评价制度,由国务院文物主管部门制定。

除防洪、航道疏浚、水工设施维护、输水河道工程外,任何单位或者个人不得在大运河遗产保护规划划定的保护范围内进行破坏大运河遗产本体的工程建设。

第九条 大运河沿线县级以上地方人民政府文物主管部门，应当建立大运河遗产所在地标识系统，并向公众提供真实、完整的大运河遗产信息。

第十条 将大运河遗产所在地辟为参观游览区，必须保障公众和大运河遗产的安全。

在参观游览区内设置服务项目，必须符合大运河遗产保护规划的要求。

大运河遗产参观游览区保护、展示、利用功能突出，示范意义显著的，可以公布为大运河遗产公园。

第十一条 大运河遗产跨行政区域边界的，其毗邻的县级以上地方人民政府文物主管部门应当定期召开协调会议，研究解决大运河遗产保护中的重大问题。

第十二条 国家实行大运河遗产监测巡视制度，由国务院文物主管部门组织实施，定期发布监测巡视报告。

大运河遗产监测由国家、省级和市级监测系统构成，包括日常监测、定期监测和反应性监测；大运河遗产巡视由国家和省级巡视系统构成，包括定期巡视和不定期巡视。

第十三条 因保护和管理不善，致使真实性、完整性和延续性受到损害的大运河遗产，由国务院文物主管部门列入《大运河遗产保护警示名单》予以公布。

列入《大运河遗产保护警示名单》的遗产所在地保护机构，必须对保护和管理工作中存在的问题制订并公布整改措施，限期改进保护管理工作。

第十四条 违反本办法规定，造成大运河遗产损害，构成犯罪的，依法追究刑事责任；尚不构成犯罪的，由主管机关依法给予处罚。

有关行政机关不履行法定职责的，由上级行政机关责令改正，通报批评；对负有责任的主管人员和其他直接责任人员，由主管机关依法处理。

第十五条 本办法自2012年10月1日起施行。

13.《国家文物局关于印发〈大运河遗产展示与标识系统设计指导意见〉的通知》

（2012年10月22日国家文物局公布 文物保函〔2012〕1993号）

各有关省(直辖市)文物局：

为做好大运河遗产展示与标识工作，进一步统一、规范大运河各遗产河道和遗产点的遗产标志、解说牌及安全警示牌设置，我局委托浙江省古建筑设计研究院编制了《大运河遗产展示与标识系统设计指导意见》（以下简称《指导意见》），并经专家评审通过，现予印发。《指导意见》及相关研究报告、大运河遗产标志的电子版可在我局政府网站 http://www.sach.gov.cn“通知公告”栏下载。

请你局尽快将该指导意见转发各有关市县文物主管部门，并指导有关市县参照有关内容，抓紧做好大运河各遗产河道和遗产点展示与标识系统的设计和建设工作。

特此通知。

附件：大运河遗产展示与标识系统设计指导意见

大运河遗产展示与标识系统设计指导意见

国家文物局

2012 年 10 月

目　录

大运河遗产展示与标识系统设计指导意见

一、适用范围

本指导意见适用于列入大运河遗产的河道和遗产点的展示和标识系统设计工作。

二、制定原则

本指导意见按照整体性与规范性相结合、秩序性与灵活性相结合、民族性与地域性相结合、独特性与经济性相结合的原则制定。

三、大运河遗产展示设计指导意见

1.展示对象

大运河遗产展示对象以列入大运河遗产的河道和遗产点为主,可外延至构成大运河遗产的自然与人文环境等等。

2.展示方式

各地应当根据该地区大运河遗产点段的性质特点和保存情况,选择能全面系统展示其价值内涵和风貌特色的展示方式,展示方式应结合遗产保护和环境整治进行,因地制宜。

大运河遗产展示可以有多种表达方式,其主要方式有现场实景展示、博物馆/陈列馆展示、遗址公园展示、标识/解说展示、遗产小道展示、艺术展示、多媒体展示等等,它们可以单独使用,也可以组合使用。

四、大运河遗产标识系统设计指导意见

(一)大运河遗产标识系统设计原则

在进行大运河遗产标识系统设计时,应重点考虑标识系统的整体性、连续性和独特性,并将其作为景观的重要组成部分融入大运河的背景环境中。

（二）大运河遗产标识系统框架结构和设置原则

1. 系统框架结构

根据大运河遗产的性质、特点和构成类型，建立由引导标志系统、解说系统和安全警示系统组成的大运河遗产标识系统，大运河遗产标识系统的框架结构如下：

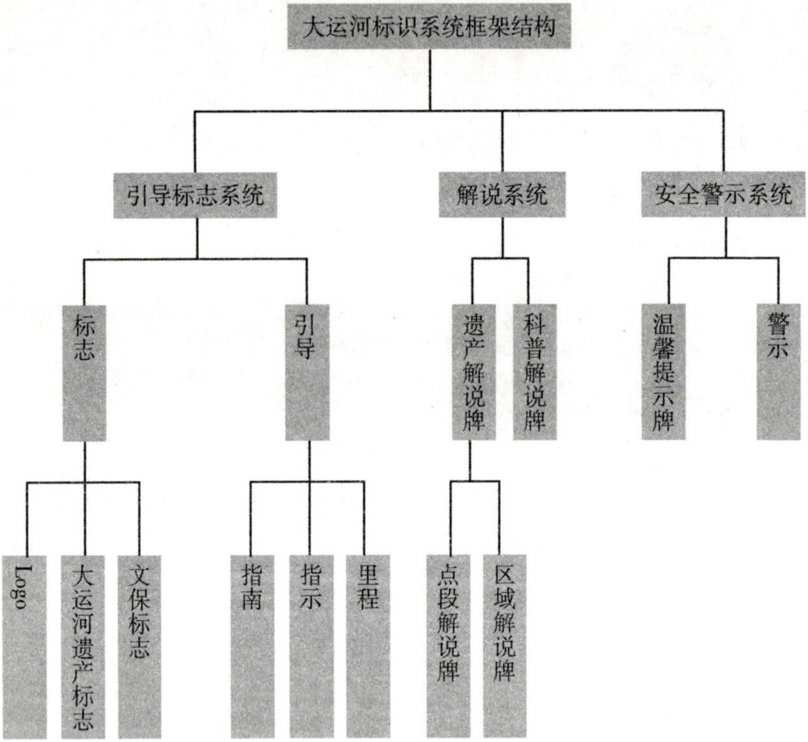

2. 设置原则

在进行大运河遗产标识系统设计时，应遵循以下设置原则：

表一：大运河遗产标识系统设置原则

标识系统名称				内容设置原则	位置设置原则	设置主体	备注
标志系统	遗产标志碑	★大运河Logo		代表大运河的符号性视觉形象，简单明了，易识别、易记忆	适用于整个大运河遗产标识系统，可单独使用，也可与其他标牌组合使用，在组合使用时，其设置位置应位于标牌左上角并列于世遗标志的右侧	国家层面统一设计	可用于出版物、宣传品、徽章及大运河遗产保护网站及相关网页上
		★大运河遗产标志	★河道标志	“中国大运河”中英两国文字及大运河Logo	在列入大运河申遗名单的起始点或每一河道段最具代表性地点设置一处，若一河道跨越不同行政区域，可在每一省市选取具有特殊意义地点（重要点段或重要地标位置）设置一处	所在省市主管部门实施，跨省河段由所经省市主管部门协商确定	可与遗产解说牌合并设置
			★遗产点标志	“中国大运河”中英两国文字及大运河Logo	在列入大运河申遗名单的每一遗产点设置一处	所在省市主管部门实施，跨省遗产点由所经省市主管部门协商确定	可与遗产解说牌合并设置
		★文保标志		根据《中华人民共和国文物保护法》等法律法规和《GBT 22527—2008 文物保护单位标志》要求设置	在列入全国重点文物保护单位与大运河相关的每一遗产点段设置一处	所在省市主管部门实施	

续表

标识系统名称			内容设置原则	位置设置原则	设置主体	备注
标志系统	引导标志牌	指南	以综合地图和指南的形式向游客提供遗产点段周边环境的全景。应有大运河 Logo	主要设置于区域范围较大遗产点段或综合型遗产区的主要出入口处	所在地主管部门统筹实施	航运、道路交通引导由相关主管部门按国家行业相关标准设置。大运河遗产所在地应积极与上述部门沟通,加强对遗产点段的交通引导。同时与旅游部门合作,将遗产点段纳入旅游引导标志系统
		指示	对范围较大的遗产区提供陆路、水路指路服务设施。应有大运河 Logo	根据具体遗产点段的情况进行设置	所在地主管部门统筹实施	
		里程	以线路里程讯息为主,反映水路、陆路距离大运河起始点及各主要遗产点段之间的里程关系。应有大运河 Logo	按相对固定的距离设置于运河全线段、运河码头、重要遗产点段、重要城市节点	所在省市主管部门实施,跨省河段由所经省市主管部门协商确定	
解说系统	遗产解说牌	★点段解说牌	按照《大运河申遗文本》的内容阐述遗产点段的讯息。应有大运河 Logo	设置于列入大运河申遗名单的每一遗产点段;对于区域范围较大遗产点段可分设遗产构成说明牌	省市主管部门统筹,所在地主管部门实施	可与遗产标志合并设置
		区域解说牌	对区域范围较大遗产点段或综合型遗产区的遗产进行总体阐述。应有大运河 Logo	主要设置于区域范围较大遗产点段或综合型遗产区的主要出入口处	省市主管部门统筹,所在地主管部门实施	

续表

标识系统名称			内容设置原则	位置设置原则	设置主体	备注
解说系统	科普解说牌		介绍大运河沿岸水利水工、航行、漕运、水文、气象、环境、动植物等相关科普知识。应有大运河 Logo	设置于大运河沿线与大运河遗产相关科普对象分布处	省市主管部门统筹，所在地主管部门实施	
安全警示系统	警示牌		参照国家及行业规定和要求制作	设置于大运河遗产区域可能存在文物、生命、财产破坏风险的地点	所在地主管部门统筹实施	
安全警示系统	温馨提示牌		以婉转温馨的话语来提示保护大运河遗产及其环境，维护文物尊严	设置于大运河沿线需重点维护的遗产点段	所在地主管部门统筹实施	包含对人身、交通和设施安全的提醒
关于世界遗产标志的使用	大运河遗产标志、引导标志牌、遗产解说牌、科普解说牌等标识或展示设施上应预留空间，待申遗成功后添加“世界遗产”标志					

注：1. 带“★”号者为必设标识牌，未带“★”者为选设标识牌。

2. 文物保护单位标志碑是大运河遗产标识系统的重要组成部分之一，尚未设立文保标志碑的地市应按文保标志的相关要求尽快设立。

3. 符合本意见要求的已设大运河标志牌可在增加大运河 Logo 后纳入大运河遗产标识系统。

4. 为提高大运河遗产标识系统的解说和宣传效力，建议有条件的省市在解说系统中增加二维码的应用。

（三）大运河遗产标识系统风格和形态设计要求

1. 大运河遗产标识系统的风格设计

大运河遗产标识系统设计时应重点体现大运河遗产的民族精神、地域特色和国际化风格。

2. 大运河遗产标识系统的形态设计

表二:大运河遗产标识系统形态要素控制表

<table>
<tr><th colspan="4">标识系统名称</th><th>形式</th><th>材料</th><th>字体/字数/颜色</th><th>语种</th></tr>
<tr><td rowspan="7">引导标志系统</td><td rowspan="4">标志</td><td colspan="2">大运河Logo</td><td colspan="4">国家层面统一设计</td></tr>
<tr><td rowspan="2">大运河遗产标志</td><td>河道标志</td><td>基座式</td><td>石材,各遗产地可选用大运河建设过程中常用的坚固石材,采用传统工艺处理材料面层</td><td>字体可选仿宋、楷书、隶书
颜色可选金色、红色</td><td>中英文</td></tr>
<tr><td>遗产点标志</td><td>基座式</td><td>石材,各遗产地可选用大运河建设过程中常用的坚固石材,采用传统工艺处理材料面层</td><td>仿宋、楷书、隶书
颜色可选金色、红色</td><td>中英文</td></tr>
<tr><td colspan="2">文保标志</td><td colspan="4">按照《GBT 22527—2008 文物保护单位标志》要求设置</td></tr>
<tr><td rowspan="3">引导</td><td colspan="2">指南</td><td>落地式</td><td>石材、木材、石木</td><td>仿宋,黑色</td><td rowspan="3">中英文</td></tr>
<tr><td colspan="2">指示</td><td>落地式</td><td>石材、木材、石木</td><td>仿宋,黑色</td></tr>
<tr><td colspan="2">里程</td><td>落地式</td><td>石材、木材、石木</td><td>仿宋,黑色</td></tr>
<tr><td rowspan="2">解说系统</td><td rowspan="2">遗产解说牌</td><td colspan="2">点段解说牌</td><td>基座式、落地式、平面式(依附于墙体上)</td><td>石材、木材、石木结合材料</td><td>标题可选用仿宋、楷书、隶书,正文一律采用仿宋,横排。字数控制在200~300字。颜色黑色、绿色</td><td>中英文</td></tr>
<tr><td colspan="2">区域解说牌</td><td>基座式、落地式</td><td>石材、木材、石木结合材料</td><td>标题可选用仿宋、楷书、隶书,正文一律采用仿宋,横排。字数控制在200~300字。颜色黑色、绿色</td><td>中英文</td></tr>
</table>

续表

<table>
<tr><td colspan="3">标识系统名称</td><td>形式</td><td>材料</td><td>字体/字数/颜色</td><td>语种</td></tr>
<tr><td>解说系统</td><td>科普解说牌</td><td></td><td>落地式</td><td>石材、木材</td><td>仿宋。字数控制在 150 ~ 200 字。文字颜色为黑色、绿色</td><td>中英文</td></tr>
<tr><td rowspan="2">安全警示系统</td><td>警示牌</td><td></td><td>落地式</td><td>石材、木材</td><td>仿宋。字数控制在 4 ~ 20 字。文字颜色为黑色、绿色</td><td>中英文</td></tr>
<tr><td>温馨提示牌</td><td></td><td>落地式</td><td>石材、木材</td><td>仿宋。字数控制在 4 ~ 20 字。颜色为黑色、绿色</td><td>中英文</td></tr>
</table>

在进行大运河遗产标识系统形态设计时不仅要考虑标识牌的形式、材料、肌理、色彩、比例、尺度等纯形态要素，还应该考虑采光、位置、空间、视觉等环境要素，通过对大运河遗产点段形态要素的分析研究、解构重组，形成形态与设计理念完美统一的标识系统。

表三：大运河遗产标识系统信息界面尺度控制表（单位：mm）

<table>
<tr><td></td><td colspan="3">标志牌名称</td><td>横式（长 × 宽）</td><td>竖式（宽 × 高）</td><td>备注</td></tr>
<tr><td rowspan="4">引导标志系统</td><td rowspan="4">标志</td><td colspan="2">大运河 Logo</td><td>运用于不同载体时，可视内容和版面进行调整</td><td>运用于不同载体时，可视内容和版面进行调整</td><td></td></tr>
<tr><td rowspan="2">大运河遗产标志</td><td>河道标志</td><td rowspan="2">不限定创意尺度空间，根据实际需要设计确定</td><td rowspan="2">不限定创意尺度空间，根据实际需要设计确定</td><td rowspan="2">应将其作为景观的重要组成部分，应有一定的场所空间，渲染环境氛围</td></tr>
<tr><td>遗产点标志</td></tr>
<tr><td colspan="2">文保标志</td><td colspan="3">按照《GBT 22527—2008 文物保护单位标志》要求设置</td></tr>
</table>

续表

	标志牌名称		横式(长×宽)	竖式(宽×高)	备注
引导标志系统	引导	指南	通用型 1050×700 加长型 1800×700	700×1400	可结合地图设置
		指示	根据指示的具体内容确定	根据指示的具体内容确定	
		里程	根据里程的具体内容确定	根据里程的具体内容确定	
解说系统	遗产解说牌	点段解说牌	通用型 1050×700 加长型 1800×700 版面可图文并茂	700×1400	与标志碑合并设置时可不受本尺寸限制
		区域解说牌	通用型 1050×700 加长型 1800×700 版面可图文并茂	700×1400	加长型的长度可视需要适当加长
	科普解说牌		通用型 800×500 加长型 1000×400	500×800	
安全警示系统	警示牌		600×500	400×800	可以采用自由形
	温馨提示牌		600×500	400×800	可以采用自由形

注：尺寸可依据遗产环境及解说内容等的实际情况进行适当调整。

五、附件(略)

14. 江苏省政府办公厅关于加强大运河（江苏段）遗产保护和管理工作的意见

（2013 年 7 月 31 日江苏省人民政府办公厅公布　苏政办发〔2013〕159 号）

无锡、徐州、常州、苏州、淮安、扬州、镇江、宿迁市以及所辖县（市、区）人民政府，省各委办厅局，省各直属单位：

为高质量做好我省大运河有效保护和合理利用工作，加快推动文化遗产保护事业发展和文化强省建设，根据文化部《大运河遗产保护管理办法》（文化部令第 54 号）、《省政府关于进一步加强文物工作的若干意见》（苏政发〔2012〕54 号）等文件精神以及大运河保护和申遗省部际会商小组部署要求，就加强大运河（江苏段）遗产保护和管理工作提出如下意见。

一、提高思想认识

大运河已历经 2000 余年历史，是独特的大型线性活态文化遗产，国务院将其公布为第六批全国重点文物保护单位，列为 2014 年世界文化遗产申报项目。江苏是大运河河道路线最长、流经城市最多、运河遗产最丰富的省份，境内大运河约占大运河总长的 2/5，沿线流经 8 座城市，其中扬州市被列为全国大运河联合申遗牵头城市；有 7 个遗产区、28 处遗产点段被列入 2013 年 1 月国家文物局向联合国教科文组织世界遗产中心正式提交的大运河申遗文本。省委、省政府对大运河遗产保护和申遗工作高度重视，专门成立省大运河保护和申遗市厅际会商小组，启动实施大运河（江苏段）沿线重点文物抢救保护工程，推动大运河保护和申遗工作取得显著成效，走在全国前列。但也要看到，城乡、水利及航道交通建设与大运河遗产保护之间的矛盾依然突出，有的地区重开发轻保护，对违法建设行为查处不力，部分建设活动严重威胁着运河遗产本体及其环境景观。各地、各有关部门和单位要进一步增强责任感和紧迫感，采取扎实有效措施，认真做好大运河（江苏段）遗产保护和管理工作，加大对大运河遗产的保护力度，规范大运河遗产的利用行为，促进运河沿线经济社会全面协调可持续发展。

二、抓好规划落实

《中国大运河（江苏段）遗产保护规划（2011—2030）》已经省人民政府批复

同意(苏政复〔2012〕48号)。运河沿线各级人民政府作为大运河遗产保护省、市级规划实施的责任主体,应严格按照规划要求,确定大运河(江苏段)遗产的保护标准和保护重点,制定科学完善的保护、管理和保障措施,确保大运河各遗产点、段具备良好的保护环境和保障条件,充分发挥规划对大运河遗产保护的规范与引导作用。在规划实施过程中,应注重与交通、水利、南水北调、环境保护、城乡建设等相关专项规划、城市规划的衔接,统筹考虑和合理安排跨区域、跨行业的重大项目,避免目标冲突、任务交叉、资源浪费,实现整体效益最大化。建立健全相关制度,加强对规划落实情况的监督指导和检查评估,确保大运河遗产保护各项任务落到实处。严格遵守2012年9月国家文物局委托扬州市牵头制定的《大运河保护与申遗城市联盟关于保护大运河遗产的联合协定》,进一步协调规范大运河保护和申遗工作,促进大运河遗产的整体保护和跨区域合作。

三、加强有效保护

大运河沿线各市要按照国家文物局《中国大运河申报世界文化遗产点段工作要求》,全面做好大运河遗产"四有"基础工作,即树立保护标志,划定保护区划,落实保护管理机构,建立完善大运河遗产档案资料。运河沿线各级文物主管部门应建立大运河遗产所在地标识系统,并向公众提供真实、完整、规范的大运河遗产信息。继续推进运河文物资源调查工作,将其中价值较高、类型稀缺的运河遗产及时公布为各级文物保护单位,对一些特别重要的运河遗产点应编制专项保护规划,进一步提升其运河遗产价值。进一步加强大运河遗产相关历史文化和保护科学技术研究,有计划、有步骤地实施大运河(江苏段)沿线重点文物抢救保护项目,集中修缮、整治和展示一批具有典型运河遗产价值的文物点;积极开展运河沿线历史文化名城、名镇、名村和历史文化街区综合整治工作,有效提升城市形象,改善城市人居环境和投资环境;做好运河沿线非物质遗产及其代表性传承人的保护工作,有力传承弘扬江苏优秀的运河文化。

四、促进合理利用

江苏境内的大运河一直是一条流淌在用河段,在全省经济社会发展中发挥着重要的水利和交通枢纽作用。各地、各有关部门和单位要正确处理好活态文化遗产申遗与发展的关系、当前利益与长远利益的关系、局部利益与整体利益的关系,充分考虑运河沿线经济社会发展的客观需要,不断研究和探索运河遗产的多种保护利用模式,使大运河遗产在科学保护的前提下实现永续利用。特别是要充分发挥运河资源优势和特色,以运河遗产为主题,加快发展特色文化产业,实现运河遗产保护与文化创意、娱乐休闲、旅游观光等相关产业发展的良性互动。将大运河遗产所在地辟为参观游览区，必须保障公众和大运河遗产的安全；在参观游览区内设置服务项目，必须符合大运河遗产保护规划的要求；大运河遗产参观游览区保护、展示、利用功能突出，示范意义显著的，可以公布为大运河遗产公园。

五、加大监管力度

在大运河遗产保护规划划定的保护范围和建设控制地带内进行工程建设，应当遵守《中华人民共和国文物保护法》的有关规定，并实行建设项目遗产影响评价制度。除防洪、航道疏浚、水工设施维护、输水河道等关系国计民生的重点工程外，任何单位或者个人不得在大运河遗产保护规划划定的保护范围内进行破坏大运河遗产本体的工程建设。运河沿线各级人民政府应组织力量对所辖的大运河遗产保护区域进行定期排查，对损害大运河遗产真实性和完整性的违法建设项目，必须依法追究。有条件的城市应及时制定和发布相关专项法规(规章)，为大运河遗产保护管理提供有力的法律依据。交通运输、住房城乡建设、文物等部门要加强协作，对发现的违法建设苗头进行及时纠正，必要时组织联合执法。实行大运河(江苏段)遗产监测巡视制度，建设省级和市级监测系统，对威胁大运河遗产价值的主要因素进行系统监控和实时预警；建设省级巡视系统，由省文物局定期和不定期开展巡视并发布监测巡视报告，跟踪检查各遗产区保护管理状况，及时提出整改要求。

六、完善保障措施

各地、各有关部门和单位要按照统一规划、分级负责、分段管理的原则，各司其职，各负其责，加强沟通，密切协作。省大运河保护和申遗市厅际会商小组要加大统筹协调及资源整合力度，及时研究解决大运河保护工作中的重大问题，并对作出突出贡献者给予奖励。省文化厅、文物局要切实发挥好部门牵头作用，加强大运河遗产保护管理工作的技术指导，依法与国土资源、环保、交通运输、水利等相关主管部门合作开展工作。沿线各市要抓紧制定完善促进大运河遗产保护的政策措施，将大运河遗产保护纳入本地区近期经济、社会、文化、环境保护的政策体系，将大运河遗产保护经费纳入本级财政预算。有条件的地区可运用财税优惠政策，拓宽融资渠道，积极引导社会资金投资大运河遗产保护。要广泛深入宣传科学保护、合理利用大运河的重要意义，宣传我省大运河保护和申遗工作，提高全民文化遗产保护意识。同时，充分发挥专家咨询作用，积极动员社会力量参与，形成全社会支持和推动大运河遗产保护工作的良好局面。

图书在版编目(CIP)数据

文物保护法实务问答 / 法律出版社法律应用中心编
. -- 北京 : 法律出版社, 2021
ISBN 978 - 7 - 5197 - 4922 - 4

Ⅰ. ①文… Ⅱ. ①法… Ⅲ. ①文物保护法－中国－基本知识 Ⅳ. ①D922.16

中国版本图书馆 CIP 数据核字(2020)第 173329 号

文物保护法实务问答 **WENWU BAOHUFA SHIWU WENDA**	法律出版社法律应用中心 编	策划编辑 邢艳萍 责任编辑 邢艳萍 装帧设计 鲍龙卉

出版 法律出版社
总发行 中国法律图书有限公司
经销 新华书店
印刷 天津嘉恒印务有限公司
责任校对 杨锦华
责任印制 吕亚莉

编辑统筹 法律应用出版分社
开本 A5
印张 10.75
字数 320 千
版本 2021 年 1 月第 1 版
印次 2021 年 1 月第 1 次印刷

法律出版社/北京市丰台区莲花池西里 7 号(100073)
网址/www.lawpress.com.cn
投稿邮箱/info@lawpress.com.cn
举报维权邮箱/jbwq@lawpress.com.cn
销售热线/400 - 660 - 8393
咨询电话/010 - 63939796

中国法律图书有限公司/北京市丰台区莲花池西里 7 号(100073)
全国各地中法图分、子公司销售电话:
统一销售客服/400 - 660 - 8393/6393
第一法律书店/010 83938432/8433 西安分公司/029 85330678 重庆分公司/023 - 67453036
上海分公司/021 - 62071639/1636 深圳分公司/0755 - 83072995

书号:ISBN 978 - 7 - 5197 - 4922 - 4 **定价**:39.00 元
(如有缺页或倒装,中国法律图书有限公司负责退换)